杨苡　口述
余斌　撰写

杨苡口述自传

一百年，许多人，许多事

译林出版社

Yang Yi

1930s

1950s

1960s

1970s

2010s

2020s

1919

1922

1920s

1940s

1980s

1990s

2000s

岁月呼啸

美无倦意

杨苡，一九一九年生于天津，翻译家，一九四九年后第一个《呼啸山庄》中文简体字译本的译者。其兄为翻译家杨宪益，姐姐杨敏如为北京师范大学中文系古典文学教授，姐夫罗沛霖为中国科学院院士、中国工程院院士。父亲杨毓璋系天津中国银行首任行长，文中的"娘"是杨的正室，"母亲"是三兄妹的生母，在家中称"大姨太"；"大公主""二姐"为"娘"所出，"四姐"则为杨的二姨太所生。旧式大家庭人际关系复杂，排行亦有各种排法。文中"七叔""八叔"为杨毓璋胞弟，"五叔"则为堂弟；"姑妈""狗叔"均为口述者祖父姨太太所生。未详处可参看文中"大排行、小排行"一节。

关于杨家，我知道的并不多。现在知道的一些，有不少还是从别人那里听来、看来的。其实亲戚间议论得不少，母亲也念叨过，但我总是听过就忘，没上心记过。年轻的时候，我对家的印象很糟糕，鸦片、小脚、姨太太，让人气闷的生活方式……要用标签的话，这不就是标准的封建家庭嘛。

　　我认为自己"生正逢时"，因为我生于一九一九年，五四运动的那一年。对政治、理论什么的，我不感兴趣，也从来没弄懂过，同时我与各种运动都是疏远的，但我最基本的判断和态度，或者你说常识、价值观也行，都是新文化给我的。这里面也包括对旧式家庭的态度。

　　新文学作家中对我影响最大的是巴金，当然是因为我和巴先生一直保持着通信联系，也一直得到他的教诲，但我最初对他产生崇拜，却和他的那部《家》有很大关系。我觉得我的家和他笔下的封建大家庭像极了，简直就是它的翻版，里面的好些人物都能找到对应。年轻的时候，我最强烈的冲动，就是像《家》里的觉慧那样，离开家，摆脱那个环境，到外面广大的世界去。

目录

第一章

———

家族旧事

发迹传说

外间说到我们家族的事，都会从杨殿邦开始。但那离得太久远，我听说的杨家发迹故事，都是从祖母说起。

祖母是四川总督吴棠的女儿，叫吴述仙。吴棠在清河县做县令时，有位故交之子走水路送父亲的棺材回原籍下葬，从他那儿经过，他让仆役拿了三百两银子送去。谁知到河边码头上错了船，因恰好有另外一只灵船也在那儿歇脚，而且身份和吴的故交一样，也是道员。仆役回来报告，吴棠一听，知道是送错了。已经送出去，没有讨回来的理，他只好又拿了一份银子送上。他去故交灵船上致祭，顺道也上了前面仆役误上的那条船祭拜一番，船上的人自然千恩万谢。这回将错就错，算是给他后来飞黄腾达埋下伏笔了：船上的人是安徽皖南道员惠征的两个女儿，其中之一就是后来的慈禧太后。那时候慈禧还没被选进宫里，等到掌权了，对当年落难时吴棠的仗义念念不忘，一有机会就提拔他。吴棠从此官运好得不得了。

吴棠怎么会把女儿嫁给杨家，我就不知道了，反正吴家受慈禧眷顾，杨家就跟着沾光，这门亲事对后来的杨家，非同小可。有人说，这事儿是编的，我也不知真假，家里都这么传。另一件事应该靠谱一点，是关于祖母的死。说八国联军要进京的消息传来，全家惊慌，那时有各种可怕的传闻。祖母吓得不轻，听到外人传话，一屁股就坐在地上，从此一病不起，年纪不大就死了。

照家里传的这个，祖母似乎很胆小，外间传的都是"正能量"的，说她成了杨家的长嫂后如何和祖父一起带领弟弟们发奋读书，结果兄弟五个（我祖父兄弟八个，有两个早夭）参加科举考试，四个人中了进士，点了翰林。

杨家对吴家当然是很感恩的，我姑妈跟我说，父亲那一辈字里都有个"川"字（父亲杨毓璋字"霁川"，七叔字"朗川"，姑妈叫"杨丽川"），就跟吴棠做四川总督有关。

祖父杨士燮是长子，虽也中了进士，做过杭州知府、淮阴知府之类的官，但论做官，比不了先人，因为杨殿邦是做到漕运总督的。也比不了同辈，他的两个弟弟杨士骧、杨士琦，一个做到直隶总督，一个是袁世凯的心腹（说是袁的"智囊"），权势熏天。他也不大喜欢做官，官场没意思，官场黑暗看透了，杨宪益在自传里说祖父自号"三湖（壶）太守"，三壶是烟壶、酒壶、尿壶，总之是有点玩世不恭。

他曾被派到日本考察学务，做过横滨总领事官，和当时的官员比是开了眼界的，杨士骧、杨士琦算起来又是洋务派的人，所以有点洋派。他在天津租界里买地盖房，儿子也都送出去留学。父亲和三叔留日，五叔七叔留美，八叔留法……除了老姨太生的两个，差不多都送出去留学了。

我对祖父的全部印象就是全家福的照片，还有他的画像。画像，当时称作"影像"。那时已经有摄影这回事了，我手头也还有祖父的"全家福"，但没见过单独的相片，只见过他的影像。祖父的影像是齐白石画的。齐白石那时小有名气，没后来那么大名气，给人画像也是糊口，不是太贵，也不那么稀奇。影像很大，我想要比单元房的一扇门还大，到祭祖时就挂出来，前面摆上供品。影像上的祖父八字胡，穿布衣，不戴官帽，像《十五贯》里微服私访的况钟那种样子。并排挂的是祖母的影像，凤冠霞帔，很正式的朝廷命妇的装扮，和祖父的像在一起，一个随便，一个很正式，真有意思。

祖父祖母之外，旁边还有一位，影像小一些，一起受祭拜，应该是祖父的继室吧。这是我推断的，因祖母死得早。不可能是姨太太，祭祖时，若是有哪位姨太太已过世，也绝不可能在祭拜之列的。祖父有一个妾，后来我们称作"老姨太"。过去当官的三妻四妾很普遍，祖父只有一个，算少有的了。他不喜欢这些，也反对儿子们讨小老婆。

我们的祖籍是泗州，具体在现在的盱眙，但是家里不大有人提起那里，会说到的是淮安。杨殿邦当漕运总督时，就把家安在那里了。即使是淮安，我也从来没去过。《人民日报》原来的文艺副刊主编袁鹰是淮安人，有一次见面，他说小时候住的就是你家的宅院。也不知他怎么知道那房子过去是杨家的，也许比较大，杨家有地位吧。一个熟人曾经住在你家过去的房子里，这事想想很好玩，但事实上他知道房子是什么样，而我是一点概念也没有的。

包括祖籍泗州，我都是这两年才知道。那里还要搞什么名人故居，和我联系，要我提供杨家的情况材料什么的。我一无所知，也不感兴趣，两个孩子去了一趟，结果反而是他们从宿迁方面知道了一点家族的过去。

大排行、小排行

旧式大家庭里，关系很复杂，我说的还不是人际关系的难处——单是这一房那一房，大排行小排行，七大姑八大姨的，要弄清楚就挺费劲。

大房就是长房，祖父是长子，父亲也是长子，一直是长房。大排行就是不管哪一房的，男的就按照年岁一起排下来。祖父再往上，我就弄不清了。祖父兄弟八人，比如我父亲那一辈，父亲、三叔、七叔、八叔，还有瑷叔（记不清他的排行了）、十八叔……是祖父生的，五叔是四爷爷生的，四叔是五爷爷生的……排在一起，一共是十八个。正出和庶出是排在一起的，比如瑷叔、十八叔，就是祖父的姨太太生的。他们长我一辈，而十八叔只比我大一点点。过去的家庭，辈分高年岁小的情况很多，姨太太年轻，就更是如此了。

大排行是从祖父那儿开始，再往上就不排了，解放后论出身是"查三代"，祖孙三代，大概就是从这里来的。祖父生了八个儿子，杨宪益的大排行，就是与祖父其他几个儿子生的男孩按出生先后顺序排，不再和叔爷爷家的孙辈"混编"。

男尊女卑，家谱里的排行只有男的，女的就在一房一房内部单另排了，比如我们这一房，大太太生了大姐二姐，母亲生了我姐和我，行五行六，二姨太则生了四姐。

各房单另排，就叫"小排行"了。杨宪益出生后，因为说女的好养活，就把他和我们排一块儿，所以家里我有大姐、二姐、四姐，亲姐姐杨敏如是五姐，并没有个三姐，"三姐"是跳过去的，行三的就是杨宪益。

我记事时，各房已经不大来往了，好多亲戚只限于过年时去拜个年，即使爷爷这一房，我们也只是和七叔家关系密切，三叔我只见过几面。再长一辈的，听说过六爷爷。母亲说，他在花园街住过一阵。照说各房分开过了，各有各的家，但若是有了什么事，还是大房管。父亲是长子，因此爷爷不在了以后，姨太太是跟大房过，和我们一起住在花园街。六爷爷住花园街，是因他精神出了问题，在我们家养病。他混得不好，杨士琦是袁世凯的红人，他就想让杨士琦帮他谋个差事，杨士琦没理他，他就抱怨。母亲常见他一个人在屋里走来走去，念念有词的，瘆得慌。这位六爷爷后来怎么样，我也不知道下文。

家族中官做得最大的是杨士骧，做过直隶总督。我也不知自己见过他没有，就是见过也不记得了。只记得玩过他的像章。大概是给他办丧事的时候，做过一批像章，陶瓷的。也不知娘抽屉里怎么会有那么些。我喜欢跳房子，可以一个人玩很长时间，觉得像章用来跳房子再好不过，比瓦片什么的好多了。母亲看到了说，怎么拿这个玩?! 我说娘让我随便玩的呀。娘有个抽屉，里面一大堆玩意儿，有玉石，有翡翠，四爷爷的像章就杂在里面，翻来翻去很麻烦，娘就让我底朝天倒出来，让我想要什么就拿什么。结果我就挑了一模一样的好多个像章。现在想来挺可笑，我和四爷爷的交集，居然就是把他的像章踢来踢去。

稍有印象的是二婶。二叔是五爷爷杨士琦的儿子，娶的是袁世凯的女儿——杨家和袁家通婚，好像还不止这一桩。二叔家在北京，住在一个王府里。七叔过五十大寿时，我正好中学毕业去玩儿，就由正在燕京念书的我姐领着去拜寿。那次二婶也来了，我姐指给我看，那就是二婶。二婶前呼后拥的，穿戴、排场，完全是贵妇的派头，七叔恭恭敬敬的。更早我们在天津住花园街的时候，她好像来过一次，也是很大的排场，下人都在小声议论，似乎大气都不敢出，说话都是窃窃私语的，说她和我们家的关系，说她是袁家的女儿……无非是如何既富且贵吧。我对她长什么样一点印象没有了，只记得不管哪次，她一出现，大家都屏声敛气的。

二叔二婶住在北京。我们和亲戚的亲疏远近，也和是不是住在天津有关，好多亲戚都住在北京，也就不怎么来往了。祖父早早就不做官，又不喜做官，住在天津离官场就有点距离了。杨家做大官的，比如杨士骧、杨士琦，当然要在北京，朝廷在那里，后来到民国，北洋政府也在那里。杨家的不少后人，都是靠祖产生活，整天什么事也不干，还看不起人，母亲不希望有来往（因为是姨太太的身份，交往中往往被歧视）。她看不起没本事的人，总是强调要"学本事"，能自立。这多少也是受父亲的影响，父亲应该又是受到祖父的影响。

父亲杨毓璋

祖父自己不喜欢当官，也不叫我父亲当官。从日本留学回来后，父亲去了沈阳做电话电报局的局长。照现在的官本位，什么都是官，校长也是官，局长当然也是官了。过去是有区别的，电话电报这样新派的带些专业性技术性的，不算官，离官场远，离商反而近些。几年后他回到天津，当中国银行的行长，跟官场来往很多，但本身还是商。

父亲在日本早稻田大学进的是什么系，我不知道，说是学实业、经济什么的。学什么不重要，反正在日本他也没有好好念书，时间都花在吃喝玩乐、和艺伎瞎混这些事情上了，肯定是没拿到过文凭什么的。他写过不少情诗，给艺伎的，让我母亲收着，还讲给她听。母亲一直放在一个盒子里收着的，还拿给我看过，可惜后来都烧了。

祖父当然不希望父亲过公子哥式的生活，回国以后就严格管束他，后来父亲确实也戒了各种不良嗜好，改邪归正了。他那个沈阳电话电报局局长的差事，据说是杨士骧给弄的，几年后当中国银行行长，肯定也和杨家的背景有关，不过至少到任职天津中国银行的时候，他已经很是"务正业"了。而且他很能理财，中国银行在他手上办得有声有色的，家业也大了许多。以过去的眼光看，他要算他那一辈里最能为杨家光宗耀祖的了。

他对自己办的中国银行特别有信心，虽也在天津置办了一些产业，绝大部分的资产却存在中国银行里。人家有钱都变成金银珠宝什么的，他不信这些，不认为黄金翡翠之类就可靠，也不是相信钞票，他是对中国银行有自信，都往行里一存。说起来后来我们家的败落，也多少与此有关，除了叔叔私自拿钱贩私盐之外，也和日本人来了之后强令中国银行里的钱都变成储备券有关，换成不值钱的储备券，我们家的钱等于全没了。

中国银行是官办的，父亲当然要与官场打交道，北洋政府的许多要员都和他熟。他在天津有地位，人家说起来杨大爷怎样怎样的，说到底，还是与此有关。记得家里有一幅很大的画，有大衣柜那么大，说是舌画，用舌头蘸着墨汁画的，不知是什么人画的，应该是个名人或名画家，要不也不会一直挂在那里。两边是一副对联，"自非北海孔文举，谁识东莱太史慈"，徐世昌的字。孔文举就是让梨的那个孔融，和太史慈都是三国人物，太史慈发迹前孔融帮助过他，徐世昌用这典故，是比喻父亲的中国银行对北洋政府的资助。支持北洋，就是拿出钱来帮他们打内战呗。那副对联一直挂在客厅里，我走来走去老是看见，就记住了，意思是后来听人解释了明白的。徐世昌我也不知是谁，一直到很迟，不知听人提到多少回了，才记住北洋时期他当过总统。袁世凯、徐世昌，还有其他北洋的人，都把中国银行当他们的钱袋子。那两句是摘的苏东坡一首诗里的句子，做了对联，反正是客套、寒暄就是了。

正在春风得意的时候，父亲得了一场病，是伤寒，本来已经好了，又赶上杨宪益得了白喉还是猩红热，夜里哭闹，他披衣服起来看，又感风寒，复发了。这一回病得很厉害，但还是可以治的。坏就坏在家族里人多主意多，一会儿请这个名医，一会儿请那个高人（中医、西医都请的，有日本医生，还有德国医生，大体上还是按西医的来，父亲自己是更信西医的，母亲受影响，也是更信西医），请来的人各是各的治疗方案，先是照这个做，后来又照那个做，结果病情反而加重，终于不治，就这么没了。所以后来家里议论父亲的病故，都说是给医生治死的。

其实医生一人一个主意，我做一个胆结石手术，病区主任和副院长还一个说要做，一个说年纪太大风险高，不做为好。说到底还是家里人乱出主意，请了那么些名医来，也是因为家里有钱，假如是寻常人家，没准倒治好了。

我出生几个月父亲就去世了，对他一点印象也没有。关于他是什么样一个人，都是从家里人的闲谈中拼凑出来的，特别是我母亲。

我得到的一个印象是父亲特别好玩，吹拉弹唱什么的都喜欢，还有就是唱戏听戏。他编了一本《历代帝王像》，自费印制的，花了很多钱，做得很讲究，每一张像前面都有玻璃纸，像那种洋派的大画册。还有一张《升官图》，应该算是他发明的一种游戏吧，上面有各种官位，在碗里掷骰子，掷出几点来，就做什么官，官位的排列很复杂，一级一级往上升，还有降的。升到最后是一个圆，那就表示进宫里了。画在一张很大的纸上，过年时才请出来，恭而敬之的，说是老爷留下来的，是老爷的心血。过年时大人那边在赌钱，推牌九打麻将，我就很高兴玩这个，运气总是很好，升得很快，可惜我对那些什么什么官一点没概念。

这两样都是父亲带着弟弟们编的，他是老大嘛。他这也是找点事做。长子不能远游，他得守在家里，再说他有过在日本寻花问柳的前科，祖父也不允许他离开家。闷得慌，就得找个玩法。

父亲去世时是立了遗嘱的，我母亲因为最后一直在伺候他，几乎寸步不离，所以知道遗嘱的内容。不是父亲写，是他说，一个师爷在旁边记。她文化程度不高，遗嘱又是用文言的，有些内容她也不是很清楚，但有两条，一是关于"大公主"，一是关于二姨太的，后来当着大家念的时候，母亲发现没了。应该是七叔和娘商量后改掉了。

因为父亲去世得太早，别人跟我说起父亲去世会难过，没了父爱什么的，我就不大能够体会——我太小了，对于我，父亲就像是没有存在过。我当然也很少会想到父亲，倒是成年以后，有一次从报上看到，或是听说天津那边谁谁又当了汉奸的事，就跟我哥说起过父亲。当时北洋政府的一些高官都出任了伪职，其中不少人与父亲是朋友，或是熟人，比如王克敏与父亲就很熟。我就问杨宪益：要是父亲还活着，他会不会当汉奸？他仰头想一下说，不会的。再想一下，又说，也难说——说不准。不过最后还是说，不会的，他根本就不想当官嘛。

母亲徐燕若

父亲去世时，母亲才二十四五岁。她当然是我生命中最重要的人。不过说我母亲，得先交代父亲整个的婚姻状况，不然现在的人听起来又是乱的。

过去有地位的男性，三妻四妾是常有的事。祖父虽然反对父亲纳妾，父亲也没兴趣，但还是有三个夫人。正妻是扬州的大小姐，按北边的习惯，我们都得叫"娘"。庶出的孩子叫自己的亲生母亲"姆妈"（五叔家的姨太太，我们从孩子这边说，就称"五叔家的姆妈"）。外人则分别称"太太""大姨太""二姨太"（或"大姨奶""二姨奶"）。

"大姨太"是母亲在杨家的身份，也是她的"不平等的起源"，是她一辈子想摆脱又摆脱不了的。解放后我们把不好的称呼叫作"帽子"，定性为"地、富、反、坏、右"叫"戴帽子"，在过去，可以说"妾""姨太太""小老婆"也是"帽子"，戴上了就摘不下来了。五十年代初母亲去世后，对她的称呼有了变化，按照扬州那边的习惯，晚辈喊她"大妈"。好像比"大姨太""大姨奶"升级了，但又不是"太太"，有些暧昧含糊。但多少年喊惯了，我堂弟，七叔家的纮武有次见了母亲，顺口就喊了声"大姨太"，喊出口才意识到不对，冲着我直吐舌头，表示犯了错了。

我母亲是河北南皮人。外公在天津开车行，就像《骆驼祥子》里虎妞她爹那样的吧，论成分应该是"城市贫民"，要不怎么会卖女儿？但也不好说，按解放后的划分，像骆驼祥子那样拉车的当然是"劳动人民"，可他把车租给人家去拉，就属于"剥削阶级"了。后来我姐参加革命后对母亲的出身很忌讳，不提开车行，只说是"城市贫民"。

母亲有一个姐姐，一个弟弟，一个妹妹，姐姐早早就死了，外公要供舅舅读书，供不起，就将母亲卖给杨家做妾。这是外公和杨家的老仆人潘爷谈好的，签了卖身契。对杨家来说，父亲这一房一直没男孩，娘进杨家多年，生了八胎，只有两个活下来，就是大姐、二姐，二姐年纪轻轻就病故，剩下大姐，就是后来我们背地里叫"大公主"的。娶我母亲进门，就是为了传宗接代的问题。

母亲进杨家时十五岁，父亲那时三十多了。没想到母亲第一胎就是男孩，就是我哥哥杨宪益。母亲在杨家的地位是因生了哥哥改变的——为杨家立了大功嘛。但是我哥生下来就让娘抱走了，算是她名下的，一直跟着她住一块儿。虽然每天吃饭都在一起，但是是娘管他。除了母亲，还有个二姨太，原来是丫头，别家送给父亲的。大姑妈开始时张嘴就叫母亲和她"金姑娘""银姑娘"，后来家里都是称"大姨太""二姨太"。父亲喜欢母亲，待她很好，对二姨太就不那么好了。我想这不仅是因为母亲生了我哥，父亲对她还是有感情的，母亲应该也比二姨太听话，性格上更讨父亲喜欢。父亲曾带母亲悄悄去照相馆照相，让她照一张，抱着我哥照一张，他也抱着我哥照一张。他和母亲没有合过影——母亲是姨太太，不可能有合影的。当然我也没见过父亲和娘的合影。社会上时兴结婚照是后来才有的。

母亲常常说起父亲，她有两个福建那边做得很漂亮的漆盒，里面放着父亲的照片、诗稿什么的，还有一只德国造的金表。我大了之后，她会时不时一一拿出来跟我念叨。有些情诗是父亲在日本留学时和一个下女好（算他的初恋吧），写给那个下女的。这些父亲都跟母亲说，什么都跟她说。娘是富家大小姐，比母亲有文化，但旧诗词呀这些的，他宁可跟没什么文化的母亲说，要紧的东西也放母亲这里。

父亲教母亲读书，母亲原来识字不多，也就小学二年级吧，后来能念书，都是父亲教的。父亲去世后，他的很多书都让其他各房拿走了，一大套一大套的，只剩下《说部丛书》。要母亲识字念书，这是在还没有杨宪益之前就开始了，要求她每天看书写字，《说部丛书》买来，整整一柜子，父亲对母亲说的，看书她就该从这看起。怀上杨宪益之后，父亲还对她说，如果是个男孩，就把她扶正，和娘平起平坐，姊妹相称。父亲去世后，这话没人提了，当然母亲也没争过，只是和我们说说。

母亲的运气不错，但这是撞上的，她还是恨外公将她卖了，提起来就恨。进了杨家她就再没见过外公，不能见，也不想见。按照卖身契，进来之后她就得和娘家一刀两断，再不能有来往了。外公病重时说要见母亲一面，母亲就是不见。但后来她和外婆倒是见过，偷偷地借着看电影在外面见。我还记得小时有次她领我和她的丫头来凤去看电影，看一会儿她人不见了，再回来眼睛红红的。

再往后，母亲和小姨、舅舅也是有来往的，不仅来往，还总是想办法帮助他们。小姨上妇女职业学校，舅舅念中学，都是她供的。

我舅舅上的是教会学校，汇文中学。外公卖了母亲，就是为了让舅舅这个独养儿子读书，但上汇文这样的中学上不起，还是要靠母亲。母亲最看重的就是读书，她在家里是老二，上面有个姐姐，早早就得肺结核死了，这样她就成了长姐，照顾弟弟妹妹，培养他们成人，首先就是要让他们读书。舅舅毕业后，母亲原本想让他上燕京，他的成绩好，可以保送的，母亲眼中，教会学校是最好的。但舅舅不愿意，他给母亲写信，说他不愿再花母亲卖身的钱继续念书，不愿再靠杨家，他可以独立了。

信是我念给母亲听的。念信时的情形，到现在我还记得清清楚楚。母亲跟着父亲学文化，已经可以看书看报，读信不成问题，但她看过了，还是会叫我念。我当时正迷话剧，喜欢话剧腔，念什么都喜欢模仿话剧的腔调，抑扬顿挫，跟念台词似的。我拿着舅舅的信自顾自念得起劲，母亲半天一点动静都没有，我往她那儿看一眼，发现她正拿着手绢在擦眼泪。我知道，她是心疼舅舅懂事，同时一说到杨家，就又把卖身的事勾起了，这是她碰不得的痛处。

舅舅后来上了一个无线电方面的专科学校，不要学费，吃住都不花钱。民国时，师范院校是公费，其他学校一般都是要花钱的，或多或少。舅舅上的这学校是国民党办的，他们要招揽人才，培养自己的人，所以免费。大概也因为电台这样的地方很关键吧。学生毕业了，十有八九是去电台工作。舅舅也是。他工作很勤奋，后来做到了汉口台的台长。

武汉快解放时乱得很，舅舅不想去台湾，就一个人跑到了天津，在母亲那儿暂住。当时天津已解放，我正在母亲那里生孩子，也住在耀华里。舅舅没工作，家眷在武汉，一天到晚在家里，挺苦闷的。那时我的地下党朋友李之楠是天津政协秘书长，还有别的什么官职，我就让他给想办法。我说，我担保我舅舅一点问题也没有。他一听就笑了，说，静如，你太天真了，要是我有个亲弟弟像你舅舅的情况，我都不敢说他一点问题没有，你凭什么担保？我说，就是没问题嘛。他说，他念的是什么学校？为什么那学校不交学费？国民党的嘛，何况还是电台台长，这叫"没问题"？

说是这么说，他还是通过熟人给我舅舅在四机部找个工作。这样舅舅就去了北京。没多久，有一天，他太太忽然出现了，带着两个孩子。他太太长得很漂亮，结了婚后一直待在家里做太太，一天到晚似乎只知打麻将。这时要舅舅跟她走，先到南边还没解放的地方，然后去台湾，要是不去，那就离婚，摊牌似的。舅舅要留下来，说新社会了，太太把两个很小的孩子往他桌子上一搁，真的走了。后来再没消息。

舅舅一人拉扯两个孩子，还要工作，实在是狼狈。后来组织上就安排了一个女同志和他结婚，是党员，文化程度不高。婚后他们又生了个孩子，过得还不错。他这样的人，倒平平安安过来了，似乎没挨过整。我猜是他爱人保护了他，再说他不声不响的，做的是技术性的工作，没什么人盯着。我姐夫罗沛霖就在四机部，是科技局的副局长，有段时间他们住在同一个四合院里，罗沛霖是领导，住正房，他住一进去的偏房。不是直接的部属关系，没有交集，他们也没什么来往，我母亲常去看他们一家，总是说，我亲弟弟呀。他们一家挺和睦，几个孩子都不错，小儿子入了海军，最后当了舰长，但他提出复员，那时舅舅病逝，他要回来陪他母亲。罗沛霖知道了，说他，组织上培养不容易什么的，但他另有想法，还是转业了。

母亲病重时舅舅来看她，两人都知道这是最后一面了。舅舅后来是肺癌去世，他走了以后，后人和罗沛霖他们就不来往了。有次我姐请他们吃饭，他们一个都没来。也许是我母亲的意思，她不在了，两家就不再来往了。

我母亲还有个妹妹，就是我姨，母亲也很上心，天津有了妇女职业学校，母亲就让她去念了。这时候父亲已去世多年，娘脾气又好，对母亲和娘家的来往管得越来越松（按契约是禁止的），起先还是暗中来往，或是限于过年时舅舅、姨来拜个年，后来就是过了明路的了。我姨的婚事也是母亲给操办的。

有人做媒，男方是铁路上的，南方人。这两条母亲听了都觉得好。那时银行、铁路、邮政都是好的职业，属于"铁饭碗"（银行最热门，是"金饭碗"），母亲也这么看。另一方面，母亲自己是北方人，却是对南方人有好感，认为南方人脾气好，温和，细心。这样婚事就定下来了，在国民饭店办的婚宴，盛大热闹，母亲一手张罗的，包括请伴娘什么的。结了婚姨就随了姨父到南边去。母亲送我哥去留学，顺道去姨家里看了。姨的家在浦口，母亲很意外：不是在南京吗？她心目中，南京是大城市，浦口不算南京的。更吃惊的是，姨父家里的情形跟过去说的差远了。原来他就是个卖票的，不是什么体面的职员，家里有个母亲做饭带孩子，用人也没有。后来知道，他送姨的一个钻戒也是借来的。母亲觉得整个就是被骗了。

但是木已成舟，母亲也是相信嫁鸡随鸡，嫁狗随狗的。后来姨一家到天津来，姨父在这边铁路上做事。谁想有次拔牙后流血不止，到医院一查，是败血症，没多久人就没了。给他拔牙的医生叫高纯一，因为看牙，一来二去和姨认识了，姨父死后，姨生活无着，就到他诊所里给他当助手。我母亲特别支持，在她看来，这是学本事，而学本事总是好的。她没想到姨在诊所里，整天和高医生一起，就好上了。高是中年人，自然已有家室，离婚是不可能的，他也没这打算。这样姨实际上成了他的外室。我母亲知道后气得不得了，她对做小老婆最敏感。其实民国已是一夫一妻制，法律上根本没有小老婆一说了，但在她眼里，我姨那样，等于就是小老婆。她自己做妾是无奈，结果妹妹又给人做"小"！

我姨的结局也挺惨的。高纯一的太太知道丈夫外面有人，起先因为知道我姨娘家有人，没敢怎么样，后来眼看日本人要进租界，母亲去大后方了，就再没顾忌，找到小姨住处大闹，一通乱砸。我姨刚生了孩子不久，而且她一直身体弱，有肺病，受了这番惊吓，吐血了，很快就死去。孩子先天不足，也死了。那时母亲在大后方，长时间音信不通，后来还是老潘子想法让人捎了信来，告知姨的情况。母亲听了很伤心，她辛苦一场，希望妹妹过上好的生活，结局却是这样，她觉得很失败。

"妨父"之名

我说自己"生正逢时"，那是赶上了新文化运动以后的大环境，可从小环境，也就是我们家的情况说，我出生的就太不是时候了。父亲的去世是我们家的转折点，从此一落千丈，我恰好就出生在这个节骨眼上。过去有好多迷信的说法，莫名其妙瞎联系，就因为出生不久父亲去世了，我就有了"妨父"的恶名。

女孩在家中没地位，原本就不受待见，我的婴儿阶段，家里天下大乱，先是父亲的病，后来是办丧事，更没人管我了。有的就是因"妨父"的"另眼相看"，似乎我就是不祥的。

喂我奶的奶妈进门后没好好检查，后来早就自己停了奶，喂我奶只是做样子,背着人给我喂点水什么的,所以我身体特别弱。后来还是一个德国医生来,检查追问起来才弄清是怎么回事。医生把我母亲说了一顿(母亲是姨太太,又才二十来岁,医生敢熊她,对娘是不会的),母亲也只有听着,不吱声。那奶妈马上就被辞掉了,换了个新的。

带我的保姆姓张,家里都叫她"张妈"。她领着我,住母亲大房间后面的一间小屋,睡一张老式的大床。张妈对我不好,背着人偶尔还会拧我一下,掐我一下,我胆小,也不敢对人说,就这么过了两年。她和我睡的那张床是架子床,挂着蚊帐。有天晚上有蚊子,她起来点了蜡烛打蚊子,蜡烛没放好倒了,把整个帐子都给烧了,她瞒着不说,家里人居然不知道。后来有人在房间里发现一小堆帐子烧成的灰,追究起来,才知原来有这事。这可了不得,不是我有多重要,而是家里下人的管束问题。父亲去世以后,没了权威,娘是软性子,早就有议论,说下人越来越不像话了。这次娘也惊动了,把人都叫过去,包括我母亲,大大发落了一通,张妈就让她走人了。

那时我五六岁,以后好几年,我就一个人睡在那个小房间里,直到十一岁得伤寒病。年纪那么小,我一个人住很害怕,特别是晚上。可我不敢讲,也没人管我。

那时伤寒可是不得了的病,弄不好要死人的,而且还传染。我就被弄到一个大房间里去,比我原先住的小屋亮堂多、漂亮多了。还请了个护士日夜侍候,就待在里面,不许出去,有人守着门,也不许人进来——要是传染给小少爷,那还得了?!头一次有点好了,后来有次二姨太吃馄饨,问我要不要尝尝,我馋,吃了一个。就一个,不知怎的又不行了,比原来还厉害,真的要死了。

亲戚间都在传,还到庙里烧香拜佛,求签问卦,不想抽到的是个下下签。于是就有人说,别治了,治不好了,还白花许多钱。这话居然还当着我母亲面说。平日的生活,家里的费用都是娘那儿出,早饭我们自己吃,中午、晚上都是一起吃的，也是娘那儿开支，但给我看病，这钱要母亲自己拿出来。母亲过去听他们议论什么"妨父"之类的，也疑疑惑惑的，至少是不敢反驳，就算不服，反正这里那里总觉得我不好，这次她拗起来了，发脾气说：我就不信治不了！我生出来的，我就是要让她活！我就是要把三个孩子好好养大！她当然是舍不得我，同时也是把平时在家族里受的气发泄出来。

母亲文化程度不高，但她倒不信烧香拜佛那些个迷信。看病之类，她是崇洋的，比如她就信那个德国医生，相信西药。那段时间她对我特别好，家里也特别做这做那的给我吃。我被隔离在那个大房间里，雇了一个德国医院的特别看护照顾我，当然是很贵，前前后后，为那场病花了六百大洋。

住到大房间，是母亲抱我过去的，我搂着她脖子，有气无力的，还说话，说生病真好。母亲听着，眼泪就下来了。后来病好了，我因为那段时间的特殊待遇，又说，生病真好。母亲瞪我一眼说，别瞎说！

母亲对我一直都是很严肃的，所以我怕她，我姐敢跟她吵架，我不敢，她教训我我从不敢回嘴。我犯了错，母亲要打，都是让我把手伸出来，拿尺条子打。打得不重，象征性的。每次我都赶紧抢先说，"下次不了"，"再不敢了"。我姐没怎么挨过打，每次还没打呢，她已经尖叫起来了。

母亲最要我守规矩，比如吃饭，只许吃面前盘子里的菜，不许乱伸筷子，到对面搛菜更是不行的。别人搛菜给我，她都让回去；让我吃海参，她说我不吃；往我碗里搛松花蛋，她说我不喜欢……其实我嘴一点不刁，什么都吃的，我想她是怕我不懂规矩让人看低了我们。在大家庭里，遗下一点口实都会被扯到"姨太太"上面去——姨太太养的嘛。

虽然都是庶出，我和我哥我姐又不一样，我哥被宠不用说，我姐因是母亲自己带的，也比较惯，我在家里是地位最低的。家里人时常笑着说起，说是每逢吃鸡，我哥和大公主吃腿，我姐吃鸡胸肉，轮到我，只有吃鸡皮的份。

事实上有鸡吃就不错了，母亲是但凡像样点的菜都替我让回去的，我因此常常觉得没吃饱——是真的吃不饱。经常别人给东西，我就吃，这又是母亲不许的。我哥老拿好东西给我吃，有时正吃着，母亲见了，就问，哪来的？我说，哥给的呀。我哥做什么都对，谁都说不得的，母亲听我理直气壮的，有时就骂我，说我这是"狗仗人势"。若是吃了下人给的，那就真生气了。

下人吃饭都是等我们吃完之后，有专给他们的菜，再加上主人的剩菜。其实也蛮不错的，我常在他们桌边转来转去的。他们逗我，让我喊他们一声，比如"来凤姐"，就让吃一口；"喊'张奶奶'，不喊'张妈'"——平常年纪大的女用人都是喊"张妈""王妈"——我照她们说的喊了，就喂我一口。母亲知道了，就说，你就是贱。就是因为经常不饱，我老惦着吃，对吃的事情印象也深。祭祖时吃得特别好，要做一桌菜，影像挂起来，牌位请出来，一桌菜摆在前面。祭祖完了，菜就端到饭厅去吃。

其他事情上，母亲对我不满的也多了。她认定我哥我姐是能读书的，我不用功，而且笨（我的确是贪玩，不大用功），一直都是这印象。家务活、伺候人之类，她从来没觉得我姐应该会，反正她会读书，事实上我姐一辈子都不会做家务，基本上也没做过。我就不同了，她觉得应该会，她就教过我怎么给人捶腿（她是给娘捶过腿的），怎么伺候人，还有各种家务。

有什么事，她都是跟我姐说，跟我姐商量，她觉得我是什么也不懂的，直到我姐上了燕京，走了以后，母亲没人说话了。不仅母亲，娘因为大公主嫁了人，也觉得家里冷清，我于是也成了家里的一号人物。

外面的世界

父亲去世以后，我们家一直在走下坡路，没什么客人登门，冷冷清清的，就剩下妇孺。父亲生前喜欢京戏，常把一些角儿请到家里唱戏，谭鑫培、梅兰芳、周信芳，都到家里来唱过。现在当然都没了，大人，还有用人们常常议论谁谁如何如何，某次来家里唱的是哪一出，听上去就像戏文里说的"前朝旧事"。

但小孩子是感觉不到什么的，我一点比较也没有，更是没有什么异样感。我们的日常生活还是照旧，对我来说，好像从来就是那样。家里有固定的菜金，每天是五元大洋，当时用人一个月只有两元钱的工钱，这一比就相当奢侈了。不过我也并没觉得家里很有钱——我都还常常吃不饱嘛。再一个是我一点也不知别人的生活是什么样的。一直生活在花园街宅子里，家里是不让出去玩的，除了后来上中西女校时的同学，的确也没跟别人家的孩子玩过，而中西又是贵族学校。

偶尔出门，要不就是逢年过节走亲戚、拜年，或是什么亲戚结婚了，给当花童。当花童特别开心，牵着新娘子的纱裙在后面走，走一步，脚一并停一下，再走一步并脚停一下。还有就是跟母亲逛店、看戏、吃西餐，印象也特别深，因为平常不出门，在外面看到什么都很新奇。

我觉得特好玩的一个地方是中原公司，那是个吃喝玩乐的地方，在日租界，模仿的是上海的大世界，挺热闹的。记不清是几层楼了，好像是七层，不然为什么最上面一层叫"七重天"呢？里面什么都有，下面几层卖百货，四层、五层有好多唱戏的、说书的、讲相声的、变戏法的。这边唱，那边也在唱。本地的之外，还有从南边来的班子，天津人称为"苏滩"，评弹、沪剧、越剧什么的都归在里面。还有海派的京戏，一看就知道是从南边来的。

老派的京戏看得多了，海派的布景什么的都不一样，看着新鲜。我还记得有一出《石头人招亲》，说几个姑娘春天出游，拎着菜篮子，一路嬉闹，见到石像，就拿菜篮子套到石像头上去当帽子。不想石像突然出声了，要她们嫁给他，意思是套上他的头就像抛绣球似的，等于定亲。姑娘又羞又急没办法，只好跟石头人成亲。在小孩看来，剧情很滑稽，唱词特别大白话，一下就记着了，我哥回家还大声唱："你们出来就该正派，你不该菜篮子套上我的脑袋，现在我们拜了天地成了恩爱，你为何又哭起来？"

还有一出戏，忘记名字了，是说捉奸凶案的。台上有床，拉着帐子，表示正在通奸，丈夫上来捉奸，拿着刀做捅人的样子，而后帐子里就跑出人来，身上全是血，脸像是被劈成了两半，挺吓人的。观众看到这里就惊叫，传统京戏里绝对没有这样刺激的表演。母亲说，都什么乌七八糟的！以后就不让我们去看了。

还有起士林，一要去那里，我就很兴奋。起士林是天津有名的吃西餐的地方，德国两兄弟开的。西餐是新鲜事儿，母亲会领我们去吃。起士林英文店名是Kiessling and Boder，给中国人一叫，落了单，就剩Kiessling了。后来上海开了"凯司令"，倒是更接近英文的发音。有人说是从天津开过去的，有人说不是一家。张爱玲的散文里就提到过起士林的蛋糕。

起士林不是西餐里最贵的，但因为是第一家，在天津就成西餐的代表了，说"去吃起士林"，就等于说去吃像模像样的西餐。名流、有钱人都爱往那里跑，梅兰芳经常出现的。有一次在那里就看到他们一大帮子人。

印象更深的是有次看到张学良和赵四。应该是九一八事变以后的事，我们在等着上菜时，就见张学良他们进来。除了赵四，都是男的，穿着马裤、靴子，像是刚骑了马回来，纨绔子弟的样子。赵四穿着很时髦，手里拿着个白色的长烟嘴，翘着兰花指。张学良照片常在报上出现，又因丢了东三省，名声很坏的，当然认得出。我们都恨日本人，不喜欢张学良，不过我特别喜欢好看的人，看到赵四，也想不起这些了。母亲看我老盯着那边看，就说，要看你就过去看呗。我真的就跑过去，近了点站在他们桌子附近盯着看，觉得赵四真是好看。赵四发现了，就逗我两句，还摸摸我头发。我那时大概十来岁，比桌子高不了多少，见赵四指甲血红的，还是后来才知道那叫蔻丹。

又一次大变故

大概是我十来岁的时候，家里发生了父亲去世后又一次大的变故：我们家的大部分钱忽然没了。

父亲究竟留下了多少遗产，我当时不知道，后来也没闹清楚过，反正这一次过后，大部分都损失了。他留下的钱全都存在中国银行，我们是靠利息生活，每月都是问七叔拿钱。七叔是天津中国银行的副行长，只有他手里的图章可以动得了这笔钱。他当副行长，是父亲生前的安排，七叔是留美的，还年轻，父亲觉得得慢慢培养，主持大局的行长的位置给了卞白眉，扬州人，也是留美的。

想动这钱的不是七叔，是三叔。三叔想与别人合伙贩私盐，说是取个整数。七叔原本是不答应的，三叔火了，跟他大闹，他是小弟，最后拗不过，只好松口。结果说贩私盐的船翻了，那笔钱自然也就没了。"整数"是多少，说法不一，我后来听说是二十万，我姐听来的是三十万。

这下家里乱了。娘整天在楼下哭，有段时间，牌也不打了，早上起来梳洗过后，梳头褂子也不脱，光哭，抽水烟袋。花园街大宅子里上上下下嘀嘀咕咕的，全是这事，有一种大祸临头的氛围。连丫头来凤也跟我一脸惊慌地学说。她说，这下完了，杨家败了，以后要到街上要饭了。我不知要饭是怎么回事，只从京戏《拾黄金》里看到过要饭的穿着百衲衣，五颜六色的，很好玩。就想，要饭就要饭呗。我问她，那还可以看电影吗？还有冰激凌吃吗？后来发现有的看，也有的吃，起士林也还照样去，就心安了。

管钱的是七叔，他日子自然不好过。那时中国银行的行长是卞白眉，他女儿和我差不多大，有一次很神秘地对我说，七叔枕头底下压着一把手枪，大概是大人说话时她听来的。枪在我们听来是很可怕的东西，我吓得就去跟母亲说，母亲又去跟娘讲。再一打听，说七叔被这事弄得不得安宁，他也没办法，跟人讲，再逼他他就拿枪自杀。

七叔私自动了父亲留下的钱，也算是又一类型的"挪用公款"了，名声不好，行里就把他调到北平去当那边的中国银行行长了。副的变成正的，听上去不是升了吗？事实上天津才是北方的金融中心，就像上海在南方的地位，北平银行的地位和天津银行不能比，在好多生活在租界的天津人眼中，北平土得很。

父亲的兄弟里面，我接触最多的是七叔。三叔、七叔、瑗叔、狗叔是祖父这一房的，瑗叔、狗叔是老姨太生的，年纪小，而且被歧视。父亲去世后，杨家在中国银行的人是七叔，所以七叔可以说是家里的主心骨。

他是留美的，学什么我不清楚。父亲去世时，交代行长的位子由卞白眉接过去，七叔年轻，还得历练，安排他当天津中国银行的副行长。等他听三叔的话，把家里的积蓄拿去贩私盐蚀了本，在天津待不住了，就调到北平，当北平中国银行行长。在天津的时候，七叔家也住在花园街上，离我们不远，他会坐着敞篷马车过来。

七叔早先喜欢过窑子里一个叫小翠的，但家里是不许的，爷爷的规矩严得很。再说小翠又被王克敏看上，还为她赎了身，七叔这事儿当然是没戏。家里都知道，太太之间还少不了议论。七婶最憨厚，也会加入其中说道。

有一次她们扶乩，也是闲着没事当游戏吧。四个人一人站在方桌的一边，桌子有条腿下面垫一沓子纸，这样桌子就不平了，而后等桌子一动，就说神来了，或是谁的鬼魂亡灵来了。桌子自己怎么会动？还不是哪个碰了的。她们就商议，说请谁呢，不好请长辈，请长辈好像不恭敬。七婶没心没肺的，就说请小翠。都不说话了，有点紧张的气氛，过一阵就说小翠来了。请来了是要和她说话的，扶着桌子的人就问，小翠，你都惦记谁呀？当然没有回话，就听见很轻的声音响了七下。小翠后来是在养老院死的，很惨。她们就啧啧叹息，说小翠死了还想着七爷哩。我在旁边看着的，直想大笑，哪有小翠的影子？七婶是不信这些的，我母亲也不信，但其他几位是信的，好像里面有六婶吧。不管信不信，都当真的一样。后来家里下人之间都在传，说小翠如何如何死了还惦记七爷。

七叔在我眼里总是很严肃，道貌岸然的，真想象不出他当少爷时有过那么一场恋爱。我见到的他当然早不是少爷了，家里人提起来都有点怕的样子。七婶说，有一次她和纮武几个没事，在饭厅里吃崩豆（天津人把油炸的蚕豆叫"崩豆"），七叔忽然进来了，见状大怒，虎着脸一言不发，从插瓶里拿出鸡毛掸子，往吊灯上一捅，灯泡碎了，碎屑落在桌上，到处都是。他气哼哼走开了，大家都吓得不吭气，仆人赶忙进来打扫。为什么发那么大火？七婶说过的，我记不大清了，好像家族里老辈什么人得了恶疾或是病死的，说是和吃豆子有关，家里传下来的规矩，不许吃豆子，蚕豆、毛豆、扁豆……凡豆类都不许吃。禁止归禁止，没人信吃豆子会有多大事，后来家里人还吃，只不过是背着他。这点事也要偷偷摸摸的，想想真是可笑。

七叔过五十大寿时，我去贺过寿。原本是轮不到我的，那年我从中西毕业，去我姐那儿玩（她在燕京读书），就让我跟我姐一块儿代表我们这一房去祝寿。打长途电话，传话传错了，七叔家那边听成娘要去。大房的嫂子要来，那可是大事，所以七叔家一大帮人到火车站去接站，结果发现从车上就下来我一个。七叔绷着脸，很生气的样子，一言不发就上他自己的车上班去了。

过寿的那天，我跟我姐去的。七叔家在王府里，一进的院子，来了很多人，热闹得很。那可能是七叔家最好的时候，他还在家里请梅兰芳吃饭。父亲在世时常请京戏的名角到家里（中国银行一直捧角的），女眷都是回避的，屏风挡起来，要看梅老板，大家只能躲在屏风后面，从缝里张望两眼。

在北平的时候，行里有个女职员，叫徐尔秀，戴眼镜，是个老姑娘，忘了哪个大学毕业的，考取了北平中国银行，外地人，没地方住，七叔家老大的宅院，前院空着，有间房就让她住了。七叔每天早上起来在院里走，找话茬儿和她说话，他一激动脸就会红，说话结巴，和徐小姐说话就有点那意思。家里就有人议论，说七叔喜欢上人家了。他是有家长威风的，谁也不敢说，只有小女儿，她是家里的惯宝贝，跟外人也说，她跟我姐说这事，我就在边上。我姐很吃惊，觉得太糟糕了，说怎么可以呢？七叔对徐小姐有好感是可能的，我在他家住过几天都看得出来，他对徐小姐客气得不自然。七婶也知道这事，只是说，他能怎么样？七叔的确也没怎么样。不可能的嘛，传个字条、写信的机会都没有，过段时间也就过去了。家里都说，七叔喜欢过两个女的，一个是知识分子模样的，一个就是前面说的那小翠。

日本人占领北平、天津后，中国银行悄悄撤往南方，七叔全家都离开了天津，我到昆明就是跟他们一路。七叔后来去了西安，当西安那边的行长，再后来又到成都工作。抗战胜利后到了上海，这时行里没事给他做，位子上都有人了。也是他没本事，跟不上了，这样早早就退了休。他用金条在延庆路顶了一处房子，小儿子杨纮武后来在上海工作、成家，七叔退休后，和七婶就跟着纮武过，一直住那房子。

我到上海，会去看他们。四八年我陪姐夫罗沛霖去上海，去过，解放后也去过。时间太久，当时的情形已记不清，这次那次的也混淆了，只记得他们住得很挤。纮武有两男两女，加上七叔七婶，七八口人住三间房。有一次我在那儿，那时五哥（纮武的哥哥）已被打成"右派"了，七叔心情不好，不说话，在房间里来来回回地走。纮武说他：走来走去的，烦不烦?! 他也不吭声。我就想起过去家里人都怕他，纮武当然也怕。他真是老了，没脾气了。

大概那就是最后一次见到七叔吧，后来他是得肺癌死的，家里人都说他也是郁郁而终。

天津搬家史

要说杨家"败了"，就我祖父这一支而言，一败是父亲去世，再败就是贩私盐的钱打了水漂。七叔向娘保证过的：大嫂家里生活的一切，还是照旧。事实上是不可能的。我们住的地方很明显地每况愈下，花园街的大宅子住不下去，卖了四万大洋，大宅子有好几个院落，一时也找不到那么大的买主，据说是拆开卖给了三家。

花园街的宅子几乎占了整整一条街，大宅院里套着小院子。父亲是长房，祖父去世后，老姨太（祖父的妾）是要长子养的，也住在花园街，有一个单另的小院子，堂屋之外，还有五间吧，也有前院后院，院子有自己的门通到外面。

关于花园街，我印象很深的是大院主楼楼下有一个很大的堂屋，那是父亲的会客厅，摆着一大圈椅子，都是红木的，上面还有装饰。祭祖也在那里，要不是够高够大，那些大幅的字画，还有祭祖时请出来的祖父、祖母的遗像，也挂不下。父亲去世后，没那么多来客了，除非祭祖，都各自待在自己屋里，会客厅就一直空着。后来放了张乒乓球桌，我们要演戏玩啊什么的，也在那儿，总之成了我们的游戏室了。还办杂志，我哥弄的，叫《消寒会》——也就我们兄妹三个人，我是充数的，等于就是他和我姐。

我还记得小时家里有辆敞篷马车，现在的小汽车有车库，马车也要有地方停的，就是马号。我那时觉得马车比小汽车更威风，马号给我的印象深，是因为马号屋顶有一只进口的洋瓷狗，真狼狗大小，砌进去的，真是"看门狗"了。后来我在父亲一个当军长的同学家里也看见过一只差不多大小的瓷狗，只是他家是放在客厅门口地上的，是不是租界里不兴养看家狗了呢？我也说不清楚。

从花园街，我们搬到了法租界的兆丰路兆丰里，像上海那样的里弄洋房。里弄不是胡同，也不称"巷子"，两边是中式房子的才叫胡同，兆丰路的房子都是洋派的，兆丰里一号是栋法国式的别墅，外面贴着玫瑰红的瓷砖，挺漂亮的房子。我们搬到的是兆丰里二号，也不错，外墙贴着绿瓷砖，进门上高台阶，二楼有大露台。不过不是独栋的，楼上楼下好多间，但大人都觉得太小了——和花园街比，当然是小多了。

从花园街出来，家里人也少了许多，这时候二姨太已经和家里闹翻，和四姐走了，老姨太一家也另过了。用人当中，二厨子、来凤都因事被撵走了。只剩下潘爷、拉洋车的车夫、服侍娘的小玉、大厨，好像还有一个年纪大些的女用人。男用人住地下室。北方好多房子都有"地窖子"的，西式房子的地下室不同，有一截在地面上，有窗户，所以我常常还没进家门就从窗户里看见潘爷在地下室里坐着。

说是三层，实际上应是两层楼，但也有亭子间。楼上楼下都有卫生间。后面还有一间蛮大的屋，专门放箱子的，后来搬到伦敦道昭明里，再后来到耀华里，都有这么间放箱子的房间。

房子是小了，但我和我哥都很高兴：这里有抽水马桶，干净漂亮的卫生间，还有热水。我们最喜欢的是二楼大大的露台，水磨石的地，站在上面可以看出去好远。刚搬进去不久，我哥就让我抱着他的小狗"小花"到露台上照了张相。

兆丰里的位置也很好，不远处就是法国教堂，绿牌电车道出门就是。天津有好几路电车，当时也不叫几路几路，因为有绿牌子，天津人就叫它"绿牌电车"。上了绿牌电车就能到天津最热闹的地方，中原公司、天祥市场，租界就那么大，闹市区其实离家都不算很远。

但这地点等到"津变"发生，就变成它的短处了。"津变"就是一九三一年九一八事变后日本人在天津闹的暴动，当时我们在家里就听到枪声。兆丰里正当法租界与日租界交界处，我家正门朝法租界，后门出去就是日租界。在二楼露台上可以看到日租界的情形，平时可以看到穿木屐的日本人，穿校服的学生，鞠躬行礼的，喝醉的酒鬼跌跌撞撞哼小调。当然事变时根本不敢上露台，想上去张望大人也不让。暴动是从日租界闹起，往"中国地"闹，不是针对租界，但挨着日租界总是危险。最怕的是流弹，我还记得娘慌慌张张指挥着用人用棉被把窗子蒙起来。

"津变"很快就平息了，但谁知日本人还会闹出什么事来，有一点是肯定的，日本人决不会就此罢休，离日租界越远越好。这样我们就搬到了英租界的伦敦道昭明里。昭明里的房子比兆丰里那边小，但房租更贵，一个月要二百多大洋。

天津和上海一样，西方列强都有租界，除了英租界、法租界、日租界，过去还有俄租界、德租界、意租界、奥租界。奥租界的"奥"是奥匈帝国，不是奥地利。我小时候，德租界、奥租界已经没有了（因为一战战败），民国政府收回以后叫作"特别一区""特别二区"。虽然已经收回，天津人意识里还是没当作"中国地"的一部分，和纯粹的"中国地"比起来，的确有点特别，因为建筑，还有居住的人不一样。只是收回来以后，管理跟不上，眼见得就衰落了，街道没有原来的整洁，有点向"中国地"的脏乱差靠拢了。

英租界、法租界明显好于其他租界。英租界最安静、整洁，最有安全感。

英租界在墙子河外，靠着河边的是老区，再往外是新开发的，一栋一栋的公寓楼，要不就是别墅，就像民国定都之后南京颐和路那一带，好多有钱人也在那儿买地盖房子。昭明里就在新区里，因为环境好，房价就高，房租当然也贵（同是英租界，我们后来住的耀华里就便宜多了），面积比兆丰里小，租金却要高出一截。

昭明里的房子好像是上海银行盖的，资中筠他们家就住在昭明里，离得不远，她父亲是上海银行的行长。我们住了不到一年就搬到耀华里去了，因为嫌房租贵。耀华里我们住的是二楼三底，娘住楼下，我们住楼上。那时的人还是过去住中式房子的习惯，喜欢住一楼，地位高的往往住在下面，娘因为小脚，上下楼不便，更要住一楼了，大公主后来也是住楼下。算起来耀华里住的时间是最长的，最多三六年搬过来，直到五三年罗沛霖在北京工作，我姐我母亲她们把家搬到北京，有十好几个年头，比住花园街的时间还长。但我住在那里的时间并不长，三八年离开天津到昆明读书后，过了十一年我才回到天津，住了几个月，生完孩子后又回到南京。七二年再回天津时，耀华里已经没有我的家了。

事实上一九四九年我回天津时，耀华里已经面目全非了。平津战役时，国民党的军队开始是准备死守打巷战的，当兵的都住到我们家了，门前挖了战壕，我去时还在，出了门就是壕沟。（联大同学罗宏孝、张国新来看我，要蹦着跨过来，罗大笑，觉得太好玩了。但其实当然出入是很不方便的，娘去世时，吊丧的亲朋来来往往的，还有年纪大的，难道也蹦过来？就搭了块板子在上面。）家里也和走时不一样了，乱糟糟的，而且显得很破败，倒像是杨家败落的一个缩影。我当时并没有多少伤感，因为我对过去没有多少留恋，而且刚解放，虽是百废待兴，但腐败的国民党垮台了，天亮了嘛！

娘

年轻时记性好，我对天津的每一个家都记得很清楚，毕竟每天生活在其中，又很少出去。到现在我还能想起各个家里的许多细节，房间的位置，家具的摆放，从窗子里看出去的情形。

除了花园街是中式的院子，后面的几处都是西式公寓。中式的院子地方大，好多房间，柴火都专门有一个房间堆着，当然还有那么多用人，都得有地方住。西式的房子紧凑得多，我都想不明白，一个那么大的地方，搬个家，怎么能缩进到一个小房子里。当然，用人走了不少，家具之类，好多应该是连房子一块儿卖了，就算后来的房子每处都有一个房间专堆箱子，回想起来，还是不明白好多东西去哪儿了。

有意思的是，北方人习惯烧灶，我们每到一处，都会新弄一个灶。和当年相比，现在的人住的房子（至少是城市人住的房子）都是西式的，也不烧柴草了，就是在北方，也不能想象在家里又打一眼灶，但那时好像是自然而然的，不然怎么蒸馒头？

对家与住处的记忆都是和人连在一起的，年纪大了，回想好多人与事，时间都模糊了，常会前后颠倒，联系到人活动的地方，时间又大致清楚了，因为会想到这是住在哪儿的事，先住哪儿，后住哪儿，这是不会记错的。我喜欢看电影，一个一个的画面，人和背景在一起。想起过去的人与事，也像过电影似的，只是一会儿是彩色的，一会儿是黑白片。串一块儿，又像是梦，的确也做过很多梦，越到现在梦越多。过去的那些人和事越来越远，时间在往前走嘛，越远就越像梦。

比如想到花园街我们住的那栋是上房，我就会想到通向二楼的楼梯，想到楼梯，自然就会想到我哥如何拿根麻秆拦在楼梯口，不让我们下楼，再想到原先娘住上面，下楼怎样由用人连椅子带人抬下来。

花园街、兆丰里、昭明里、耀华里，这些地方都不在了，花园街的房子早拆了，我想到的那些人，当然也都不在了。母亲一九九二年去世，杨宪益是二〇〇九年去世，我姐是二〇一七年走的。他们都算是长寿的，好多人早就不在了。我活得久，看得多，听得多。许多人，他们的事从头到尾都知道大概，有头有尾，听上去就像一个个故事了。这些人和事不时想起，想忘也忘不掉，有时又不愿想，因为好多人，一辈子过去，细细想来，更像一出悲剧。比如娘。

娘是小脚。她那个年代的大小姐，这是当然的。晒衣服时，她的鞋也晒出来，真正的"三寸金莲"，绣花的，我好奇，就拿着细看，奇怪这么点儿大，脚怎么放进去。有个老用人就说，你妈过去脚比这还小呢。她说的是我母亲刚进杨家的时候。进门之后，我父亲就让放了，所以母亲是"解放脚"。虽说放了，和"天足"当然是不一样的，有个脚趾裹到脚底下去了，穿皮鞋要塞呀垫的。我姐夫手巧，在鞋底上弄了个洞什么的，刚好小脚趾可以放进去，舒服多了，那一阵她逢人便夸罗沛霖，说大女婿怎么好。

在花园街，娘原来是冬天住楼上，夏天住楼下，到后来就一直住楼下了。她生过八胎，只活了两个，好几个都是小产，所以一怀孕就特别小心，住楼上时，要下楼了都是几个人抬下来，说是怕动了胎气。

娘每天要睡到十点多才起来，这是说开始起床，到出屋且得有一阵哩。慢慢穿衣、弄裹脚布，慢慢梳头、刷牙、洗脸，光是弄裹脚布，就得有二十多分钟。都是有人伺候的，端水，拿着镜子让她照，拧个手巾把让她擦脸，再接过去，替她穿梳头裰子。梳头裰子和平常穿的衣服没什么不同，但是是布的，她平日穿的都是绫罗绸缎。

裹脚布倒都是她自己弄，很长的，叠起来，一层层地裹，裹得不合适，又重来，还往上面撒粉，防出汗。我常到她房间里看着她起床，就站在旁边看，这个那个的，我觉得过程很好玩。母亲会骂我，娘脾气好，不骂我，我就喜欢往她房里去。

娘起来以后，差不多就该吃午饭了。早饭我们在自己屋里吃，午饭是在一起吃的。母亲头一句总是问："太太昨晚输赢怎么样啊？"这句问话，天天如此，恭恭敬敬的，像个仪式，一直问到抗战时母亲离开天津。

天天这么问，是因为娘每天的生活内容主要就是打麻将。吃了午饭，下午开始打，一直要打到晚上十二点，下午要吃点心，就让人到附近去叫南边的点心。当然，来打牌的都是女客，一群太太、姨太太。她们打着牌，旁边站一堆丫头老妈子侍候。身份是有高低的，有些要特别对待，比如翁家老太太（翁同龢家的）就会郑重其事侍候。通常来客都说是来陪娘打牌的，像翁老太太这样的，就倒过来，是娘陪她。

经常陪娘打牌的，有一位包太太，来我们家从来都是走后门。一是她家离后门近，二是她家不是很有地位很有钱——原来是很有钱的，老头一死，就"小家户的"了，没那么讲究排场。她来打牌，经常还带着她女儿包小姐。包小姐一副大小姐打扮，还喜欢翘兰花指，身上香水味很浓。她也打牌，要不就站包太太身后看牌，出主意。她抽烟，用烟嘴，一支接一支。那时女的抽烟很时髦，家里大公主就抽，大名鼎鼎的赵四小姐也抽烟的。包小姐跟我姐差不多年纪，也在中学念书，包太太当然希望她和我姐多来往，我姐看不起她，不怎么搭理。

后来包小姐要结婚了，对方是她家原先的账房先生，姓郑，上海人，后来进了银行，是个普通职员，年轻人，在他们家进进出出的（起先是要对账），包小姐生活里没有其他男性，很自然就跟他好上了。再后来要正式结婚（郑先生不知是不是已有太太，看着不像有），包太太就跟我母亲说，想让我姐做伴娘。我姐不肯。母亲就说，帮人一个忙，有什么关系？之前我姨结婚，请包小姐给她做过伴娘的。在我姐看来，她们都不够体面。母亲其实也不想让我们和包小姐多来往，但面子上和她们母女当然还是客客气气，有来有往的。既然请过包小姐给我姨做伴娘（以我姨的身份，恐怕也很难请到比包小姐更体面的），现在包太太有请，就算还个人情，也要答应的。我姐最后还是做了伴娘，我姑姑的小孩做的花童。

婚后不久，我和母亲在电影院里碰到包小姐，已经肚子好大了，郑先生陪着。母亲说，新鲜！这样了还出来看电影！她随时都会提醒我谁谁不要交往，不是一路人。像包小姐，虽然她让我姐帮她忙做伴娘，对她的做派为人却是不以为然的，单是包小姐老陪娘打牌，她就觉得没出息了，何况她还抽烟，抽香烟不说，还抽大烟。

包小姐身体不好，肯定和抽香烟、抽大烟有关。包太太就抽鸦片，包小姐也跟着抽上了。她有肺结核，生孩子麻烦大了。小孩生下来没气，说是喷一口烟就好了，哪能呢？她自己也不行了，她家的办法是一口接一口地喷鸦片烟，当然是救不活。包小姐就这么死了。包太太从后门进来报丧，母亲听了叹气，说，怪可惜了的。

过去的大家庭生活，规矩特别大，特别多。讲规矩，其实就是讲等级。正室和侧室，差的不是一点点，尊卑绝对分明。丈夫不在了，大太太就是家里的绝对权威了。大太太和姨太太之间有矛盾冲突，也是难免的。但娘和我母亲一直相处得很好。母亲生了杨宪益之后，无形中地位上升，父亲又对她另眼相看，娘原本是有点防着她的，有段时间娘对二姨太特别好，就有点笼络的意思，心理上是要联手抵抗母亲的"得宠"。但很快就没什么芥蒂了，母亲从来没有非分之想，就惦着把孩子抚养成人。她在娘面前从来都是毕恭毕敬的。有时候还服侍娘，给她捶腿。她对娘好，不单是因为娘的地位，还因为娘是个好人，待人和善，没有机心，完全没有害人之心，甚至也没多少防人之心。娘对母亲也很信任，她是个没主意的人，到后来家里有好多事都喊母亲过去商量，让她帮着拿主意。

在家里，娘是有权有势的，但她不仗势欺人。只是她的"势"就在那里，这"势"就是旧式大宅门生活的规矩。比如杨宪益一生下来就抱过去跟娘过了——并不是她抢去，理所当然就是那样。就像称呼这样的事，也能看出地位身份的不同：娘喊我哥，都是喊他小名"虎子"（杨宪益属虎），我母亲是他的生母，在人前却都是喊"小少爷""少爷"。平时娘说什么就是什么，如果和她争，就是顶嘴，属于犯上的行为了。

四姐、我姐和我的小名，都是她顺嘴叫出来的。四姐（二姨太的女儿）小时头发少，她顺嘴就给叫成了"四秃子"，我姐和我跟着倒霉，明明头发很多，顺着来，也成了"五秃子""六秃子"。她是扬州人，一口扬州话，"六秃子"说成"勒特子"，难听又滑稽。我母亲背地里说，多难听啊，于是喊我"小胖"，因为我小时长得胖，但是在娘面前，还得顺着她喊我"六秃子"。四姐更惨了，二姨太没给她另起个小名，人前人后，都是"四秃子"。我不大懂扬州话，扬州话"秃"发音像"特"，我以为是"桃"，"秃子"听成"桃子"，我就去跟我姐说，娘喊我们"五桃子""六桃子"，我姐气得要命，说，别理她！我想，怎么能不理娘呢？有一回母亲小心翼翼地跟娘提过，说我姐大了，又有学名了，就喊她"敏如"吧。可娘还是照喊"五秃子"不误，母亲也再不提了。

算起来，娘不到四十岁就守寡，虽是明媒正娶，但旧式包办婚姻，和父亲也说不上有什么爱情。两个女儿，一个早早夭折，一个和她完全没有母女那样的感情。我哥一生下来就跟她过，但就算不知道她不是生身之母，关系也是疏远的，何况他一直厌恶这个家。一九五〇年娘快去世时想见我哥，他也没回天津。她的生活里，除了打打牌，好像也没什么别的内容。

我们一大家子主仆好多人，靠的是父亲留下的遗产，有几十万吧，存在中国银行里，利息就是我们的生活费。我哥到英国留学，大公主嫁到广东，钱就用得多了。我记得不止一次，杨宪益写信回来要钱，娘唉声叹气，直念叨，动了本了，动了本了！

娘死的时候我正好在天津。她躺在那里捯气儿。母亲对我说，娘不行了，过不去了，就是这几天的事儿了，让我去守着她。我去了，坐在娘床前，娘浑身难受，哼哼着，见了我哼哼着说，我不是要见你啊，我是想见我儿子啊。她一直待我挺好，但听了这话我当然还是不舒服：怎么对我说这个？像是我不该出现似的，心里想，他是我哥哥，哪是你儿子？——又不是我要来的，是母亲让我来。

娘过去的时候，已经咽气了，眼还睁着，我母亲喊老妈子，你帮太太把眼睛合上。她很在乎这个，不能"死不瞑目"嘛。

娘入殓的时候我不在，因为有孕在身，不吉利，犯冲的。入殓就是把逝者放进棺材里去，娘死时，棺材放在楼下过道里，要从床上抬起娘，当然前面还有穿衣、化妆这些，这过程我就得回避。母亲给我零用钱买了些糖炒栗子、瓜子、花生，我就带着赵苊、赵蕅两人到附近的公园里待着，她们俩在那儿玩，我就坐那儿晒太阳发愣，很习惯也很喜欢那样。也不见得想什么，虽然要是浮想联翩的话，把家里的旧人旧事过一遍，可感叹的事情太多了。不知怎的倒想起了小时候在家门口看梅兰芳家的大出殡。

还是住在花园街时，我不到十岁吧，有天潘爷让来凤叫我到门口去瞧热闹。家里的规矩，不许在家门口站着的，小姐嘛，要看外面的热闹也只能躲在影壁后面看看。我姐就不会站到门口街上去。潘爷是特别讲这些规矩的，他让来凤招呼我去看，是因为他那时当我是小孩子，再说我一向喜欢和老妈子丫头在一起。

要看的热闹，就是梅兰芳原配王明华发丧。也不知是不是她在家行四，天津人说起来都说"王四"。凡是大出殡，事先都知道的，到时候大家会到街上来看，有点像后来的看游行——其实出殡也是一种游行，不过是为了死人而已。

真的像游行，一队一队地过。当然前面还要净街，就是梅家的人把经过的马路扫一遍，而后敲一面很大的锣，一声锣响，就开始了。前面是撒纸钱的，漫天撒下，而后有影像亭，两人抬的一个小亭子，当中放着死者的大照片。后面有诵经的和尚队、尼姑队，还有银柳队，每人举一根银柳枝子，吹笙的道士的方阵，还有纸人纸马，纸做的汽车、马车，纸做的老妈子、丫鬟，比真人一半还小些，端着盘子，拿着毛巾什么的，服侍人的样子。再后面还有梨园行的人，穿着便装……真是热闹。梅兰芳走在前面，拿着哭丧棒（正式的说法叫"哀杖"，是拿白纸裹的一根棍），一边走一边哭，哭得很伤心。我印象特别深的是他哭时鼻涕拖了好长，我还问来凤，要拖到地了，多难看，他怎么不拿手擦一下？来凤说，别瞎讲，出殡不作兴擦掉的。（鲁迅去世时，巴金是抬棺人之一，上海有小报讽刺他是鲁迅的孝子贤孙，也以鼻涕挖苦他，说快要坠地了，我当时就想到梅家出殡时的情景。）

还有不明白的我就不问来凤了。我看前面有牌上写着"杖期夫梅兰芳"，不懂"杖期夫"什么意思，过后就问我哥。我哥捉弄我，说"杖期夫"就是"杖其夫"——拿棍子打丈夫啊。我还真信了，但又想不通谁来"杖"，干吗要"杖"。后来才知道，"杖"就是哀杖，"杖期"是拿着哀杖的时候，其实是指妻子发丧时主办丧事的丈夫。

梅家那次出殡是比较传统的，我还看到过新派一点的，其实基本是一样的，比如和尚、纸人纸马、纸钱这些，最大的不同是加了洋鼓洋号——就是西式的鼓号队。洋鼓洋号在中式出殡队伍里倒也不能说是不伦不类，挺好玩的，最滑稽的是奏的曲子，什么流行就来什么，《蓝色多瑙河》《金银圆舞曲》《轻骑兵序曲》……《风流寡妇》都出来了，和举哀没半点关系。

娘的丧事不要说比不了梅的发妻，二姐死时也比她隆重多了。影像亭没有，银柳队没人送（过去办丧事，一队一队常有亲朋或相关机构出钱送的），已经是新社会，纸扎的丫头老妈子这些都没了，我记得洋鼓洋号队是有人送的，偏偏这个让人没法难受起来，我听着奏《风流寡妇》，只觉得滑稽。送殡的队伍没多长，稀稀拉拉的，很冷清。

但来吊丧的亲朋，还有中国银行的人，总还是有一些。入殓虽然回避了，后面的事我还是要参加的。来吊丧的客人，我们照礼仪都要谢客的。这和平时送客又不一样，有"哀"的，得跪着送客，我随着我姐，就跪在马路边上，好久，玻璃丝袜都磨破了。母亲后来说我，你肚里有孩子，跪那么久，万一出事怎么办？我说我不懂规矩，五姐说只管跟着她做，她怎么着，我就照着她做呀。

娘死了，我们的挽带上写的是"……奉慈命称哀"。"慈命"是母亲之命，意思是奉母命为娘举哀。这又涉及正妻、偏房的问题，拐着弯的。如果是父母双亡，通常都写"孤哀子泣挽"之类的。丧父自称"孤子"，丧母称"哀子"，父母都不在了，就称"孤哀子"了。我们母亲还在，自然要换一个说法。

娘死的时候大概六十多岁，这是我推算出来的，因为记得三几年还在天津的时候，家里曾经给娘过五十大寿。当然是吃酒席，还有很多人来拜寿，我印象深的是，那时起就给她准备寿衣了，有一口大樟木箱子，专门搁寿衣的。做寿衣要找样子、绣花，凤帽不知道怎么做，让我画出样子来。因为喜欢画画，干这些事我很兴头。我姐对女红、家务之类向来是不屑的，我一点不反感，母亲虽然数落我，说，只要不念书，让你干什么都开心！嘴里这么说，其实我能派上用场，她心里是高兴的。

做寿衣当然是提前为死做准备，死在人看来是很可怕的事，做的时候倒一点没和死真正联系起来，忙这忙那，一点不悲不伤。娘死时我回过头来想想，就觉得荒唐得很：你可以说，岂不是那么早就在等死了吗？

大公主

父亲去世时，遗嘱上有两条，最后宣读时都没有了。一是说二姨太的，说让她改嫁。还有一条是说"大公主"的，说她不好好念书，再这样就不许她出去，不能嫁人，关在家里，一辈子穿布衣，"带发修行"。

大公主是大太太生的，叫杨蕴如，"大公主"是我们私底下这么叫的，因为她盛气凌人，摆派头。她上面有过一个男孩，流掉了，是习惯性流产。有了她，宠得不得了，什么都顺着她，惯坏了。她念书念不进去，只读了小学就不读了。她也是念的中西女校，在中西，人家不会因为她是杨家大小姐就迁就。我们中西经常有这样的情况，很多人出现了一下子，就不怎么来念了。她吃不了苦，觉得坐黄包车上学太辛苦——其实哪里能叫苦？鸳鸯蝴蝶派的小说她倒读得不少，《半月》《红玫瑰》这类杂志她有一大堆，看了就想入非非。

说是让她一辈子穿布衣，也就是说说而已。父亲定下的，我和我姐的陪嫁是每人一万大洋，没说她的——用不着说，钱都在娘手里，她要什么有什么。

大公主十九岁结婚，下定之后和大姐夫通过一年信。大姐夫是孙家的，当时孙家是天津的八大家之一，非常有钱，但我们家认为孙家是土财主。大公主结婚的时候我们去过孙家，我印象挺深的，他家的房子非常多，就像《红楼梦》里的贾府，弄不清楚有多少间。家里有很多动物，猴子、猫、狗、金鱼等等。但是土得不得了，说天津话。大姐夫很像样，戴金丝边眼镜，南开大学商学院毕业，毕了业就在银行做事。大公主和大姐夫经人介绍，互换照片，觉得挺像样，于是就定了下来，下定后可以通信了。我们家还是很新派的。那时，大公主还是非常满意的。她大我一轮，我七岁那年她第一次结婚，那就应该是十九岁。当然是媒妁之言，男方是孙毓棠——就是长诗《宝马》的作者——的弟弟。

结婚好大的排场，可热闹了。孙家少爷和中国银行行长大小姐大喜嘛，我和我姐为婚礼都要新做衣裳。传说贺礼就有二百抬，那是夸张，哪有那么多？不过孙家那边整条街的确都轰动了。但是他们就是做不成夫妻。结婚前没怎么见过面，这倒也没什么，那时都这样，问题是大公主完全不知道夫妻的事，看孙少爷书生模样，斯斯文文的，怎么晚上变成那样？就害怕得不行。结婚几天后回门，她就不肯回去了，谁也拿她没办法。

没过多久，也就是不到半年吧，当时的北洋政府抄了孙家的家，大概是贪赃枉法之类，家里被贴了封条。孙家的人四处躲避，大姐夫是我们家的姑爷，就到了我们家。我印象特别深，一大早，大姐夫很狼狈地来投奔，大公主坚决不和他同房住，我娘只好另外打扫一间让大姐夫住。他脾气挺好，跟我们有说有笑的，我喜欢他，多一个人带我玩嘛。我哥也高兴多了个玩伴，老想点子玩出什么新花样来。他说到外面看电影多麻烦，不如在家里自己放。大姐夫就和我哥一起鼓捣放电影。他晚上还会唱《四郎探母》的选段，这戏里有个番邦公主，"大公主"的绰号就是这么叫起来的。起头我母亲不让叫这个绰号，后来也就默许了。

但大公主死活不肯见他，偶尔碰了面也不理他，弄得大姐夫很窘。他和我们一桌吃饭，大公主就不肯上桌，让把饭菜送到她屋里去，她自己一个人吃。

抄家的风头过去，大姐夫住回去了。这边当然要劝和（其实也没把她怎么样），好说歹说回去了，两家都紧张得不得了，不知会怎样。结果大公主还是怕，大姐夫一露面就又闹起来。最后没办法了，孙家还等抱孙子呢，只好离婚。离婚是在报上登了启事的，比结婚还轰动——那还是二十年代啊，离婚就是新鲜事，何况还登报。

大公主到燕京大学当旁听生，是离了婚以后的事。

那时候我哥去英国留学了，我姐考上了燕京，大公主在家里无事做，她在家里总是要压人一头的，说这有什么了不起，她也要念书。而且要上大学就上大学，我姐上燕京，七叔家的两个女儿也是燕京的，她不能给比下去，也要念燕京。念什么专业呢？她念的是中文系，因为我姐在中文系。其实她对大学里那些科系专业什么的，完全没概念。

旁听生也是要有资格，要学历，她小学都没毕业，也谈不上高中的同等学力，什么文凭也没有，凭什么到燕京当旁听生？还是凭七叔的面子。七叔这时做北平中国银行行长了，家搬到了北平。大公主中学都没念过，又没读过什么书，到燕京能读什么？

她的排场倒是大，开始好像到学校宿舍转过一圈，她看几个人住一间，哪里肯，就住在七叔家。七叔家很大，专门收拾一间屋子给她住，但就算也有人伺候，哪能像在家里那样颐指气使呢？住了一阵就不干了，要出去自己住。最后是在香山那儿租了房子。我猜选那儿，也有比着我哥的因素，我哥出国留学前，母亲曾带我们兄妹三人去香山避暑，不然北平她又不熟，怎么会想到要住香山呢？

燕京的校园就是现在的北大，离香山蛮远，上学怎么去？坐黄包车她是不肯的，嫌北平灰尘大，于是在四大车行包了一部小汽车（这车行是有中国银行背景的），接送她上学，随叫随到。没人伺候她没法生活，于是一个男用人一个女用人跟过去了。

燕京的人都知道杨家大小姐，家里有钱啊。我姐就在燕京读中文系，她当然是考进去的，最烦别人议论这个，觉得丢人。那时的学生穿着都挺朴素的，燕京虽是贵族学校，也都是学生样，大公主整天绫罗绸缎的，还挺得意，我姐看了生气。大公主还跟人家说，我姐是姨太太生的，我姐就更气。偏偏还有同学跑来找我姐，让她跟大公主说说，借她包的汽车用，你们是姐妹嘛，我姐气不打一处来，当然不肯，一口就回绝了。同学借车，是因他们先后请了周作人、沈从文等来校做讲座。后来他们自己找了大公主，她很愿意。接周作人来那次，她穿得花枝招展的，走路一扭一扭陪在旁边，这算什么呢？我姐在下面窘死了。

大公主在燕京没上多少课，书念不进去，在学校就是东转转西转转，倒是人有一些变化，对人客气了，彬彬有礼的。就有个男生追她。姓赵，广东人，化工系的，学皮革制造，小康之家，穷的话也上不起燕京。大公主一直是没开窍的，和姓赵的在一起开窍了，两个人真还是有感情的，没多久两个人就在香山同居。

这是瞒不住的，当然大公主向来我行我素的，可能也没想着瞒，家里就知道了。那个时代，我们这样的家庭，怎么能允许同居这样的事，但是能拿她怎么办？家里娘为大，她是娘亲生的，但娘压根拿她没办法。家里早有人说，大公主有神经病，和孙家少爷结婚又离婚的，议论的人就更多了。她在家里一直对谁都爱理不理，没个笑脸，好像只有见到我哥，她会叫一声"小弟"。印象里她总是气鼓鼓的样子，皱着眉头，用手绢捂着嘴，简直就是习惯动作。有些行为，在人眼里也怪兮兮的。比如丫头来凤悄悄跟我说，她看见大公主在房间里什么也不穿，对着镜子扭来扭去。总之上上下下都觉得她不正常，只有我母亲说：什么神经病？都是娘惯的！当然，这话是没法对娘说的。

娘一直惯她，后来二姐死了，就更惯她了。娘怀过八胎，活下来的就大姐、二姐，二姐不在了，娘越发把情感集中到大公主身上，而且这时父亲过世，没人能干预了。奇怪的是，大公主跟娘一点也不亲，从不见母女的那种亲密，发个嗲撒个娇什么的，从来没有。她对娘也是一副气鼓鼓的神情，母女之间也没什么话可说。我甚至觉得，娘有些怕大公主。

出了同居的事，娘只是唉声叹气的。家里议论大公主神经病，意思是她不可理喻，随她去吧。这事最后也是由她，只是同居坏名声，后来就让他们结婚了。

婚礼之前还有个插曲。大公主的婚礼，我们家要不去，怎么也说不过去，但我们和大公主已经很久不说话了。起因是因为我。我一直觉得大公主长得好看，跟电影明星似的，有次大公主坐在那里，穿着缎子的衣服，好像还化了妆，好看极了，我喜欢画画，当时在旁边就说，以后我就画你，画得跟明星一样。看着衣服好看，我还过去摸了一下，在她膝盖那儿。她马上就恼了，说，走开，走开！你是姨太太生的，别碰我，脏死了！我姐气得不得了，跟母亲说，母亲当然也气。我姐说，以后再不理她了。好长时间，我们当真不和她说话了，对她倒没什么，她一向对我们就爱理不理的。这时有婚礼，怎么办呢？

七叔和娘商量大公主的婚事，说大姨奶她们不去不像话，后来是池太太出了个主意：由他们夫妇出面请客，请娘、大公主和我们一家，到一起就算是讲和了。池太太是我们的家庭教师，我母亲又让我们兄妹仨认了她做干妈的，和家里上上下下都熟。她就两边传话，说好条件。后来我知道了"吃讲茶"一说，跟人开玩笑说，那顿饭也可以算又一型的"吃讲茶"。

到那天，池太太夫妇在餐馆楼上订了个包间，他们和娘、大公主先到，边等边聊天。我们进去了，他们就站起身来，母亲叫娘一声"太太"，大公主就叫一声"大姨奶"，而后我和我姐就招呼一声"大姐"。这时池太太在一边说，你看，她们都叫你大姐哩，大公主接着便唤我们"五妹""六妹"。这才坐下来吃饭。

一切都是事先讲好的，谁先到，谁后面进来，谁先说，谁后说，说什么，都清清楚楚，就像有剧本似的。其实母亲天天给娘请安，见面时却像是好久没见面似的，整个是演戏。那天晚上太可笑了，就因太可笑，我到现在想起来，还是真真切切。

这样就算讲和了。在饭桌上就开始说婚礼的事，大公主还有那么点羞羞答答的。当然和解是面子上的，我姐就因为喊了"大姐"，想想就生气。大公主的婚礼她也不起劲。

婚礼是在国民大饭店办的，洋味的婚礼，大公主虽是二婚，也还是披婚纱，我们都穿着新做的衣服。婚礼过后，大公主就和新郎到南方度蜜月，而后就去了广东，婆家在那儿嘛。家里的两个用人，一个男的，一个女的，都年纪轻轻，跟着去的，也是陪嫁的一部分吧。过去嫁出去都会带用人过去，自己人，有照应，不让男方欺负着。

谁知偏是"自己人"坏了事。

跟去的男用人叫小田，他父亲就在我们家当用人，老实巴交的，这时已死了。小田跟他爹完全两样，长得白白净净，学过点文化。他挑拨大公主他们夫妻关系，说姓赵的如何不好，一是说姓赵的长得难看，二是说他跟你结婚是图你的钱，还说，你跟他还不如跟我。大公主跟姓赵的原本还是真有感情的，就是没脑子，居然把他告上了法院，要离婚。在法庭上姓赵的说，他的确是想得到她的钱，当初就是因为她家有钱，不然她是有神经病的，干吗要追她？但他没想过要抛弃她，钱嘛，他是准备拿来出国留学用的。法院最后以感情不和判了离婚。之前大公主把存折什么的都交给了姓赵的，姓赵的也不否认，只是说现在他还不出来。大公主带走了几万元钱，就这么不了了之了。

正闹离婚的时候，小田又撺掇大公主，让大公主跟他私奔。还说，有几万元钱在手，他们一辈子吃喝不愁。大公主不干，她跟小田没那种关系，小田是下人，她是特别有等级观念的，怎么可能跟他跑？小田就威胁她，他手里有不知哪来的一沓子照片，大姐夫私下里照的，也许就是现在说的"艳照"，说要散布出去。大公主急了，就打电报要家里派人去救她。娘一听，这事还得了，就让潘爷赶紧去广东。

大概前后也就半年多的时间，大公主就又从广东回来了。潘爷去广东时家里就已传开，知道出事了。她在燕京旁听的时候，我们已经住在昭明里了，娘和大公主住楼下,我们住楼上。她住的是朝东一间最好的房间,她去燕京,到她结婚去广东,都一直留着的。这时赶紧打扫出来。她回来那天我听见动静,到楼道那儿从上往下看,就见她绷着脸,进了门谁也不理,什么招呼也不打,进了自己的屋,砰的一声把门关上了。

潘爷一起带回来的,还有小田。那一阵潘爷楼上楼下不停地跑,楼下是娘那儿,楼上是我母亲那儿,他在中间传话,商量怎么办。娘是没主意的,老是让潘爷去问"大姨奶"。人回来了,婚也离了,善后的事儿是如何处理小田和那沓子相片。最后是给了小田一笔钱,让他走人,离开天津,当然也是利用杨家的势力,叫他闭嘴,这事一辈子都不准说出去。小田的确没再出现过,从此没了消息。

那些照片,潘爷要交给娘,娘说,丢死人了,我不要看!烧了!就烧了。家里人都没看到,最后也不知是些什么照片。

大公主从那以后就不对头了,整天关在房间里,吃饭也不出来,都是用人端进去,后来不知什么时候抽上了烟。娘胆小没主张,根本管不住她,只好由她。没过多久,大公主就不和我们一起住了,她要另外租房子,从此搬出去,带两个用人自己过。租的房子离家不远,娘每天中午十二点半出去打牌,都会早走一会儿,去看看大公主,到那里也没什么话说,大公主不大搭理她。她的自闭越来越严重。我母亲就说大公主好好一个孩子就被我娘害了。家里给她倒茶,她拿着茶不知道喝,嘴里念念有词:"还是孙胖子好,上当了,我遇上坏人了……"总之是受了刺激。

一九四九年我回天津生赵苏时,她又和娘住一起了。离家好多年,我回去以后发现我们住的耀华里已经很不像样了,家里仆人也少了,男用人只剩下老潘,服侍娘的丫头小玉嫁人了。大公主还是一个人一间屋。当时我三十岁,大公主四十二岁,基本疯了,在家里走来走去的,不说话,或是莫名其妙来一句,很伤脑筋。有客人来，她会出现，眼神不对，穿衣服乱七八糟，头发蓬蓬的，大家都不敢讲话，她绕一圈以后又回屋了。

人还认得的，见到我会叫我小名："你是六妹，你叫小胖子你还记得吧？"有次看到我的地下党同学开吉普车来接我吃饭，她就把我拉到穿衣镜前，说："你有什么好看的？你不好看，个子也不高，你还没我好看——倒还有福气，认识八路，八路还拿汽车来接你。"我当时怀着孩子，被她吓个半死。她是从窗户里看见我同学开吉普车来，对用人问起来，用人觉得很得意，就告诉她：六姑娘认识八路！

我小时候有一个大洋娃娃，回来后从箱子里找出来，放在自己卧房的沙发上，有一天眼珠子被她抠下来了，也就是下楼吃饭么点时间。那时候家里没人，又不能锁门，小孩只有赵蘅，那时她特别好看，眼睛很大，我怕得要命，老想着洋娃娃被抠掉眼珠的事。

娘快死时，我母亲、我姐和我都在她跟前，我姐在哭，母亲在抹眼泪，我不会哭，没表情站旁边。大公主在自己卧房里不出现。母亲就对我姐说，娘要咽气了，让她过来吧。照老规矩，这时候是要喊魂的，我姐就把她喊出来。我姐姐拉着娘的手，喊"娘，娘"，大公主不张口，好像没事人，东张西望的。母亲又提醒我姐，让你大姐喊两声。娘躺在那儿捯气儿，大公主就那么站着，也不喊。我姐就说她："你自己的娘要没了，你就不喊，不哭？！"我姐厉害，连大公主也有点怕她，就哭起来，喊"娘，娘"，一边手绢挡着脸，一边眼睛瞟着我姐，嘴里呜呜呜的，也没眼泪。

大公主一直有烟瘾，每天早上都去和娘要香烟。娘死的第二天早上，她还没弄明白这事，娘脸上已盖着大白手绢了，她还对着说，给我香烟！我姐就训她：这时候知道要娘了——你娘已经不在了！她大概这时才明白怎么回事，真的哭起来。我母亲从里间出来，推开我姐，给她两支烟，安慰她说，你没有娘了，以后你跟我们一起过。

你要说她疯了吧，有些她记得特别牢，哭完了之后她还找我母亲说："大姨奶，太太不在了，以后还要和太太在的时候一样啊。"意思是她的待遇不能变。那时候困难，物价飞涨，有次我母亲烧了四条红烧鲫鱼，单独给她两条，我们一大家人，母亲、我姐，加上我和孩子们吃两条。结果她吃完自己的鱼和别的菜以后，又从房间里出来，用筷子敲着盘子，绕着我们吃饭的桌子走，嘴里嘟囔"没菜了，没菜了"，母亲只好又搛菜给她。

就是这样供着她，她还不满意，又闹着要到七叔那里去。她还记得当年家里几十万没了时，七叔担保的话，说娘、杨宪益、大公主的生活还是照旧，该怎么花钱还是怎么花。我母亲很生气，叫丫头来凤送大公主到上海延庆路七叔那里。七叔提前退休，领一点退休金，郁郁寡欢的。七叔七婶、堂弟堂弟媳一家，家里已经是八口人，房子也不大，就两三个卧房，很挤的，突然冒出个大公主，怎么过？没过几天，大公主受不了，又被送回来。

送回来后她就更疯了，后来我姐夫回国工作，被调到北京，母亲、我姐都过去，耀华里的房子给姐夫的哥哥住。没法带大公主一起去北京了，找了过去一个丫头的婆婆伺候她，还住在耀华里，我哥哥每个月给寄钱。没过多久，大公主被查出得了乳腺癌，已经没救了，也没有决定给她做手术。

后来据说大公主非常可怜，穿着破棉袄，没烟抽，就在马路上拾烟头。还有人看见她自己用铜盆端水到露台上，从棉袄上扯下棉花擦洗上身，身上溃烂，一处处脓水。

我哥哥后来说，家里是给她寄钱治疗的，但钱都归那个丫头的婆婆管，克扣得很厉害。那个老太婆很厉害，留在天津的老仆潘爷都被她欺负。大公主身上化脓疼得叫唤，扯破棉絮堵化脓的地方，她也不管，最后就是疼死过去的。大公主死的时候叫了三天三夜，整个里弄都听得见。据说她死时砰的一声从床上掉在了地上。老太婆后来买了口棺材抬出去草草埋了。我听母亲说，耀华里的邻居都觉得我们抛弃了她去北京做官，没管她，其实我哥哥为供她也花了不少的钱，我们也觉得委屈。

大公主是查出癌症半年后死的。虽然我一直讨厌她，没好感，但回想起来，还是觉得她很可怜：一开始太有钱，死的时候又太凄凉。记得有一次我和同学在天津西湖饭店看选美，在跳舞场看到了大公主和《北洋画报》姓郑的主编一起跳舞。她看到了我们也不打招呼，我当然也没理她。我猜测当时大公主对郑主编有兴趣，人家并不喜欢她。她是大小姐，到哪里都喜欢出钱，人家当然也不会拒绝。她每天都想法子玩，反正有的是钱。那时候她还是很时髦的，外表也看不出来有病，但是嘴里已经有点念念有词。那时候再想不到，她的结局会那么惨。

二姐

和大公主不一样，二姐在我心里一直保持着美好的形象，虽然我和她在一起的时间很少，而且她早早的就过世了，死的时候只有十六岁。

二姐是娘生的，按照我们这一房的排行，我叫她二姐。她属猪，应该比我大七岁。她长得特别好看，脾气也非常和顺。大宅里的人都说，二姑娘长得最"俊"。大公主很傲慢，二姐待人却特别谦和，眼睛里的一丝笑意让我们几个做妹妹的感到温暖、亲切。不单是我，我想大宅里的人说起二姐，有意无意，都有大公主在那儿做对照。

已经想不起二姐的穿戴了，只记得她从不穿鲜艳的衣服，也从未见过她有时髦的装束，好像也没涂脂抹粉的时候。印象里她总是上身穿黑缎镶白缎牙子的月白素花织锦缎袄，下面是带花边的长裤，一条大辫子垂在身后，一笑起来就从腋下抽出细麻手绢捂着嘴，像是从旧时画上面走下来的美人。大说大笑是没有的，说起话来轻声细语，带点扬州腔——娘是扬州人嘛。

她开口说话的时候不多，干什么事都轻手轻脚的。说起来她也是孩子，撒娇、任性在她却是没有的事。她也没怎么带我玩过，相比我的好动，二姐太安静了，我都不知该让她带我玩什么，所以虽然她脾气那么好，我也没缠着她带我玩。我跟她在一起最多的，反而是她念书的时候。她和我哥跟着家里请的魏老先生念书，我太小，还没发蒙呢，他们毕恭毕敬地听讲，我会爬到杌凳上盯着她看，觉得她真是好看。

二姐喜欢读书，但是娘没让她进学校。她不会自己提要求的，总是不声不响，就像当年无声电影里的画面。现在有个词叫"存在感"，她可是真没什么存在感的（她好像也不需要），在与不在，都悄没声的。有一次她跟娘去北戴河避暑，过了好一阵我才发现她不在家。那时兴起来的有钱人家夏天到海滨去，二姐却是余大夫特别嘱咐了要去的，她得了"干血痨"（就是后来说的肺结核），低烧，咳嗽，出虚汗，人越来越瘦。余大夫是留过洋的，新派的法子，说二姐得去海边疗养，多晒太阳，呼吸新鲜空气。娘就带着她，还有厨子、用人一大拨人，跟着七叔一家浩浩荡荡去北戴河，过了一个多月。

后来听说的，二姐在那边很不习惯。她不肯出门晒太阳，因为海滩上走着的，大海里浮水的，沙滩上帆布椅上躺着的，都穿得那么少，少得让她不敢看。总之她不肯出门，不愿见人，而且话更少了。

从北戴河回来之后，将大厅楼上那个大房间打扫出来，让二姐住进去养病。那房间是有长廊通到我们住的后面的上房的，但不许我们过去玩，说是二姐的病会传染。我唯一去过的一次，是伺候母亲的张妈偷偷带我去的。二姐穿着纯蓝色的缎袄，靠在枕上，没力气的样子，刘海有点乱，好像已经没劲起来梳头了。

张妈说:"二姑娘,六姑娘看你来了。这两天身子好吗?"其实是她自己要来,拉上我的。二姐勉强微笑,叫我到她跟前去。以往她常会摸摸我的头,表示喜欢我,或是让我安静,我还记着她软软的手放在头上的感觉。我想走过去,但站着一步都没挪——动不了,张妈紧紧拉着我,大概是怕我靠得近了会传染。张妈就这样隔老远和二姐说了几句话就告退。没想到,这就是和二姐最后的告别。

没过几天,家里就忙碌起来,不知从哪里搜罗出来那么多的绸缎(最多的是素色的里绸),堆在大厅里。潘嫂指挥着大宅里的老妈子、丫头们裁剪各式衣服:小袄、大袄、内衣、披风……各种颜色的:杏黄的、葱绿的、水红的、藕荷的……我从机凳爬到桌边上看,眼都看花了,忍不住说:"真好看!给我也做一件!"话刚出口,马上就有人来捂住我的嘴,低声呵斥,叫我别瞎说。衣服是做给二姐的,平时她们干活都有说有笑的,那次都不吱声了,沉着脸,还不时有人摇头叹气。后来我才明白,这些衣服是给二姐入殓进棺材预备的。里三层,外三层,要把二姐打扮成仙女一样送上天。

我忘不了的还有一桩怪事:娘不知听了谁的话——一到这种时候,叽叽喳喳出各种怪主意管闲事的人总是特别多——请了个装神弄鬼的道士到家里来做法事。我还记得,那人叫"杨好古",他做出的各种夸张可怕的表情我更是想忘也忘不掉。有天晚上,大厅的楼上忽然间热闹开了。听到那边乱哄哄的,丫头来凤偷偷带我从长廊过去。走到当二姐临时病房的那间屋子,就看见用人搬来的香案上,大把的香插在香炉里点着,呛人鼻子,乌烟瘴气的,弄得灯光都变暗了,让人只觉迷糊。杨好古手里摆弄一把供香,眯缝着眼又说又唱。唱了一阵,老仆人潘爷恭恭敬敬捧上来一只黑色的大公鸡,又递上一把雪亮的菜刀。杨好古唱了一阵,忽然抓起公鸡,举刀对准鸡脖子咔嚓一声,折断的鸡脖子那儿顿时就喷出一道血来。鸡的双脚送来时是捆着的,这时他把捆绑的细绳割断，朝前一扔，鸡还在挣扎扑腾，一下飞到二姐的床前。我从来没见过这样吓人的场面，躲在来凤身后直哆嗦。来凤也吓得不轻，使劲拖着我往回走，边走边小声叮嘱我，千万别告诉你姆妈！

虽然害怕得不得了，我还是惦着二姐怎样了，忍不住回头看一眼，就见二姐躺在那里，满脸死灰，挂着两行泪，身子瑟瑟地抖。她眼睛里的惊恐我一辈子也忘不了。

也就是一两天之后吧，有天一大早，从前院传来娘凄厉的哭喊声。一个很大的大红锦缎做的棺罩，在众人的吆喝声里抬进大门，绕过了雕花大影壁进来，架在院子里，有人忙着在棺罩四角上方悬起四只大圆玻璃罩灯笼。

发过话了，不许下楼，门窗都得关上。我们这些小辈和妇女只能待在内院上房里，隔着窗玻璃看动静。娘在下面哭得撕心裂肺，楼上窗户后面站着的女人在抹眼泪，但都不出声。在一片静默中，娘的哭声更扎心了。她的哭喊断断续续，重复着"我的心肝宝贝！我的小闺女！"。眼看着她就哭得瘫下去，几个女用人一边劝一边搀扶。

棺材是从后楼抬下来，漆黑，笨重。从楼上可以看见娘哭喊着朝棺木扑过去，被用人拉回来，过一会儿又扑过去。当年大户人家死人，会有吹吹打打的班子，和尚、尼姑、道士、洋鼓、洋号一起上，还会有人扛着一根根白花花的纸柳，漫天撒纸钱，纸糊的房子、家具、用人，浩浩荡荡的，招摇过市。二姐的丧事没这些仪式，但娘真是伤心，舍不得她，据说娘给二姐穿戴得雍容华贵，不单是佩戴珠宝翡翠，还在她嘴里放了一颗很大的珍珠。有些其他房的亲戚闲言碎语就来了，说杨家大房又走了一个，还这么瞎讲究！

我听说二姐的棺木存放在郊外，很远很远的一个什么省的会馆里，可能娘还打算以后把她和其他长辈一起迁回南方的祖坟。但据说二姐的棺木在放进会馆后不久就被打开了，那些首饰不翼而飞。

二姐死后，娘沉默多了，好些天没打牌。过去娘经常打牌到深夜，散了之后意犹未尽，回房之后又把二姐吵起来，跟她唠叨牌桌上听来的闲言碎语，又是哪位太太赢了、输了、气了、乐了，等等等等。二姐总是睡不好，觉得很累，但她不说，直到她病重我母亲去看她，她才悄悄说起。不知道二姐走了以后，娘会不会想起这些。母亲当然只能把二姐对她说的话咽回肚里。那一阵她一再嘱咐我们，不许说起二姐。

亲爱的哥der

我哥杨宪益比我大五岁。他的出生不单对我们这一房，对整个杨家，都是不得了的大事。父亲是长子，他是长房长孙嘛。可不是现在这样简单的老大老二老三老四的概念，那就跟太子似的。当年没有"小皇帝"一说，但我哥是真正的小皇帝，关起门来，就是个小溥仪。还很小的时候，说句话家里人就都得听。

"母以子贵"，母亲当然沾了他的光，因为生了我哥，她在家里的地位上升了，家族里对她的态度也有变化。但他首先是属于娘的，生下来就抱走了，娘住楼上，他就住楼上，娘搬到楼下了，他也住到楼下。有很长一段时间，他不知道姆妈才是他的生母。有一次，那时娘带着他已经长住楼下了，我和我姐要从楼上下来，就见他拿了根麻秆在楼梯口拦着，嘴里喊：姨太太生的，不许下来！我还小，对这事一直不太敏感，他堵着，我就骑在扶梯上，刺溜滑下来，我姐气得要命，记了一辈子，到老了提起来，还说：你说哥哥可气不可气?!

再大一点，他知道了，知道了以后对我姐和我就特别亲。但是这事谁也不说破，就当不知道一样。他从外面回来了，还是先到娘那里去说一声我回来了，而后才过来跟母亲说。母亲带我们去看电影，会跟娘说，我带他们仨去看电影了。平时带我或我姐出去，也会说一声，那就是打个招呼，要是里面有我哥就不一样了，要特别说明的，像正式的禀报，小少爷哪能随随便便就带出去呢？娘倒也从来不拦着，都是许的，大家心照不宣。

我哥说什么姨太太不姨太太的，是出于男孩的顽皮，并不是真的歧视，他是没有等级观念的，到后来就更是反感。他对我从来就特别好，我比他小五岁，小时候是很大的差距了，他就当我是小不点，喜欢想出各种花样带我玩，逗我。我也喜欢跟着他，到哪儿都跟着，他说什么我都信，都听。结果家里人都笑话我，说我是我哥的跟屁虫、哈巴狗。

有什么好吃的、好玩的，我哥都会想着我。他的早餐和我们都不一样的，丰盛得多，他常让潘爷悄悄到楼上喊我下去到他房间里，拿这拿那给我吃。我到他房间，往往他正在起床，那也是挺可笑的。伺候他和伺候娘是一个等级的，起个床，两个用人在边上，给他端洗脸盆，给他拧毛巾，拿漱盂接着他的漱口水。还要帮他穿衣服，里面的穿好了，裤子系上了，最后是拿了上衣站他身后候着，他要做的就是两条胳膊往袖筒里一伸，所以他到好大了都不大会自己穿衣。老式的房子没有卫生间，都是床边有个帘子，后面是马桶痰盂，他穿好衣服就进去小便，用人在帘子外面候着。我不懂，还好奇，有次要跟进去看看，让用人给拦下了。

小皇帝就是小皇帝，什么都不会，因为什么都有人侍候。从吃饭到穿衣。比如吃饭，吃鱼的话，鱼肚子那块一定是给他的，鱼刺一定是去掉了才放他跟前。什么叫"饭来张口，衣来伸手"，杨宪益小时候就是的。穿系鞋带的鞋，他都是脚放进鞋里就往前一伸，等着人给他系。有时身边仆人不在，母亲就指派我姐和我蹲下去给他系。我姐会发脾气：凭什么要我给他系?!我是不敢反抗的，有一回小声说了句他自己会，母亲就拿手指头戳我一下：帮你哥系一下鞋怎么了?!

不是他懒，是家里就那么个气氛。留学到国外，没人侍候了，还不是自己就会了？他吃西餐溜得很，吃中餐才会笨手笨脚，我姐老笑他：你怎么那么笨？八十年代初他到南京开一个翻译方面的会议，我请他在南大餐厅吃螃蟹，他不知道怎么下手，我剔剥好了给他吃，他一副吃惊的样子，问我，你怎么会的？

母亲对我特别严，对我姐就不说那么多，对我哥则是另一回事，他不会有错的。母亲尽夸他，比如我哥眉毛长得不好，八字眉，往下耷拉，到母亲嘴里就是好的，还成了标准，说谁谁眉毛长得好，就说，跟你哥眉毛一样。说我长得不好，标准也是我哥：你长得一点不像你哥，你怎么就不像杨家人呢？其实我长得像她，但她把自己看得很低，杨家的才是好的。我姐和我哥长得比较像，她又要说，你长得就是没你哥好看，他黑眼珠比你大。

哥哥到哪里都是前呼后拥。他是跟随着娘的，娘带他，我们当然是跟着母亲。我们住楼上，娘难得上来一趟，都是前前后后许多人。我哥要上来动静也大，还没抬腿，下面已在大呼小叫的："少爷要上来了！"

我最爱跟在他后面去逛街，逛书店。我哥出去逛，都是用人跟在后面，他看中了什么，就去付钱，而后就是大包小包地拎东西。他是根本没有钱的概念的，反正要什么买什么，我的待遇连他的零头都不到，要这要那的，母亲绝对不允许，但跟在我哥后面，就是另一回事了。每逢我想要书、玩具或别的什么，我就在后面拉拉他的衣服，他回头问一句，想要？我点个头，他吩咐一句，要这个。就全解决了。

那时法租界有个天祥市场，类似于上海的大世界，有吃的有玩的有唱戏的，什么都有。越往里走越热闹，几层楼里挤满各种摊位，戏园子、茶馆，吆喝声此起彼伏。又有一处叫"中原公司"的，完全洋味，有电梯上下，听不见吆喝声，只听见店员按电铃叫人。这里的亮堂、安静和天祥市场的乌暗、嘈杂正好是个对比。有一天我跟着我哥就是逛的那儿。

那次在中原公司楼里一通瞎逛，走到一个摆满各式外国洋娃娃的大货架跟前，看见一个德国造的，天蓝色的缎子衣裙，金色的披肩，鬈发上扎着缎带蝴蝶结。我马上就走不动了。我哥瞅我一眼，咕哝一句："想要吗？"而后就对跟着的用人做个手势，店员将那娃娃装进盒子，我赶不急地抢过来抱在怀里，就这么一路抱回家去，再不肯让用人帮着拿。

直到吃完晚饭，我还是一团高兴，却见我哥坐在那儿发怔，闷声不响，好像还眼泪汪汪的。过了好多年我忽然悟出他是玩累了，大概打过哈欠，弄得"热泪盈眶"了。当时没想到这些，马上像发现了新大陆似的大叫："哥哭了！"就这一句，顿时全家大乱。问他问不出名堂，男女老少就一起来问我，刨根问底，要弄明白我哥为什么不高兴，有人欺负他了吗。

我哪知道呢？挡不住一个一个的追问，只好把下午的事说了一遍。他们怀疑是不是只顾了给我买洋娃娃，他自己想买的忘了买，生气了，于是进一步细细盘问，去了哪儿，在哪儿停过，看过些什么？我想起在中原公司卖电器的地方，我哥曾让店员递给他一个很大的手电筒，挺讲究，装三节电池，开关推上去，雪亮雪亮的。他还拿在手里掂了掂，不过摆弄一阵，又还回去了。大人一听，觉得这案子破了，老仆人潘爷连忙坐了家里的黄包车奔中原公司，个把小时后气喘吁吁回来，手里一个大纸盒，里面正是我描述的手电筒。谁知我哥拿过来掂掂，咕哝一句，真重，我才不要哩！

这等于宣布白忙活了，全家都很沮丧。他不开心，事情就不算完，又重新紧张排线索，这时我忽然又想起一茬，大叫："还看过一个小巴儿狗，在天祥市场。"于是又一通关于那狗长相的盘问，什么白色带黄花，狮子卷毛这些特征都问清楚了，再派了个年轻仆人直奔天祥市场卖狗的摊子，果然一条狮子狗抱回了家里。那狗颈上系着红缎带，带上还拴只小铃铛，两眼黑亮黑亮，东看西看，真是漂亮又可爱。我高兴坏了，可我再喜欢也没用的，得我哥喜欢才算数。那是只母狗，我哥说："我喜欢公狗。"

直到几天后，家里又买了条黑底白花的小巴儿狗来，这番折腾才算告一段落。这回是个"壮丁"了，我哥挺认可，还给起了个名，叫它"小花"。训练"小花"成了我和哥哥的一个乐子，我们费好大劲教它两条前腿一拱作揖，作完了就给它块饼干，还教它盘腿坐着拜，甚至还教它保持沉默，不许它乱叫。等它长得肥壮了，我哥让我抱着，在屋顶露台上用他喜欢的柯达方盒子相机照了张相。也算是"小花"在我们家留下痕迹了。

父亲去世得早，家里没男的，气氛是不一样的。有句话叫"生于深宫之中，长于妇人之手"，那是说皇帝，杨宪益当然不能说是"生于深宫之中"，但可以说是"长于妇人之手"。家里上上下下围着他转，一味地呵护他。养尊处优是一方面，另一方面他是没自由的，比我姐和我更没自由，哪儿也不让去，也没人玩，整天关在家里。二姐到北戴河去治病，娘也过去避暑，这事我们是没份的，杨宪益也不叫去，则是怕他游泳出事。他气得不得了，在家里闹，后来他出国留学前我们一家子到香山避暑，就是那次给他许的愿。

我还记得一件事：难得的，有一次许他到李家花园去溜冰，我一起去的，潘爷跟着。李家花园是天津有名的李善人家的，他家每到冬天都在门口摆一口大缸，施粥，当然还做其他的善事。李家花园好大，里面有水面很大的水塘，要不就是有小河，冬天结冰，就成了溜冰的地方。我哥到了上面不知所措，潘爷就怕他摔着，那还得了？就弄了把椅子来叫他扶着。这还怎么滑？他干脆就一屁股坐在冰面上，这也让他开心。我们是带了照相机去的，他就伸直了腿坐着让我给他照，还说照片洗出来要拿给娘和母亲看，就说是摔倒了。其实并不是摔倒，他故意要我那么说，是淘气，也是他对家里成天管着他的一种反抗吧。

后来果真我就拿给母亲和娘看了，都照他说的。这下坏了，她们问我怎么搞的，还把用人找去问。都说没摔跤，我也"招供"了，说是我哥让我那么说的。没摔跤怎么坐地下了呢？大冷天，冻着了怎么办？就这样，以后再不许他溜冰了。溜冰鞋是定做的，挺贵的，就用了这么一次，再没穿过。

他念书，起先也是请先生到家里教的，不让他上学，怕路上遇到坏人，怕在学校里磕着碰着。到他十岁，总算让进学校了，他很兴奋。每天早上上学前，母亲都要检视一番才让走，天冷的时候，给他戴上厚厚的帽子，再围上围巾，穿上大衣，最后还要拿手绢给他抹一下眉毛，而后说，去吧。这是她的习惯，像个仪式似的。

捂得那么严实，是怕他着凉。其实哪会？后来我们也是坐黄包车上学，车上有车毯，搭在身上，一点也不冷，他是车毯之外还有条狗皮褥子，暖和着哩。在学校，他裹成那样都被同学笑话，他烦这些，又拗不过大人，后来每次往学校去，在门房那儿就把帽子、围巾、大衣都给甩了而后再上车。黄包车在外院门口等，母亲是在内院送他，不会到外院，所以也不知道。等放学回到家，他重新穿好了再进屋里见母亲和娘。

上高中时，他看同学打篮球，跃跃欲试的，但家里不让，怕撞着碰着，说要打的话在家里打。很快买了篮球架，竖在院里。篮球几个人一起玩才有意思，家里没别的男孩，他一个人玩很无聊，四哥、五哥来了，他就很兴奋。有一次他们在院里玩，天气好，娘好兴致，让用人端椅子到外面，坐着看他们打球，丫头端来水烟什么的在边上伺候。她才看一下，就让四哥他们别跟我哥抢。看他们互相传球，又急了，怕球扔过来打着我哥，要打在脸上还得了？就让不要扔，要走过来把球递给他。这球还打个什么劲呢？我哥就是这样被重点照顾，常被管得垂头丧气的。

老被管，又没人玩，我倒是受益者。我姐只比他小两岁，比较严肃，不爱玩，又有自己的主意，经常不听他的，我就不同了，听话，他说什么是什么，所以他喜欢带我玩。四哥、五哥来和他玩，我也跟在后面。有次他们来，让我骑在四哥腿上，五哥掏出一把指甲钳，作势要夹我，那时候指甲钳还是新鲜的洋玩意儿，我没见过，吓得直往后躲，他们就笑个不停。好像就是那次，他们又问我会不会用英语叫我哥。他们都在上中学，又都在外国人的学校，我还没上学，当然不会。他们就教我，要我喊杨宪益dear brother，我不会。他们说，那就中西合璧，叫"dear哥"吧，我怎么也发不出dear的音来，一说就说成der，他们笑得不行。后来要捉弄我，说，干脆你就喊"哥der"。北方话里是常有儿化音的，这发音和"咯噔"很像，"咯噔"本是象声词，说上楼梯的脚步声，就会说"咯噔咯噔"，还有"心里咯噔一下"之类的。他们觉着这么叫好玩得不得了，我哥也觉得有趣，后来我当真经常就这么叫了，一直叫到老。写信给杨宪益，抬头也会写"亲爱的哥der"，就为这么写好玩儿。他过九十岁生日，我给他的生日贺卡上也是这么写的。

我对我哥是有些依赖性的，不光是老跟着他，还崇拜他，有什么事都问他，觉得他什么都懂，是天底下最好的哥哥。三四年他去英国留学后，我老想他，在家里觉得越发的寂寞。我母亲都看出来了，要安慰我，给我买了桌上高尔夫球，很贵的。以前哪会专门给我买那么贵的东西呢？那是因为我和我哥有次到国民饭店，在楼上玩过室内高尔夫，玩得很开心，回家兴奋地跟母亲讲过。但是哥哥不在身边了，哪有什么东西能替代得了呢？

四姐和二姨太

我哥行三，下面是四姐，二姨太只生了她一个。我老是想起她，不止一次想写她，种种原因，最后还是没写。老想起她，是因为她的经历太惨了。家里很多人都是悲剧，其实说"悲剧"这个词，我首先想到的便是四姐，其他有的人也许说有悲剧色彩吧，以现代的眼光看，有某一段不如意。比起来，四姐的一生，包括最后的结局，整个就是悲剧。

说四姐，要从她母亲二姨太说起。二姨太进杨家的时候只有十四岁。她原是别人家的丫鬟，那家人要巴结差事，送给父亲的。父亲原本并没有再纳妾的意思，对二姨太一直比较疏远，看她没母亲懂事，像教母亲念书这样的事是没有的，父亲病中也不要她伺候。二姨太和父亲只生过一个女儿，父亲去世前立下的遗嘱，说二姨太年纪轻，别让她守着了，女儿是杨家的骨血，留下来，她可以再嫁。但是后来宣布遗嘱，这条没了。也许家里还是觉得杨家的妾嫁人了，没面子。

二姨太在花园街住了好几年，如果不是三叔与人合伙贩私盐弄没了我们家钱的事，她就一直这么过下去也说不定。出了那事后，她跟我母亲说，该去闹，头撞墙什么的，定要讨到一个说法，意思是父亲留下的遗产，不能就这么没了。我母亲不肯，说她不管别的，只要能把三个孩子养育成人，家里管这个就行。

二姨太不干，还要闹。这时有人给她出主意，让她去找妇女救济院。她当真就到天津妇女救济院去求助。妇女救济院给她出头，让她就在那边住下。报上也登出来了："前中国银行行长杨毓璋一小妾不堪大妇虐待……"指名道姓的，这就太让我们家丢脸了。

也不知怎的就扯到"大妇虐待"上。"大妇"当然是指娘，其实娘是脾气很好的人，也没主意，你让她虐待她也不会。而且她对二姨太挺好的，有一阵，因为母亲生了我哥，无形中似乎威胁到娘的地位，娘对二姨太还多少有点笼络的意思，"虐待"真是无从说起。二姨太这么一闹，得罪了娘，也得罪了整个杨家，不好收拾了，她自己倒浑然不觉，住在救济院，还等着家里叫汽车接她回去。我们家没汽车，当时天津有个四大车行，中国银行办的，可以租汽车，家里要用车的话，就打电话过去，车到家门口候着。

也不知听了谁的，二姨太以为她这么一闹，有妇女救济院给她撑腰，家里拿她没办法。她也不想想，接她回来，她有面子，不就算她闹得有理了吗？这边怎么可能去接呢？她有面子，这边的面子往哪儿搁？都被她气得不行哩，没人理她，由她在那边待着。

最着急的是她的女儿，我们叫她"四姐"。二姨太跑到妇女救济院，住在那里，四姐一人待在花园街家里，没人对她不好，但她当然难受。她替她母亲向娘求情，跪在娘面前，哭得泪人似的，大姑妈是她干妈，她也向大姑妈哭诉。最后是谈好了条件，二姨太离开花园街自己过，其实也就是和杨家断了。二姨太得到了两万元钱，这也是原来父亲遗嘱里说的数：二姨太一万，四姐的嫁妆钱一万。立了规矩的，第一年只准用利息，不准动本。另外，原来是要留下四姐，让二姨太一人离开杨家的，四姐自己还是要跟着母亲，这样她们母女就搬了出去，在张庄大桥租下一处两楼两底的房子。

从救济院回到花园街到搬出去过这段时间里，二姨太接待过一个来客，说是朋友，住救济院时认识的。二姨太在妇女救济院认识了各种各样的人，包括窑姐。那次带来的人，一看穿着举止就不对头。也是想到大户人家来看看，开开眼吧。来了就待在二姨太屋里说话，别处是不让她们溜达的。那个窑姐躺沙发上，看着房间里的陈设，很羡慕，说这样人家，你还要往外跑？

她领朋友来，也就那一次，家里上上下下都看着不顺眼，老仆潘爷是瞅见那女的躺沙发上的，说，什么样子，没一点规矩，都把什么人弄家里来了?!当时那种情况下，二姨太还把人往家里带，简直就像挑衅了。娘发了话，说，以后不准领家里来。当然，就再没来过。而且不久以后二姨太就搬出去了。

二姨太人比较活泼，大大咧咧的，她屋里时常会传出她唱歌的声音。我母亲是没什么声音的，相形之下，二姨太那边就热闹了。她守寡时年纪轻轻，爱热闹，唱唱歌，再自然不过。她也没什么等级观念，对下人没架子，也许和他们在一起，她更自在些。只是她没脑子，容易受周围的人影响。她在妇女救济院待过一阵，接触了一些人，回来后就唱些小调，这就让家里更不待见她。她自己后来弄得一团糟，把四姐也给害了。

四姐叫杨聪如，大我四岁，大我姐一岁，也是念的中西女校。虽然在一个学校，我姐和她却很疏远，从来不在一起玩，觉得不是一路人。四姐长得很漂亮，特别爱打扮，穿着很时髦，成绩又好，毛笔字是她那届的第一名。气味不投之外，我姐多少也有点嫉妒吧。小时候她常和我们一起玩，特别是一起扮戏。我太小，都是跟我哥我姐和四姐后面。只有一回，我哥要扮《游龙戏凤》，没别人，就让我充个数。那出戏是说明朝正德皇帝下江南微服私访的事，他在梅龙镇投宿李龙家，被李龙妹妹吸引了，就调戏她。杨宪益去正德皇帝（"去"就是扮演的意思），我就去凤姐。里面有凤姐绣花带子掉地下皇帝踩着不放的情节，母亲还特地找了个绣花布带当道具。我什么也不会，只会拖着声叫一声"来——了——"。

四姐在的时候就复杂了，穿戏服，还系了用珠花什么的制作的行头。扮过《武家坡》《四郎探母》……当然都是她去主角，在她眼里，我们都是"小儿科"，教我们该怎么着怎么着，她正经学的嘛。她学戏挺起劲、挺认真我们都是知道的，但谁也没想到她后来真的唱戏了。

她本来念书念得好好的，搬出去后没多久就不上学了。那时她已经念到高中了，把精力都放在了票戏上，成为天津有名的票友。当时《北洋画报》捧她，登了整版，相片里有写真，也有戏装的，"前中国银行行长杨毓璋女公子杨维娜"什么的，称她是"著名票友"。四姐的英文名是Verna，"维娜"就成了她的艺名，唱戏都是用这名，"杨聪如"是不用的。那一版上还有她的毛笔字

"艺术至上"。画报主编捧她，除了银行家女儿的身份，还有猎奇的成分，唱戏的通常文化水平不高，四姐是教会学校的，能讲英文，又写一笔好字，也算是个异数了。

四姐票戏，会请家里人去看。我跟着母亲去看过两次。看《武家坡》那次，七婶、姑姑都去了。开演之前，二姨太看到我们，赶紧就到我们座位上来招呼，觉得很有面子。就是那次，七婶看出她有点不对头——她老用斗篷遮在肚子那儿。她一走，几个大人就嘀咕，怀疑她有身孕了。

七婶没看错。按后来知道的情况推断，二姨太怀上的应该是陆二的孩子。陆二是我父亲在世时的年轻男仆，就是旧小说里说的"小厮"那种。他父亲就在我们家做的，类似《红楼梦》里说的"家生子"。父亲去世后他还在我们家，和我哥的奶妈妍上了。那个奶妈长得极难看，一张马脸，真是像马，陆二倒长得白净清秀，还有点文化。两人这种关系，家里绝对是不容许的，于是两个人都被打发走了。二姨太和陆二原先在我们家里就认识，搬出去后不知怎的就到了一起。陆二和那个奶妈并没断，后来居然都住在一起，一大家人靠二姨太的钱过活。

在花园街时，我母亲和二姨太关系不错，她们是以姐妹相称的。二姨太闹财产，还有之后的种种作为，母亲都不赞成，不过她最可惜的是四姐。有一次她带我去看四姐演《女起解》，四姐扮苏三，套着枷一出场，母亲看着就流泪了。和剧情没直接关系，她就是觉得四姐跟着二姨太现在这样，很不幸。

这以后她就再没看四姐演戏，说看了难过。看《女起解》回来，她还想着四姐，娘不管，以她的身份，也不好过问。她就指望我们，说四姐这样了，你们一起念书的，要劝劝她呀。母亲是最看重念书的，四姐好好的就从中西退学，在她看来太糟糕了。于是我哥我姐就给四姐写信，我姐一下写了四五页纸，我哥写了两页。都有了，我哥又对我说，你也写两句。我还是小学生，不知怎劝。我哥说，就写多想想再做决定。我忽然想到老先生才教的"四书"，写了句"子曰：三思而后行"。就这么秃头秃脑的一句，后面写上"小妹"。

我们的信当然不起什么作用，四姐没回我们的信，也没再回到学校，反倒比票戏更进一步，干脆下海了。这在杨家，等于又是一桩丑闻。有钱有地位的人家其实是看不起"戏子"的，票戏是玩玩，不能当真，真拿唱戏当饭碗，就失了身份。《北洋画报》上登四姐的照片，她还是"名媛"的身份，虽然她们已经离开杨府，但她毕竟是杨毓璋的女儿。如果当时她已下海，恐怕就不会用一个整版来捧她了。

既然唱戏丢人现眼，中国银行就跟戏院打招呼，不许捧四姐。银行界捧戏子是有名的，不让捧谁，戏院也得买银行的账。虽然不是封杀令，但杨家发了话，比较像样的戏院就不敢让四姐演了。我们那次看四姐票戏，是在"春和"，中国大戏院建好之前，春和差不多是天津最好的戏院，四姐下了海，就再不能在春和唱了。春和在法租界、日租界的戏园子要差一等，后来她在日租界的戏园也站不住脚，只好到"中国地"的"下天仙"这样的地方唱——听名字就知道，那是下等的戏院。

在天津唱不出名堂，四姐只好到外地去唱。我知道她去过南京，还到过山东的济南。但是她不懂唱戏是要拜码头的，而且她还拒绝唱堂会，达官贵人喝着酒吃着饭，让她在那儿唱，她不干。也不是没唱过堂会，但都是唱完了就走，陪酒什么的就不干了。好像是在山东，据说韩复榘还是什么人，反正是个军阀，土皇帝式的人物，让她去唱，像叫条子似的，她就拒绝了，说她"卖艺不卖身"。她还到过伪满洲国，又不肯给日本人唱。这样在哪儿都站不住脚，又回到了天津。回来之后比之前情况更糟了，只能在等级最低的小戏园唱。

这时她已不能不唱了，因为一大家子都指着她。那个奶妈和陆二有两个孩子，陆二和二姨太又生了俩还是仨，那么多口人，全靠她养着。她们刚从花园街搬出去时，住的地方在英租界，当然贵，后来就住不起，也不知搬到了哪里。

二姨太的钱早花完了，四姐要置办行头，要请人教戏，都要花不少钱。她不是童子功，只能靠苦练，学刀马旦的戏很苦，一直就那么撑着。最后一次唱戏，早上刚打了胎，晚上就登台。

打胎是因为她和一个北昆名角好上了，怀了他的孩子。其实一直有人追她，追她的人里，还有大学生，她有文化，会说英文，会唱戏，人又长得漂亮，挺拿得出去的，但是她偏偏喜欢上了那个名角。那人是北昆的头牌，早有家室，将四姐明媒正娶是不可能的，有了孩子，只能打掉，何况她也不能不唱戏养家。

据说那天晚上唱完了戏，到后台她就倒下了，大出血。她躺在地板上，用草纸垫着，十刀草纸也不够用，全浸透了，简直就是躺在血泊里。四姐就这么没了。

这些都是解放后听说才知道的。抗战后，二姨太、四姐她们完全没了音信。事实上二姨太她们搬出去后，和杨家基本上就断了来往，只是在四姐票戏那阵子，来请了，去看过她的戏，四姐当真下海唱戏，就彻底断了。

我最后一次见到四姐还是三八年离开天津以前，是有天下午，我去中西，算是对母校最后的告别吧。车夫小本儿（因为驼背，也喊他“罗锅”）拉着车忽然慢下来，对我说，看，是四姑娘吧？一辆洋车过来，车篷拉着的，因是迎面而来，我还是马上认出了四姐。从看她票戏《女起解》之后，几年了，再没见过她。我吃惊不小，她变化太大了。她大概是下了戏回去，很浓的妆，脸色憔悴，显老，穿着旗袍，下面是缎子带花边的大脚裤，颜色搭配很俗艳，有一种风尘感，就像人们印象里的那种下等戏子。

我们对视了一下，她肯定是认出我了，但装作没看见，我没和她打招呼，小本儿也只是顿了一下，很快就过去了。回家后他把遇到四姐的事跟我母亲说，母亲叮嘱他，下次老远见着就绕道走，还跟我说，如果再见着四姐，也别招呼。虽然如此，母亲心里其实一直挺可怜四姐，替她惋惜，后来不止一次跟我说，当年二姨太离开时，若是硬留四姐，也就留下了（父亲遗嘱里说她是"杨家骨血"嘛），要是留下来，她就不会下海，更不会死得那么惨。

当然这都是假设，人的命运经常是料不到的。母亲的叮嘱对我也是多余的了，因为我很快就离开天津，再也没见过四姐。我怎么也不会想到，那次街上的相遇，是我见四姐的最后一面。几十年过去，我好多次想起她，也曾想把她的故事写出来。那时我姐还在，她不反对我写二姐（事实上我也写了），写四姐她却不赞成，觉得有点家丑外扬。我倒不觉得这算什么"家丑"，四姐，还有二姨太，都是那个时代的悲剧。不过也就没写。没写，还是老想起，她在家里扮戏的情形，《北洋画报》上她的照片，最后是她坐在洋车上的样子，那是最后的定格，连细节都清清楚楚，就像电影画面一样。

"吾姐"和罗沛霖

我姐姐杨敏如比杨宪益小两岁，比我大三岁，按我们这一房的排行，行五，我在家里叫她"五姐"，从小叫惯了，改不过来，年轻人听了不解，我还得解释。后来我开玩笑，在信里谐音称她"吾姐"。叫她"吾姐"其实特别对，她和我是亲姐妹。

我们同胞兄妹三个当中，在家里我是最不受待见的。我刚出生不久，父亲就去世了，"妨父"这个罪名，不定什么时候就拿出来说事。虽说我母亲、我娘后来对我都很好，年老之后，我姐还对我说，其实母亲最喜欢的是我，可我不这么认为，小时候更不会这么想，因为母亲一直对我很严厉。我印象中她从来都是不苟言笑的，总是训斥我。我们三个当中，她和哥哥比较远，因我哥一生下来就抱到我娘那儿去了，平时碰都不让她碰，我就没见她抱过我哥。她和我姐最亲，是她自己带大的，自己喂的奶——男尊女卑，我哥抱到娘那儿去了，女孩是不会有这待遇的（虽然这待遇对我母亲是一种残忍）——等于是她的头一个，当然不一样。除了上中西住堂（住校），还有在北平上燕京那段时间，我姐一直和母亲一起生活，我姐成家后，母亲跟她过，直到去世。

在花园街那个家，她们睡在一个房间。朝南的一个大房间，两张德国产的席梦思，她们一人睡一张，我一度羡慕死了。后来四九年的时候，我在拍卖行看见一张席梦思，不太贵，和小时我见的一模一样，我马上就给买下了，也是圆自己当年的一个梦。

母亲什么事都跟我姐说，在一起就一直说一直说，也不知哪来那么多的话。两人也会吵架，有时还吵得挺厉害，母亲会对我说，你看你姐多凶。但她们就是亲。

我姐性子急，好胜心强，比我自信多了，我一直是比较自卑的。她喜欢读书，中西、燕京一直念下去，成绩比我好，所以母亲一直认定她和我哥是读书的料，我贪玩，母亲总说，比不了你哥哥，学学你五姐呀！她在我姐面前也是有点自卑的，我姐念到燕京的研究生，她只念过两年小学，她喜欢的那些，比如大鼓书、地方戏什么的，我姐觉得是小市民的东西，不屑一顾，所以凡是看这些，母亲都是带我去，我姐是不去的。

因为大我几岁，我姐总是管着我，我也总是很顺从，一直到老都是如此。"文革"后我开始写散文，有些是回忆家里的事，她看到了会说我，写这些干什么？有些事情，比如四姐的遭遇，还有二姨太的事，她认为是"家丑"，不该"外扬"，我虽不以为然，却也不大和她辩。一些想写的人与事，怕她看见了不高兴，也就不写了。邵燕祥曾经对我说，你写了不让她看就完了嘛，我想想还是罢了。就像到老都怕我母亲一样，我习惯了听我姐的。虽然我们其实关系很亲密，她去世前几年，我们隔三岔五通电话，一说就是一个小时。

虽然怕她，有时我也不服的，跟她抬杠，她就更气。我喜欢唱歌，她不喜欢唱，我在家里唱她就嫌烦。有次我唱当时流行歌曲《关不住了》，"我们永远地相爱，地老天荒也不分开……海枯石烂也不分开……爱情在心里大叫，它说是春天来了，爱情哪爱情，心扉也关不住了"，叠句就是"爱情在心里大叫，心扉也关不住了"，我姐听了就大叫：妈，小妹在唱靡靡之音！母亲掀帘子出来看看，说，她想唱就叫她唱去，你管她呢。母亲不管我就得意了，原来还是哼着唱，这下放开嗓子大声唱。其实流行歌曲很好玩的，我觉得有意思，一点也不恶心。当然我姐更生气了。

虽然偶尔跟她抬抬杠，一般情况下我还是不敢惹她的。我哥不管，就是要逗她急。我姐特容易哭，他就偏要逗她哭，成功了他就得意。有天晚上我们在一起玩，我哥挑了张唱片让我放，我就到唱片柜那儿，从厚厚一摞里找出来，*See My Tears Falling Down*，一首很悲的歌，向上帝祈祷的：看我的眼泪正在往下流，生命多么残酷，我的心都碎了，求求你，只有你能救我……我们都会唱，我姐也喜欢。我哥摆摆手示意安静，一本正经说，让我们来听音乐。那时还不是电唱机，要用手摇的。我姐没听几句眼泪就下来了，过会儿发现我们没动静，一看，我哥和我笑嘻嘻的，我哥还朝我挤眉弄眼的，马上知道是在捉弄她了，大叫：妈，哥哥和小妹又欺负我！母亲从卧室里出来说，你们又逗她做什么？我哥一脸无辜：没有啊。又使眼色让我去拿手绢，我从卧房抽屉里拿了手绢给他，他用手指头捏一个角，提溜着到我姐跟前说，哭吧，哭吧！我姐恼得更哭得一塌糊涂了。过后我哥还跟我说，知道吧，这也是一种玩法。

从很早起，家里的事，母亲就总是和我姐商量，让她帮着拿主意。事实上因为家中没有男的，我哥当他的少爷，上上下下围着他转，后来又出国了，大公主在家事方面是不能指望的，所以好些事都要靠我姐，比如我娘那边要记账，就都是她的事。到后来，她在家里就更重要了，和外面打交道，经常是她出面，最后大公主都怕她几分。

我姐一直念的是教会学校，但最后的专业是古典文学。最早和杨宪益在家跟老先生念古书时，她就喜欢上文言文和旧体诗词了。她特喜欢引经据典，跟我转文，有时问她问题，她就拿文言答我，我想，教我们的老先生都不这么跟人说话，不是欺侮我吗？夏天我们都用扇子，为了不出汗。她不肯说"凉快"那样的大白话，说那难听，要说"冰肌玉骨，自清凉无汗"。我不懂，不知"冰肌"是什么鸡。我因老是跟在我哥后面，家里人常笑话我是他的小狗，哈巴狗。有次又说，逗我，我急了，说我不是，我哥说整天我到哪儿你到哪儿，不是小狗似的？我就说，五姐说了，我是"冰肌（鸡）"。还问他，"冰鸡"是什么样的，他先也不明白的，等知道是"冰肌玉骨"，笑坏了。有次我学她转文，她不知为什么事笑，我就说五姐"妈然一笑"。繁体字的"妈"很像"嫣"的，我识字不多，"嫣"给念成"妈"了。他们都乐坏了，到处讲我说"妈然一笑"。

我不喜欢古典文学，和我姐有很大关系，她老卖弄，捉弄人，让我对古典文学也反感了。

说我姐就不能不说姐夫罗沛霖。他们是一九三四年在香山熊希龄的别墅梯云山庄认识的——就是我哥出国前母亲领我们三兄妹去避暑那次。

熊希龄在香山有好几处别墅，最有名的是双清别墅，因为毛泽东住过。据说主席一向喜欢住得高，香山别墅里，数梯云山庄位置最高，靠"鬼见愁"最近，就想让他住那里，后来发现别墅年久失修，太破了，卫生间也没有。双清别墅不一样，熊希龄避暑，都是住在那里，所以维护得很好，后来就选择了双清别墅。

其实三四年我们在梯云山庄避暑时，那里已经比较旧了，不过重新裱糊粉刷了一下，还不错。那次租下梯云山庄，我们去了好多人，母亲、我哥、我姐、我、池太太、厨子、保姆，还有一个烧饭的，真像是安营扎寨。七叔家的人一拨一拨轮着来玩，池太太的丈夫周末也会从天津过来。罗沛霖是我七叔的儿子五哥杨占武（大排行行五，生在上海，我们又喊他"沪哥"）在南开的同学，正放暑假嘛，五哥就带他到梯云山庄来找我们玩。那是头一次见到罗沛霖，他长得很帅，也不知什么发型，脑门上桃子似的。他特别聪明，十七岁就考上上海交大，喜欢音乐，能唱男高音，会吹长笛，小提琴也会拉一点。但是容易害羞，动不动就脸红，不大说话。

那天吃饭一大帮人，总有十几个，下饺子。吃完了年轻人坐一块儿聊天，表演节目。五哥就说罗沛霖歌唱得好，让他唱。他扭怩了半天，站起来唱 *Only Rose*。这是首爱情歌曲，"Only a rose I give you…"，后面还有"Only a word…"，声音就轻下去，像云飘走了，没唱出来的词当然就是love了。我觉得他是喜欢上我姐了。我发现了什么都会跟母亲讲的，就跑母亲跟前说，罗沛霖喜欢我姐，我姐也喜欢他。我姐那时十八岁。母亲是愿意的，门当户对嘛。

罗家在天津也是大户人家，罗沛霖的父亲当年和我父亲算是共过事的，都在沈阳的电话电报局，我父亲是局长，他父亲地位稍微低一点，副局长什么的，我父亲叫杨毓璋，他父亲叫罗云章。后来我父亲办银行，他父亲做了其他什么生意，做得挺大，两人还共过事，这不是巧了吗？不光门当户对，好像还知根知底了。

回天津后，罗沛霖就请我们兄妹到他家去做客。他家在原来的意租界，很大的房子，中西合璧的，有个大大的阳台。比我们家房子大——那时我们已搬到兆丰里了，看了都很羡慕。

但其实罗家早已给罗沛霖订了婚了，是冯国璋侄女。订婚时罗沛霖才十二三岁。他是受新文化影响的，思想很进步，当然不愿意，要反抗。他的做法有意思：也不和家里闹，却比大闹还厉害。他熬到十八岁，法定成年人了，正在上海交大念书呢，突然给家里来了一封信，宣布解除婚约。其实不是信，也不是他写的。他在上海找了律师，好像是中国第一位女律师，很有名的，信就是她写的。就是一封律师公函嘛。里面写令郎已满十八岁，对婚姻有自主权，过去的婚约系父母之命媒妁之言，违背本人意愿，今决意解除。大概是这意思。律师出面，就是告知一下，不是来商量的，不答应就要打官司了。

律师函不是走邮局，而是有人专门送来的。送来的那天正好是罗云章做寿，大宴宾客，打开一看，气坏了，罗沛霖人没出现，却等于大闹寿宴。罗沛霖在罗家是最宝贝的，因为他是正室生的，偏偏闹出这么档子事，但也拿他没办法。这事就这么过去了，照说罗沛霖喜欢我姐，前面的婚约黄了，就该议这事了，没想到这次轮到家长不答应了：他母亲反对。他们打听过了，知道我姐是姨太太生的。我母亲知道后不服气：怎么就门不当户不对了？当年你爸爸还是他父亲的上司呢。

母亲这么说当然没用，人家没说这个，计较的是正出、庶出，我姐因此一辈子都有个情结，她说她要的是"平等"，这里面首先就是母亲的姨太太身份带来的歧视。但是罗沛霖是真的爱上我姐了，家里根本拦不住。他和我姐交往，谈起了恋爱。他们一直通过书信谈恋爱，到四一年在重庆结婚，好几年时间，一共也没见上几面。我还记得有一年他从上海回来，到我们家来找我姐，两人要一起出去，母亲对我直使眼色，她对两人发展关系虽然支持，却又不放心，让我在后面跟着。正好我在中西的好朋友颜枬生、崔莲芳、吴华英在我家玩，就一起跟在后面，保持一段距离。他们在前面走，并排走，却隔了老远，也不拉手，更不要谈勾肩搭背了。母亲只叫我们跟着，跟着干什么呢，也没交代。老跟着，没事干，也无聊，我们就打打闹闹，哇啦哇啦唱歌。后到家母亲问，听见他们说什么了，我说隔得远，听不到。母亲就生气：你们跟后面干什么了？我说，唱歌呀。现在想想，他们这恋爱谈得真是好玩。

其实直到结婚，他们两人见面的机会并不多。我姐在北平念书，罗沛霖在上海念书，只有放假见几面。还有一次，燕京大学的唱诗班到南京金陵女子大学去演出，唱亨德尔的《弥赛亚》（两所学校都是美以美会的），我姐是唱诗班的，也去了，罗沛霖从上海到南京看她，见了一面。再往后罗沛霖毕业去了广西参加抗日，又从广西到南京，从南京到西安，从西安到延安，又受命从延安到重庆，在国民政府的资源委员会任职，到处走，根本没机会在一起。

他们谈恋爱，只能更多在纸上谈了。好玩的是，罗沛霖写给我姐的信，我看过。我想不起是什么缘故了，我姐在燕京念研究生时，罗沛霖来的信会寄到家里。母亲就拆开看，还让我念给她听——信寄到家里，她都要看。有次是用银色的墨水写在蓝色的信笺上。母亲凑到灯下看也看不清，还说，这个小罗沛霖，墨水淡成这样，让我怎么看？我想人家那是情书，谁让你看了？但我们的信她是要检查的。我姐虽然平时老顶母亲，这上面也不敢反抗，说起来倒是因为信的内容，在母亲面前少有的理不直气不壮的。

母亲让我念，我不敢不念。信上有几句我还记得，大概是写我姐到车站送他："时间一分钟一分钟地过去，你一点一点地离我远了……"母亲一边听，一边要点评："'一分钟一分钟'——还要数哩？新鲜！"我姐放假回来，我就背几句给她听，她听了又急又气，但这事她不敢跟母亲急。

姨太太们

我曾经想写篇文章，题目叫"姨太太们"。母亲是姨太太的身份，虽然她痛恨这身份，"姨太太"却像标签粘在身上，想摆脱也摆脱不了。讲等级的圈子里，姨太太来往的大多也是姨太太，我随母亲接触过不少，也听说过不少姨太太的故事。

有一件事在当时是引起轰动的。有个已经洗手不干了的军阀，叫褚玉璞的，就住在日租界，离我们家不太远的一栋洋房，忘了原来当过军长什么的。他有个姨太太姘上了戏子，这姓褚的一介武夫，不管三七二十一就叫人去把戏子绑来，那人刚唱完戏，还没卸装就被绑了，而后被弄死，有人说是枪毙了，有人说是活埋了。姨太太后来也被弄死了。报上登了这事，传得沸沸扬扬。因为住宅就在我们那一带，家里也免不了议论，挺吓人的。

这种人我们家是不会有来往的。倒是有个姓宋的，是旅长，他的姨太太因为常到花园街陪娘打牌，和我母亲熟起来，是有些走动的。他们家离我家不太远，也在租界（因为生活条件好，退休的军人官僚都喜欢到天津租界当寓公），我跟着母亲去过，来凤等用人也带我去过，很像样的一栋小楼，宋旅长和太太住楼下，姨太太住在楼上。姨太太长得很漂亮，后来和一个小白脸好上了。那人住在一个旅馆里，姨太太常偷偷去幽会，我们认识的大王姨曾经在他们家帮佣，姨太太会叫她到旅馆里送信什么的。我母亲知道了，就对大王姨说，这事可不能干。这事最后有没有东窗事发我不知道，即使姓宋的知道了，大约也不会下褚玉璞那样的狠手。这人我见过，文质彬彬的，不大像个武人。有次姨太太和他吵架，在二楼叫骂，声音好大，他也没法，一个人在楼下唉声叹气的。

虽然有来往，我母亲和这样的人是不会成朋友的，母亲最好的朋友是五叔的姨太太。五叔是杨士骧的儿子，杨士骧就是做过直隶总督的那位，他们家是真的有钱，五叔后来一直在上海，住着豪宅，什么事也不做。五叔的姨太太是蒙古人，长得漂亮极了，原来是个丫头，成了姨太太后生了儿子，五婶死得早，后来就把她扶正了。我们称她"五叔家的姆妈"，就像我们喊母亲"姆妈"。出身、境遇很相像，我母亲和她就特别投机，到一起什么都谈。比如有一阵传说五叔又要讨小了，她说，随他去，再讨个进来，我倒省心。我母亲一向也是这态度。

解放后五叔家当然不好过，但开始还可以，过得挺滋润，到"文革"就不行了。谁也不知道五叔是怎么死的。七二年我到上海，去看过五叔家的姆妈，她跟着女儿过，房子被占了，家里一塌糊涂。她女儿，我的堂妹，医学院毕业的，因家庭出身不好，只能在一个工厂里做厂医，一干就是好多年。堂妹一直没结婚，我姐给她做媒，成了中南海保健医生的续弦，对方就是大名鼎鼎的吴阶平。吴阶平的弟弟（也是周总理的医生）住在三里河，和我姐在一个大院，认识，吴阶平的太太去世了，他就托我姐物色合适的人，我姐就想到了五叔家的堂妹。他们就通信、见面了，双方都很满意。吴家老太太是讲究门当户对的，对我堂妹喜欢得不得了，因为是杨家的，性情又好，特别温文有礼，又是搞医的。二人互相通信，还互相写诗，过段时间就结婚了，婚礼在北京饭店办的，盛大的婚宴，只是没穿婚纱。来了很多要人，因为吴阶平身份特殊嘛。五叔家的姆妈没参加，虽然她是扶了正的，她还是有点惧怕那样的场合。

这么看来我姐的媒做得太成功了，谁知后来是那样的结局。

婚礼过后就是办调动了，上面的意思，调我堂妹去北京当然一切不成问题。什么都办妥了，厂里准备开欢送会了，临走之前她去看了场电影，电影散场，她还坐在那里，工作人员一看，已经死了，服了安眠药。为什么要自杀呢？她是不想去北京，她母亲也不肯去，又不能让母亲一个人在上海，她要照顾母亲。她是不会反抗的，结果是自杀。在她的手包里，装着吴阶平的信，还有他们写的诗。后来我们议论她的死，都说这真像是杨家人的方式。

厂里要开的欢送会，这下成了追悼会。吴阶平从北京过来参加，他是规规矩矩的丈夫身份，很伤心。她在厂里好多年，工人姐妹在追悼会上闹事，哭诉，你有什么委屈就说出来，为什么就这么走了呢？

她的死是谁也没想到的。

和娘一起打牌的人里面，还有个张姨太，家里很有钱的。她没孩子，跟母亲说要认我做干女儿——我姐姐他们都认过干妈了，就我没认过——我母亲没答应。张姨太是窑姐出身，是小老婆，我母亲当然不肯。还有一条，是她没文化，我母亲最看重读书了。张姨太见到我，就让我喊她干妈，还拿好吃的逗我，说喊"干妈"就让吃，我就是不喊。

我看她们打牌，钻来钻去的，好玩。有次发现张姨太衣服里面垫着好多草纸，把肚子弄大起来。我跟母亲说，母亲让我不要瞎讲。后来才知道，张姨太是在装怀孕哩。对外就说她怀上了，过一阵又来打牌，就说打牌时把孩子生大娘那里了。再过些时候就抱着一个早早预备好的领来的孩子回到张家。从装怀孕到说在娘那儿生，当然都是事先安排好的。长大后我还又见过张姨太一次，我坐在黄包车上，罗锅拉着车，就听有人喊："六姑娘！六姑娘！"我回过头来认出是她，蓬头垢面的，我还想打招呼，罗锅不停下来，反倒跑得飞快。

八叔和四哥

我的祖父特别开通，几个儿子都让出去留学了，父亲和三叔留日，七叔留美，八叔是留法。八叔进的外交部，应该是没多久就不干了，后来就一直赋闲。杨家有好多这样的，整天什么也不干，靠吃祖产过活。当然八叔靠什么过日子，我其实不知道，只知道他们家一向是住在北京的王府里。

八叔娶的是唐绍仪的大女儿。唐是第三批留美幼童，在北洋政府里当过内阁总理，家里洋得很。他女儿差不多就是在国外长大的，习惯西式的社交，比如跳舞什么的，都喜欢。他们是家里订的亲，不是自由恋爱，婚后两人一起出的洋。八叔虽然出洋留学，骨子里是很封建的，特别反对八婶跳舞。一到这时候八叔就特爱国，一切都要按中国规矩，所以两人从很年轻时就吵。有次在邮轮上八婶又跟外国人跳舞，八叔气得不行，又拿她没办法。咽不下这口气，就闹离婚，最后也离了。八叔从来不说离婚，只说是把八婶"休了"。他们有一个儿子，就是四哥。当时离婚，没有归母亲的，四哥就跟着八叔。

四哥长得漂亮极了（八叔原本就是兄弟中长得帅的），像好莱坞明星鲁道夫·瓦伦蒂诺。八叔却一直不喜欢他，不过八叔好像谁都不喜欢。离婚以后他很快又娶了，对这个新的八婶他也没什么感情。他们家就那么几人，仆人倒有一大堆，住在王府里，整天冷冷清清的。四哥没人玩，闷得慌，后来有了个妹妹，叫小满，他很高兴，对妹妹亲得不得了，不闷了嘛。但小满得肺病，十来岁就死了。小满活着的时候，八叔不让她出去读书，不让出去和人见面，请人在家里教。还在小满死之前，她妈妈就死了，不知是什么病，反正和抑郁有关。

四哥在家里是没一点温暖的，八叔看到他就有气，因为想到他母亲，对他母亲的气全撒在他身上。母子见面是绝对不允许的。八婶想见四哥，毕竟是亲儿子，四哥大了懂事了，也想见母亲，母子偷偷见过面，谁知被八叔知道了，结果是一顿毒打。冬天，下着雪，吊在院里树上用棍子抽，不许放他下来，直到打够八叔才离开。家里人都说，四哥后来病死，病根就是那次落下的。

四哥家在北平，我们在一起玩是他到天津念书以后，他进的是英国人办的新学书院，我哥，还有七叔家的五哥都上这学校。他并没住花园街我们家，也许是住校吧，但常到我们家来玩，来了总是很开心。一是在自己家里从来没玩伴，现在有我哥、五哥一起玩，还可以逗我玩；二是我们家气氛比他家轻松多了，娘是好脾气，不大管的。四哥特别喜欢逗我，没事就拿我寻开心，他们上的新学书院是全英语教学，满口的英语，就教我玩，让我叫杨宪益"哥der"，就是他捉弄的我。

但是好景不长，四哥后来出了车祸。他和好多男孩一样，也是活泼好动的，骑自行车、玩摩托车、打篮球，都起劲。有一阵他和西湖饭店老板雍剑秋的儿子迷上摩托车，没事就开着兜风。有天又开着玩，是那种带挎斗的摩托车，雍家少爷驾车，他坐在车斗里，结果和一辆车撞上了。没出人命，但四哥胸部受了伤。当时似乎并不很严重，也不太重视，但从那以后，四哥的身体就不行了。在我们家打篮球，没打几下就喘得不行，还咳得厉害。再后来吐血，就住院了，先是在北平的协和，后来到天津的一家德国医院。

我母亲是特别同情四哥的，因为他没有母爱，八叔又是那样的。她带我悄悄去医院看他——要悄悄去，是要背着娘，娘认定肺病是传染的，怕传染给家里人，不许去看他。四哥住的是单人房间，病情已经很严重了，坐在床上，不住地咳，神情很落寞。房间里像宾馆似的，只有他一个人，想说话没人说，想出去德国医院管得严，不让出去。他永远是一个人。我母亲劝他，四少爷，你要想开点，等病好了多来天津玩玩，和小虎子（杨宪益）玩，又不是没有地方住。边说就边擦眼泪。

也不知八叔是不是觉得四哥的病反正治不好了，又把他弄到北平家里。那个家对他的病肯定是不利的，没一点生气。八叔根本是容不得人高兴的。最后四哥就死在家里。死了八叔也不放过他：他喜欢穿西装，养病的时候还穿马裤，八叔非让他穿长袍马褂戴着瓜皮帽入殓，还在他胸口放了一本《金刚经》，说是要让他永世不得翻身。哪有这样的父亲?!

四哥死的时候才二十岁，是放暑假的时候，听到母亲和我姐在屋里哭，说四哥不在了，真可怜。后来看巴金的《家》，我会联想到我们家的许多事情，这里面也包括四哥的死。

老姨太与狗叔

据说祖父挺新派，儿子都送出去之外，他也不喜欢娶姨太太之类的事。但像旧时代他那种身份的人一样，他也有一位姨太太，我们称她为"老姨太"。老姨太是丫头出身，进门时祖父已有儿子了，所以并不是因子嗣的问题，没准又是什么人送的。进门时要搜身，还体检，所有衣服都换掉。姨太太也是要看出身的，丫鬟出身，就更被人轻视。

老姨太生了两男两女，要是祖父男孩少，她自然会受重视些，前面若是没有男孩，地位当然就更不同，但那时杨家人丁兴旺，你想想，祖父有八个儿子。父亲是长子，祖父死后，老姨太和其子女自然就由父亲养着。父亲去世，财产是由七叔管着的，老姨太他们就由七叔照应，住还是和我们这一房在一起。他们在花园街大宅子里有一个单独的小院，有门通到后门街上，可以不通过大门进出。我对那里印象很淡，好像只是过年时去给老姨太拜过年。平时不大去，娘似乎不愿有来往。到后来干脆禁止他家男孩到我们前院来。这跟他们害怕狗叔惹出事来有很大关系。

狗叔大排行十八，就是说，我祖父兄弟几个的儿子顺着排在一起，狗叔最小，排在第十八位，是我的十八叔，因为属狗，就被叫成"狗叔"。虽然长一辈，他其实比我哥只大一岁，是可以玩到一起的。都到好大了，姑妈跟我说，别"狗叔，狗叔"的了，多难听，叫"老叔"，无奈喊惯了，到现在我也改不了口。

狗叔没有同龄人玩，一个人闷得很，又不像我哥有一堆人围着，要什么有什么。八叔的儿子四哥，七叔的儿子五哥，还有纮武，都会来找我哥玩，不会到老姨太院里去找他。看着这边热闹，他当然很想到前院里来。因为我哥，这边玩的名堂也多，他要打篮球，就给买了篮球架；要放电影，就买放映机；要唱戏，就买唱戏的一套……但是我哥他们和狗叔玩不到一起，他们都是上了名校的，狗叔没念什么书，共同语言不多，他们嫌他粗野、流里流气也说不定，不然我哥后来也不会在回忆录里说害怕他，称他是"小霸王"。也许他们之间有过冲突吧，我不清楚。我知道的是有一次打篮球，潘爷拦着不让狗叔一起玩，狗叔挥拳作势，说要绑我哥的票。

也就是说说狠话，吓唬吓唬，泄泄愤。不想这话传到娘耳朵里，她马上紧张了，担心真的出事，居然雇了个保镖，整天跟着，这边出了家门，那边离了校门，我哥走到哪儿保镖跟到哪儿，寸步不离，我哥看电影，保镖也跟着看。我哥那边一放学，就看保镖在门口站着，他的同学都笑话他，他觉得太丢脸了。好在时间不长，没什么事，也就罢了。

和狗叔有关的另一桩事一度是家里的"丑闻"。他因为在家里闷得慌，常到二姨太那里串门。二姨太没心眼，没等级观念，和下人可以打成一片的，对他也没那种歧视，所以他喜欢往她屋里跑，二姨太待他也挺热情。有一天他在二姨太屋里，冬天，生着取暖的炉子，二姨太在给他织毛衣，他在旁边跟她说话，织毛衣要数针子，得专心啊，就没怎么搭理他。他不知怎的就气起来，过去劈手把织着的毛衣夺过来，往火炉上就这么一扔。二姨太屋里有个赵妈，在旁边伺候着的，连忙过来抢救毛衣，狗叔不让，一拳打过去，赵妈就倒下了，鼻子还有什么地方出血了。

二姨太住两间房，就在北屋二楼，和我们在一起的，平时门都不关，只有门帘子是放下的。我在家里无聊，常东看西看的，这天撩了门帘往里看，恰好看到这一幕，现在想起来还跟看电影似的。赵妈流了很多血，地下都是，我吓坏了，赶紧跑开。赵妈躺在地上不起来，嘴里直嚷，狗少爷打人了，狗少爷打人了！把血弄得满脸都是。后来还是叫了其他用人来，把她架到后院去了。后院是用人住的地方。

父亲去世后，家里没了男的，我哥还小，娘性子特别弱，没人镇得住了。狗叔打了赵妈，事情还能怎么着？赵妈就闹起来，每天搬一把椅子坐在后院，高声叫骂，哭一阵，骂一阵，小叔子勾搭嫂子什么什么的，前院都听得见。当然，她就是骂给主人听的。过去都说"寡妇门前是非多"，骂这些，是最让人出丑，最被人议论的。拿她也没办法，其他人劝也没用，她反倒越骂越来劲。后来还是谈了条件，给她些钱，打发走了。

狗叔和二姨太之间根本没那种事，只是他十八九岁，正是情窦初开的时候，二姨太年纪也不大，对他又不错，有点模糊的好感，也是自然的。但是不管有没有不正常的关系，赵妈这么一闹，名声总是不大好。避嫌也罢，讨厌他也罢，总之是不许他到前院来了。

虽然大宅子里上上下下都说狗叔的不是，我对他倒没什么成见，他对我也挺好，我们挺亲的。他后来自己去考试，做了《庸报》的摄影记者。

中旅剧团在天津演出时，他去报道，和演员陶金也成了好朋友，他们之间还通过信。抗战时他到了西安，不知因为什么原因，听说他被抓，坐了牢，可能是思想"左"倾，不然怎么国民党抓他？后来不知怎的又被放出来。最戏剧性的是，快解放那阵，他的相机被一个熟人骗走了。那是他的吃饭家伙，很好的相机，自然急得不得了。听说那人到了香港，他就追了过去，追回来没有不知道，他原来到香港只是为了追回相机，没打算久留的，不想后来就一直待在香港，在那边生活了。他靠自己打拼，还是干摄影这一行吧，在香港站住了脚，娶妻生子，和天津的联系完全断了。他在天津是有家小的，家里包办的那种婚姻。

晚年他到加拿大跟子女过了，和亲戚间又有了联系。他跟杨敏如通电话，听说我骨折了，哭起来。我姐转告我，感到很奇怪，说他怎么还哭起来？我说你跟他疏远，我和他关系可是很好的。再后来我们也联系上了，通电话说起旧事，他忘不了当年每月一次到我七叔那儿去拿钱（老姨太家我们长房养着，每月给生活费），七叔脸色很难看，总是说现在挣钱也不容易，教训一通。他为了拿到钱，每次都硬着头皮站那儿挨训。

狗叔有个哥哥，我们叫他"瑷叔"。瑷叔比狗叔大不少，早就结婚生子了，儿子叫小牛。瑷叔长得很体面，书却没念好，跟些狐朋狗友，花天酒地的，但他太太（我们叫她瑷婶）人却很好，长得也好看。可惜年纪不大就得病死了。是肺病——杨家人夭折多半都是肺结核。后来瑷叔续娶的是小姨子，起初还好，有了自己的孩子以后对小牛就不好了。夫妻关系也成问题。解放后她跟她生的子女在江苏昆山过，不管瑷叔了，瑷叔只好到东北跟小牛过，小牛夫妇讨厌他无所事事，结果把他送进了养老院——只能说是孤寡老人待的那种，条件很差，与现在的养老院不是一回事，不虐待就算不错了，根本谈不上"养"。

瑷叔待得受不了了，大概是六四年或六五年吧，他去上海投奔自己的亲妹妹，我的姑姑杨丽川。没想到在火车上被偷，钱和衣物全没了，只有我的地址。他就在南京下了火车来找我。那时我已搬到鼓楼二号新村，有天正在厨房里忙饭，厨房有门通到外面的，就听到有人喊我。他穿得破破烂烂，我几乎认不出来，几十年没见，当年风流倜傥的，现在是地道的糟老头子了，而且一副落魄的样子。我该让他赶紧洗个澡的，赵瑞蕻拉着脸，不吱声。我西红柿冬瓜地下了一大碗面，真是一大碗，他吃了还不够。赵瑞蕻的脸色更难看了。我只好给了他十元钱，让他买去上海的火车票。

过了段时间赵瑞蕻去上海，到我姑姑那儿去，又遇到瑷叔，他有点变样，因姑姑给他买了一身新衣。赵瑞蕻不跟他说话，他也不理赵瑞蕻。赵回来问我，上次来的那个要饭花子似的人是什么人？我一直没跟他说是怎么一层关系，因为太复杂了，他没有我的大家族生活经历，说了他也闹不清，我也懒得说。

瑷叔在上海没待多久，还是回到了东北。回去之后给我来过一张明信片，上面居然写着求求邮差大人，一定把信送到我手里。当然是说他情况很糟糕，但我能有什么办法呢？据说他最后就是在养老院冻饿而死的。

大姑妈与四姑妈

大姑妈是杨士骧的女儿，嫁到扬州的吴家。吴家是谁，也许是吴棠家，我闹不清，只知道她守寡回到了天津。四姑妈也是丈夫死了回来的，都住在花园街。大姑妈嫁的人家地位高，生了三个女儿，四姑妈没有子女。撇开其他不说，大姑妈也更有发言权，因为是"大姑妈"，行大就不一样，长子不用说了，长女家里人也要让三分的。娘有什么事，若要找人商量，女眷里面，头一个就要找"大姑太太"。

大姑妈主意也多，比如父亲去世后，就是她认为母亲应该殉节。但她不出面说，让四姑妈说。四姑妈对我母亲说起来都是大姐说什么什么，她自己心很善的，我母亲也只恨大姑妈。大姑妈有钱，根本无须娘家养她，后来自己住个小洋楼，还是挺阔气。四姑妈无儿无女也没钱，带一个陪嫁老妈子，住在很普通的房子里，过小家户的日子。

大姑妈、四姑妈和我们平常没什么来往，过年我们是肯定要去拜年磕头的。到大姑妈那儿，磕了头给一个大洋的压岁钱，还有银耳莲子羹吃，沙发前的茶几上摆着好几碟糖果点心。四姑妈那儿就寒碜了，我们一到她总是喊：老猴精，大房家的大姨奶来了，还带着孩子，拿碟子来！过去待客的糖果糕点都是用碟子装的，"拿碟子"就是拿零食待客。"老猴精"是四姑妈的陪嫁老妈子侯妈。她不叫"侯妈"，戏谑性地叫侯妈"老猴精"，叫起来还挺得意。她们一直就两人过，有时也不怎么讲究主仆的界限了，侯妈当着面就驳四姑妈：拿什么碟子？哪有什么吃的?!

但事实上侯妈对四姑妈一直忠心耿耿的。我们背后叫她"老猴精",我对她印象很深,她高个子,嗓门粗,像男的。抗战胜利后母亲回到天津,听说四姑妈和"老猴精"都已经不在了,主仆二人一起饿死的,到最后"老猴精"也跟着主人,伺候四姑妈。亲戚间议论起来,都说"老猴精"是"义仆"。

杨家的人最后饿死,似乎不可想象,但四姑妈主仆真是饿死的。据说大姑妈也是饿死的,如果不是日本人来,怎么也不会是这样。因为日本人发行储备券,只有储备券能用,大姑妈四姑妈她们一下变得一贫如洗了。她们的钱都存中国银行了。这是受我父亲的影响,他不信翡翠黄金,美元也不信,只信中国银行,钱都存那儿。

姑姑杨丽川

老姨太家的人,各房都有点疏远的,没想到比起来,我后来倒是和他们这一支来往多,最密的是姑姑杨丽川。在花园街时,我太小,对这个姑姑几乎没印象,也是因为老姨太他们在后院有个独立的小院,不许我们去,狗叔起先还会到前院来,姑姑是基本不露面的。

我早先关于姑姑的记忆,就是她结婚。像她这样尴尬的身份,出嫁也是桩难事,因为要门当户对不易,杨家也没人给张罗,她又没机会自己认识人。她的姻缘还是瑗叔牵的线,不是他有意牵线:后来的姑父是他的中学同学,到家里来玩,就这么和姑姑认识了。姑父姓宋,家里是苏北的地主,杨家嫌他家土,何况他在老家已经有太太了。

但是姑姑已经怀上了他的孩子,不结婚不行了。老姨太那边和家里谈判——其实也说不上谈判,是求家里答应这桩婚事。起先不答应,问到三叔,三叔说不行。问到七叔,七叔也说不行。姑姑就跪地上哭着求他们。求娘,求七叔，都是跪在跟前哭。最后总算是答应了，焦点是迎亲怎么走。老姨太的小院有通到街上的小门，但出嫁怎么能从那儿走呢？像是偷偷摸摸的。起先是不让走大门，也不让穿过大院的，最后说妥了，不绕着大院走小院的门了，铺红地毯，从大门一直铺到他们小院，大门进，大门出。

婚礼是在国民大饭店办的。我们在家里地位低，边缘的，没叫去。伴娘是俞大杰，俞大维的堂妹。当然是有面子的了，姑姑到晚年还跟我说起过。

姑父没念过大学，结婚后就进了中国银行做练习生，行里给分了一小套房子。姑姑到上海银行做事，我有印象的是姑父那时常往我们家跑，在那里吃午饭。他后来由练习生到行员到襄理，最后做到一家小分行的头。抗战时好像在中国银行西安的分行待过，最后是天水分行的行长。胜利以后他们到了南京，我也到了南京，从那以后我和姑姑才熟起来。杨家的许多旧事，我一是从母亲那儿知道，再就是听姑姑、姑父说得多了。

姑姑他们本来是准备在南京安家的，在芦席营那儿自己盖房子，独栋的小洋楼。那时买房子、盖房子都不贵，他们在银行做事，也有点钱。姑姑喊我去看，我本就喜欢看，就跑了去，看着房子一点点盖上去。后来房子弄好了，他们住进去，我又去做过客，沙发啊什么的都就位了，挺像样的。没想到不久中国银行又招他们到上海去了，他们就在上海一直到退休。南京那房子后来是姑父老家的人住，来了一大帮子，逃难似的。姑姑让我常过去看看，照应照应。我去过一次，发现小孩在沙发上乱蹦，房子里搞得一塌糊涂。我也不好说，以后就不去了。

解放后我常到上海去，不是住在巴金家，就是住姑姑那儿。姑姑他们住在南京西路上的德义大楼，那楼原来是什么洋行的，后来卖给了中国银行当宿舍，在当时也算是高层建筑了。他们住在七楼，乘电梯上下。德义大楼质量很好，看上去也挺气派，当时南京有电梯的房子数得过来，有电梯就已显得很洋气了。但楼里住了太多的人家，厕所、厨房都是公用，后来有间房被人占了去，他们只剩下一大间。有人来了要住宿，就在房间里搭个行军床。我有次去，不知是还没有行军床，还是派作别用了，甚至只好和姑父、姑姑挤在一张床上睡，现在简直难以想象。

和姑姑在一起，少不了说杨家事。老姨太家虽然在花园街实际上是受歧视的，姑姑还是很关心杨家的事。五叔因日伪时在山东当"教育厅厅长"，被判汉奸罪关在南京老虎桥，她就去看过。后来放出来，不久病死了，她也让我跟我哥说，该去吊唁一下，杨家人总要去嘛。我跟我哥说的，我哥很干脆，说他是汉奸，不去！

"文革"以后气氛没那么紧张了，有一次她跟我说，爷爷在淮安当官时，周总理的父亲曾是杨府的师爷，你父亲在沈阳做电话电报局局长，周家也到了沈阳。我说，怎么早没听你说？她说，过去谁敢讲啊？！她这么说，我是不太信的，不然怎么没听母亲和我姐讲过？但我没兴趣也没本事去考据。

母亲倒是说过五十年代初，有个叫"增寿"的，和他母亲从淮安来投奔，说是周家的什么亲戚（到底是什么亲戚关系，闹不清楚），在耀华里住了蛮长的一段时间。他们想到北京找周总理给增寿谋个事做，我姐说，不要去，总理日理万机的。母亲让他们去，说怎么也是周家的人，不会不管的。结果还是去了，我们家早不是过去了，我姐负担挺重的，总在家里住着也不是个事。到了北京，不知他们怎么找的，反正是没见着总理，增寿的事自然是没着落，他母亲给介绍到一个人家去帮佣了。我母亲就嘀咕：亲戚嘛，给增寿找个事又怎么样？我姐一听就打断她，让她别瞎议论。母亲不服，说：我说说还不行？

来凤

　　下人们对我特别好,当然,他们里面和我最好的是丫头来凤。来凤后来活到九十多岁,住在离我这儿不远的四条巷。他们是日本人占领天津后逃难到南边来的,在浦口,后来一直在南京。她先生在铁路上做事,晚年就跟儿子在四条巷,儿子是工程师,在四条巷买的房子。我还到他们家去过,到一起就说当年的事。她问好多小时候的事,问我是否还记得,我都记得。但有一段是不能回忆的,她也不说,就是她被在我家做饭的二师傅强暴,并且一直霸占的事。她就是因为出了这事离开我们家的。

　　来凤进我家时已经很懂事,总该有十岁了,从南方买来的。一起买来的有三个女孩,来的时候都被剃了光头,怕带来虱子,把衣服脱了拿去烧了。当然不是当着人脱,都是家里年纪大的老妈子带着去洗澡。这件事给我印象特深,特厌恶这种买卖人的事,恨那个家,这也是原因之一。

　　三个女孩子取名叫来喜、来寿、来凤,来喜有一点小麻子,不是特好看,来凤大眼睛,白白的,她和张妈伺候我和姐姐上学。我们上学,来凤要起来的,不是她一个人要起,还有别人,我们这房还有一个张妈,凶得要命,拿眼睛一瞪我我就发抖。我母亲不会这么早起,一般早上九点多才起。我们早上吃包子,我姐姐只吃包子馅,把皮扔给我,到现在还是,我和姐姐在北京吃饭都是这样。我吃包子皮多,而且我也喜欢这样吃,因为我总觉得饿。母亲奇怪,甚至于还问医生我肚子里有没有馋虫,怎么什么都吃。医生说饿了想吃就吃。所以后来就让放开吃。我后来得伤寒病也是吃东西吃的。

　　来凤会偷偷拿东西给我吃。我放学回来,来凤就问我饿不饿,那时候她也小,我想吃什么就给我拿。有时她拿面粉做炒面给我吃,自己也跟着吃。听到我母亲从楼上下来,我们就躲在门后头站那里赶紧吃。我母亲大概也看出来了, 就问: "你吃什么?" 我说来凤给我的酱, 于是来凤又倒霉。我母亲就说她, 你给她吃什么呀?! 有一次我放学回来, 我母亲打牌去了不在家, 来凤就说, 想吃什么? 结果买了我最喜欢吃的大饼, 炒一个辣椒炒大头菜。吃这个我特别开心, 因为我们饭桌上没这种东西。吃完那天回来已经不舒服了, 晚上就发高烧, 后来就得了伤寒病, 差点死掉。

我和来凤特别好, 她可以带我去看评剧, 还带我去看变戏法, 都叫我别说出去。可是我在中西的小学教育就是不能说谎的。不问我我不说, 问了就要说, 说出来了来凤就要倒霉。但是我母亲对来凤也是舍不得打, 就是拿手指头戳一下, 说: "就你会带六姑娘怎么怎么。" 然后再说我。反正我们两个总是串通一气的。

有天早上上学, 天特别冷, 来凤没有出现, 我吃了早饭就听说来凤不能伺候我了, 病了。

那时候我在上小学, 听说来凤病了我去看看。她直哭, 我想下午就好了吧? 就走了。等到我放学回来一看, 家里面不得了了。我那时候十岁, 也确实是懂一点事情, 但只是半懂不懂, 就觉得家里有一点紧张。娘在楼下很大声地不知骂谁。估计是骂我母亲, 怪我母亲没管教好, 养的丫头怎么没看出来。

那天我母亲早上起来上马桶, 看到来凤在哭, 心想有病养着好了, 哭什么, 来凤还是哭个不停, 说对不起我母亲——这都是我母亲跟我姑姑说的。姑姑跟我也要好, 为什么我们后来回忆那么多, 就是因为后来我们在上海和姑姑来往得多, 姑姑就和我讲起来。这些事我母亲也没处去说, 只能和我姑姑说, 心里头特别别扭。很快家里上上下下都知道来凤生下孩子了, 这是不得了的不名誉的事, 就非要叫来凤走, 而且不能白天走。

到这时二师傅霸着她已经几年了。她是十三岁那年被强暴的, 家里人都被瞒着, 出了事才知道。她不敢对人说, 也不懂, 怀了孩子都不知道, 别人都看出来她有肚子了，她还叫人摸，弄出孩子来我母亲当然根本没想到。她有了肚子以后那阵子，正好日本鬼子在闹，北平的亲戚都来我们这里住。六婶这个人很坏，经常在我家拿着水烟袋讲是是非非的，就说来凤有病，吐啊什么的。六婶在我家一住好几个月，那时来凤肚子也大了，悄悄问过六婶，所以六婶早就知道。

那天早上来凤就哭着说对不起我母亲。母亲以为她来例假了，因为地上有血。我母亲还说哩："你看你弄得一地血，这也没什么，值得哭吗？等好了起来弄弄干净就行了。"等她说出实情，我母亲听完两眼一黑，站都站不住了。问来凤是跟谁生的，是不是跟四少爷？

四少爷就是我八叔的儿子，比她大，长得非常漂亮。来凤喜欢四少爷，四哥也喜欢她，要不然我怎么说我们家和巴金《家》里写的像啊？来凤就说不是，也不是五少爷（五少爷是七叔家的五哥）。来凤添饭什么的，总想着给四少爷留着好的，到老了她跟我回忆旧事，还老说起她当时叮嘱其他用人："给四少爷多放点虾仁。"这个连我五哥都看出来了，所以一出事，我母亲先就问是不是四少爷。当时还想会不会是我哥哥，心里就更害怕。

到底和谁呢？说是二师傅。我母亲追问，怎么和他?! 二师傅也是安徽人，给大师傅（大厨）打下手的，年纪有三四十了。后来老妈子就汇报了——本来不报的，既然我母亲已经知道了，不说也不行了。我母亲就气老妈子为什么早不说。事实上生的时候老妈子在厨房里拿手指头捅破了窗户纸看到了，孩子就是在厨房后面生下的。

在老方那里生的，老方就是二师傅。他住的地方就在厨房后面，喊了外面缝穷的（北方给人缝缝补补的人，串大户人家。不是给上房的人补衣服，是给这些下人补）接的生。老方事先就和缝穷的说好了，让缝穷的那几天都来转转，恐怕要生了。那段时间我母亲只是觉得来凤越来越懒，不主动做事，只会长胖。缝穷的人给她接生，怕人知道，疼了还不让喊，想来很遭罪。结果生了个男孩。

那个血流得真多。厨房后有个后楼梯，再往后有个小院是老姨太他们住的，他们住得有点挤。生完以后老方赶快把小孩送走，怕有声音让人知道。而后搀着来凤到楼梯那里，老方也不敢上去，来凤自己爬上楼梯，回自己的房间。楼梯上都是血，一路都是血，弄得一塌糊涂。老妈子都看见，就汇报了——是向娘汇报。老妈子姓陈，扬州人，外号陈大肚子，谁也惹不起，就跟潘爷地位一样。老陈汇报了娘，娘气得要命。她一生气就不梳头不洗脸，穿着梳头裙子，骂我母亲：你养的好丫头，你怎么不知道？丢脸啊！我母亲也不敢说话。娘叫来凤走人，我母亲急得不得了，幸好有电话，就打电话叫我奶妈来（我的奶妈就是后来来凤的嫂子）。我母亲和奶妈商量，要是赶出去了，以后怎么办。外头冰天雪地的，很冷，不能让来凤送死。我母亲的意思是该送来凤去医院，但是娘不允许，只好和奶妈说好，晚上雇一个马车把来凤接走。

走的时候好多人在院子里看，我也站在那儿看，印象深极了。我当时觉得来凤走了再也看不着了，舍不得，没想到后来又见到了，老了还在一起说旧事。

来凤走的时候十八九岁，二师傅当然也被赶走了，当天赶走的。走的时候不是要来辞行嘛，行了礼，我娘骂他一顿，拿着小包袱就走了。这都只能是晚上走，不能白天，家丑嘛。我看到来凤的马车从后门口走了，就哭。我母亲在楼上不声不响地擦眼泪。对于我来说这是我们家第二个悲剧，大悲剧就是二姐死了。后来像大公主那种破事我就觉得是闹剧了。

来凤让奶妈接走以后，我母亲还惦记着，楼上她住的地方没电话，楼下过道里有，但在那儿打就有人向娘汇报，所以很不方便。娘是不许家里再和来凤有联系的。来凤在我奶妈那里坐月子，奶妈那里有个小叔子，小叔子也有太太,小家户的。小叔子太太结婚五六年也没有孩子。有一天我奶妈来我家讲,说来凤和小叔子恋爱了,说时很生气。

奶妈是个寡妇,别人认为她和小叔子在一起也有点暧昧关系,事实上并没有。她和小叔子夫妇三个人处得挺好的,都是旧式的。来凤一去,他们觉得是公馆里来的,不能怠慢,我母亲给了钱又千叮咛万嘱咐的,所以对她特别好。奶妈是一家之主,天天给来凤做饭。来凤那时才二十来岁,坐月子被照顾得很好。天天相处,小叔子由同情变成喜欢她了。奶妈知道后气得不得了,向我母亲汇报,我母亲也很生气,我母亲一生最恨的事就是做小,因为她自己就是做小,而我的姨妈后来也做小——这又是一个故事。

没想到小叔子夫妻俩(小叔子姓王,他的原配我们后来称"大王姨",来凤自然就是"小王姨"了)和来凤一起跪倒在奶妈面前,求奶妈接受来凤。奶妈就觉得大王姨没出息。大王姨觉得几年了没孩子,对不起王家,她能接受来凤,来凤也甘心做小。就这样事成了,结果一直还挺和谐。来凤头一个生的女儿,后来又生了一个儿子。大王姨原来不生养的,没想到后来生了两个儿子,照过去的观念,来凤是福人,给王家带来了运气。

来凤的丈夫在火车上当茶房,现在叫服务员,津浦路上跑,后来日本人来了,就在南京浦口安了家,也算逃难。他是带着来凤走的。大王姨没走,留下来看家。我母亲把来凤过去存的首饰都带给大王姨,让来凤带着逃难,她可能也扣留了一些。母亲还偷偷和来凤见过面,是在电影院。我们家都是叫男用人去买电影票,母亲叫用人买的时候旁边空一个位子,等到电影演的时候,来凤就过来。那次带了我去,见到来凤,我挺开心的。我母亲让我回家不要说。到那时我母亲还生来凤的气,她曾经给来凤做媒,找了一个银行的,没想到来凤去做小。在电影院我母亲不停擦眼泪,那以后就没见面,一直到一九三四年,那时来凤一家在浦口,我哥哥出国,坐火车经过南京,在浦口我母亲又偷偷跟她见了一面。

说"偷偷",是因为怕传到娘耳朵里。我是一九四六年到南京后又和来凤见面的。她从浦口过来看我,那时候和我来往多得很。抗战结束后,大王姨也搬到了浦口,三个人一起过,直到大王姨的儿子大学毕业在重庆工作,把她接过去,那以后她就跟儿子过了,再没回来。大王姨小王姨的孩子兄弟之间都还有联系。

潘爷

我们家的用人中,潘爷的资格是最老的。他是绍兴人,一口绍兴话,到老不改。他是祖父从绍兴带出来的,后来跟了我父亲,父亲死后,他就留在我们家伺候。

他的地位在用人中是最高的,没有管家的名分,实际上却是用人的头。大面上的事,都是他管着。起初我对他的印象,是客来的时候他大着嗓门通报谁谁来了。那还是在花园街的时候,客人来了,他从门房那儿就喊"某老爷",穿过月亮洞的门,一路喊过来。不像有些电影里让来人把名片搁在盘子里,却是一手高举着名片,一手撩着长袍的下摆,一溜小跑,一路喊,颠颠的。

厨房里要问第二天吃什么菜,也是潘爷领着厨子到上房来,厨子是不能进房间的。来了就站在门口,等主人点菜,都是潘爷问:"太太明天吃点什么?"娘他们住楼上,从那儿问起。问完了太太问小少爷,后面是大公主、四姐,而后就轮到我们:"大姨太吃点什么?""五姑娘吃点什么?"最后看看点得还不大够,才会问到我:"六姑娘也点点儿什么吧。"问的顺序是决不会错的。问时他毕恭毕敬,上身往前,姿势有点夸张,身后的厨子就站不成那样。

父亲去世后,我们家每况愈下,潘爷一直没离开,直到快解放时,耀华里的家跟早先完全不能比了，他还在那里。关键时刻，都会用上他的，比如大公主嫁到广东时跟去的男用人小田闹出事了，就只有派他跑了去接回大公主。抗战时我们一家都到大后方去了，就是他在照应着娘他们。照过去的说法，他就属于对主人忠心耿耿的"义仆"了。

其他的用人都是两人或三人一间屋，潘爷是一人一间，用人都怕他。我不知道他是什么时候结婚的，他太太我们叫"潘嫂"，南方人，长得小小巧巧的，他自己长得丑。除了在我们家当差，他还当二房东，我们家有一处房产，一个大宅院，叫"春荫堂"，他管着，由他再往外租。

潘爷爱喝酒，每顿都喝，有人说，他生了个傻儿子，就是他酗酒造成的。

他挺势利的，每有来客，他都会从上到下把人打量一番。有些人他是不肯往里带的，像《诗讯月报》的主编邵冠祥来找我，他就把我叫到门房里和人家见面，我们说话，他还不走，就站一边看着。这当然也是因为不能让小姐和男的单独相处。同时也是因为对方穿得寒酸。过后他就说：六姑娘，像这样的人不要跟他来往。若是有钱有地位的人来了，他就很恭敬，还透着兴奋，很赞赏的样子。该和谁来往呢？他说，像颜家了，沈家了，孙家了……这都是些他知道的天津大户人家。

四九年我离家十一年后回到天津，发现潘爷明显老了，早没了早先的殷勤麻利劲儿，当然家败成那样，他原来的那套本事也用不上了，但他的神情还是那样。他对我不大好，大概是我带着俩孩子投奔母亲让他觉得肯定是落魄了，有一次居然对我说："六姑娘这么多年，好像也不怎么样嘛。"

滑稽的是，我的地下党朋友解放后在天津当了官，有天开了吉普车要带我和赵瑞蕖去起士林吃西餐，他们在下面喊，我在上面应，潘爷看见了。回来之后，他就问起，而后就冲我直竖大拇指。

我回南京，是潘爷去送到火车站的，我带着俩孩子嘛。临走前，母亲叮嘱我，要记着给潘爷赏钱。我惦记着这话，到了火车站就给他，他立马就单膝跪下，一手触地，说："谢谢六姑娘！"清宫戏里奴才说"嗻"的架势，吓我一跳。这还是过去领赏钱的一套，已经解放了，车站里当着那么多人，这是哪儿跟哪儿呀?!

潘爷死的时候是孤零零一个人，潘嫂跟女儿到西安去过了，也不知为什么留下他一人在天津。老了，没人管他——大公主都没人管，谁还管他? 我们家穷了，他也没钱，只剩下一个我父亲给的金表，没事拿出来看看，后来金表也没了。潘爷死在大公主之后，也很惨，说是从床上掉下来，眼睛睁得很大，表情狰狞。

池太太

池太太的丈夫叫池石青，是个医生，在天津小有名气，自己挂牌开诊所。我们家在耀华里一条，他的诊所在六条。夫妻俩都是广东人。池太太是中西女校毕业的，想着要帮助自己的弟弟妹妹，就出来做事，当家庭教师。那时我们几个都念书了，都是英文学校，姐姐和我在中西，哥哥进了新学书院。家里原来有个老先生，这时辞了，要补习英文。母亲的要求是，不要男的，女的要年纪大些，池太太正合适。

池太太叫徐剑生。还没见过面，我哥就拿她名字对上对子了。学作诗，先要学对对子，他喜欢，来得特别快。那天是有人来告知，教英文的先生请好了，母亲就问叫什么，回说叫"徐剑生"，我哥听了，脱口就说，可以对"快枪毙"。我姐特爱说这事，一是佩服哥哥，一是她有点讨厌池太太。后来对对子这事传来传去，不知传成了什么样，有部电影里把它安到古人头上去了。我哥看到乐坏了，说那是我说的嘛，我成古人了。

池太太长得很漂亮，广东人的那种漂亮，照片上看，像香港电影明星。她平时倒是不怎么打扮的。她特别喜欢我哥，对他特别好，也算是一种爱吧。我哥那时十七八岁，没什么反应。好多年以后我姐对我说，当时我无意中为家里办了件好事，立了一大功：池太太教了我们一段时间后，有天母亲问我们，先生怎么样啊？我说她偏心，就对哥哥好，我们的生词，她在下面画了道让我们去查，哥哥的她都给查好了，注上中文。我当然没别的意思。母亲留了个心，防着她和哥哥之间单独接触。

母亲让我哥认池先生和池太太做干爹干妈，我哥后来分析就是为断了她这个念头。好像池太太起头还不愿意，她觉得自己这么年轻怎么就当干妈了。我母亲叫徐燕若，她非叫我母亲改成徐剑若，因为做了干妈就是要平级啊。我母亲很不高兴，徐燕若是我父亲起的名字，因为母亲个子小，也缠脚，所以是"身轻如燕"，怎么能乱改？

有一年夏天，我们去香山避暑，母亲带着我们兄妹仨，还有池太太，借住的是熊希龄的别墅。那段时间池太太和我哥老在一起，弄得我哥不大跟我们玩了，我和我姐就特别烦她，也是一种嫉妒吧。有什么不对头的，我姐就及时汇报给母亲。

那天早上骑驴，我们雇了四头驴子，最好的驴子是给我哥哥骑，我们一人一头。我哥哥老跟池太太两个人骑驴在前头，我和我姐姐两个人在后头。有一次又是这样，一转眼两个人就没影了，气得我一个人骑驴瞎走，一个人到了"鬼见愁"（"鬼见愁"离我们住的山庄很近），我就在上头大哭，在家里是没有资格大哭的。哭哥哥给人抢走了，我又不能嫉妒（我曾经信过教，按照教义，嫉妒是一宗罪），我只能生气。哭够了以后就拿一个小树枝在地上写"人生自古谁无死，留取丹心照汗青"，非常幼稚可笑的。后来我姐姐找到我，一看地上我写的字，就问我怎么了，我生气但是又说不出来。姐姐要我跟她回去，我从来都是怕她的，就乖乖地回去。回去以后姐姐也没和别人说。我是一时犯怪，也不是真的要自杀，就是觉得池太太老是缠着我哥哥，我生气。

在香山，母亲和我哥一个屋，我和姐姐加池太太住一个屋。有天晚上月亮特别好，池太太喊我哥出去看月亮，我哥套上衣服准备出去了，母亲说，不许去。就没去。之后母亲还把我哥大大地教训了一通。

一九三四年我哥哥去英国，池太太也要去送，还有我哥哥出去穿的睡衣啊什么的，她都张罗着做。后来我想一个人老是给男的张罗着做睡衣这种，是一种不正常的爱，关心得过火了。我母亲也别扭，就说你不要操心。我们家那时候也见过许多外国人，也懂得这些，我母亲就觉得弄这么多睡衣去了外国也不一定合适，不如去了买。

后来送我哥到上海，从那儿乘船去英国，池大夫池太太当真去送的，和我母亲一起。哥哥出国后池太太给他写信，好多封，他都没回。之前母亲叮嘱过的，不许和池太太通信。当然我哥心思也不在这上面。

池太太便给我写信，信里说哥哥不回她的信，她怎样寂寞，很多感伤的话，还说现在我是她最亲近的人了。我没回信，心里想，我一人在昆明，没大李先生（李尧林）的音信，我还寂寞呢。

得知池太太死讯时我也很难过，也有一点内疚吧，还写过一首十四行诗纪念她。

她是自杀的。

中西毕业后她和池医生订婚，婚后感情大概一般般吧。池大夫挂牌子出诊，很有名的。池太太教书，本来还兼别的家教，后来也不做事了，家里也很富裕的。池大夫有一帮上海同学都在天津的德国医院，也都成了家，池大夫既在德国医院上班也出诊。夫妻俩经常吵架，因池大夫老是不着家——也不是在外过夜，但是会回来很晚。池家有一个陪嫁老妈子，还有一个姓赵的车夫。

后来车夫就告诉陪嫁的老妈子,说是大夫经常到一个地方,那家只有一个女的。老妈子就告诉池太太了,池太太当然要追问,池大夫就完全坦白了。池大夫原来在上海做大学生的时候,这个女的是个舞女,他和舞女恋爱同居了,还有个孩子,孩子后来死了。他们不可能结婚,那时候他已经和后来的池太太订婚了。

问题是池医生后来在天津又遇到了初恋情人,那女的有段时间是在舞厅里做大班,赚了些钱,不干了。不知怎的又和池医生遇上了。她身体不好,池医生有时就给她看病,可能也没什么的。池太太当然不这么想,就打听、跟踪,堵上门去闹。池医生说,都是过去的事了,现在她有病,病总要看吧。池太太还是闹,两人关系就更糟糕了。池太太认定池大夫结婚前就和那女的好,她特别在乎处女处男什么的,一想就伤心,一伤心就闹,有事没事当一个话柄亮出来,还和池大夫的朋友们说。朋友们都是同学,本来也都知道。他们夫妇一直没孩子,这时池太太怀上了,也没跟先生说,就自己把孩子打掉了。池先生很生气,以后就常在外面打麻将,不回家。池太太脾气越发不好,精神上也出问题了,老要自杀,吃安眠药。家里开着诊所,根本不用外面买去,诊所里雇了个护士,说睡不着觉,跟她讨就是了。池先生说不能吃多,她也不听——本来就想死嘛。大概有六七回这样的事。有一次池先生晚上又在外面打麻将,下人来说,太太吃安眠药了,他已疲掉了,没当回事。拖一阵回去,池太太人已经过去了,没救过来。

那天正好是八月节,池太太穿着当年结婚的中式黑缎子绣花礼服,化了妆的,是真的寻死,也真的死了。这么一搞那就不得了,报纸上也登了。池大夫哭得不得了,把头剃了,说要做和尚,总之很伤心,很后悔。池太太死后搞大出殡,排场很大。这事之后他的诊所就走下坡路,门前冷落。他的诊所和家在一处,死人的地方晦气,瞧病的都不来了。

雷音写《杨宪益传》，写到了池太太，似乎她是我哥的初恋。我哥对她好感是有的，她对他好嘛，恋爱恐怕说不上。香港记者就更离谱了，把两人的关系扯上《红楼梦》里的贾宝玉和秦可卿，非要说成"初试云雨情"似的。哪有这回事呢？我哥也懒得辩，他一向是这样的，总说"爱怎么说随便"。

●● 祖父杨士燮居家照片

●● 关于杨家，这是我手里有的最早的一张照片。原来家里有好多老照片，怕惹麻烦，烧了好多好多。这一张是杨宪益的长女杨荧复制了寄给我的。看得出来是撕过的，拼合到一起，为什么会撕掉，又是怎么找到后"复原"的，一概不知。

合影正中坐着拿烟杆的是祖父杨士燮，与他同坐第二排的是他的三个弟弟与老姨太，他左边是杨士骧，其他的我就对不上了，包括杨士琦。五兄弟里少了谁，我也不知道。他们膝下是老姨太生的子女，从左到右依次是本书中提到的"狗叔"（十八叔）、姑姑（杨丽川）、"瑗叔"和小姑（他们虽然年幼，和后排站立者倒是同辈，只不过不是爷爷正妻所出）。小姑因基本没来往，没什么记忆，印象中她是参加了革命的。

后排站立的是我父亲这辈的，杨家"毓"字辈的，唯独没有父亲，因这时他已去世了。从二叔到八叔，我只认得出七叔一个。

●● 这是我在照相馆拍的头一张相片，时间很好记，是快"脱孝"的时候，一九二二年，我虚三岁。"脱孝"就是服孝期满之后除去孝服。服孝时间长短因人而异，关系越近的人服孝时间越长。我们给父亲守孝，是三年。原先的照片是娘、大姑妈、大公主、二姐、杨宪益、杨敏如和我的合影，六寸的大相片，不知谁剪成这样，像我的单人照了。孝服是白色或黑色，不能穿红戴绿，脱了孝才行。照这相片，也是脱孝的纪念吧。娘人很宽厚，原是她和大姑妈带她生的两个女儿照的，结果让我们一起照了，我们算"杨家骨血"，但母亲是没有名分的，她领着我和我姐去，到时只站在一边看，相片上没有她。大姑妈、娘、大公主、二姐，还有我们兄妹三人，第一次"同框"，过去从未有过。母亲不在其中，对这张照片却特别看重，因为三个孩子和娘生养的孩子一起照相，还有在杨家地位不一般的大姑妈在内，意味着我们都被家族认可了。这也是一种"另眼相看"，因这次照相并不是"全家福"，二姨太生的四姐就被撇开了。对我们另眼相看，当然是因为杨宪益，但不管怎么说，母亲是高兴的。

照相馆里时兴假风景照，按照相馆老板的安排，大公主、二姐坐倚在假山石上，我和我姐坐在前面假的草地上。老板还拿了道具来，一只玩具狗，我以为是给我的，很开心，伸手就要，没想到他从我面前走过去放在我姐身前，而后拿了个有缎带的巴拿马草帽放我面前。我没得到狗，很生气，一脚把草帽踢到一边，老板再拿过来，我又一脚踢开。老板笑说，六姑娘那么点大，还有脾气哩。母亲就过来哄我，说以后我们自己照相，她让我抱着狗照。这样我不再踢开草帽。生的气不是挥之即去的，所以照片上还是气鼓鼓的样子。可惜母亲很看重的那张认可我们加入杨家的照片，反倒不见了。也许是"文革"时烧了。

●● 母亲的确也兑现了许下的话，单独带我去了照相馆，关键是让我抱着狗照了一张。狗是假的，道具狗，我特别高兴，喜笑颜开。

●● 旧俗守孝是三年，这三年也不是一直戴孝，只是要穿素净的衣裳，不能穿红戴绿。三年期满，叫"脱孝"。这张照片就是脱孝时母亲领我在照相馆照的，这是正式脱孝了，母亲二十六岁，我三岁。第一张照片还是非正式，穿的衣裳是素色的，这一张黑白照片上看不出来，我的棉袍是玫瑰红的面料，为脱孝特意做的。

●● 照片上的新娘是我母亲的妹妹，我的姨，新郎就是得败血症死去的那个，姓查。他们有一个女儿，叫"小莉"，比我小不了多少，姨患肺病去世以后，母亲心疼她，接她到我们家来住过一阵子，直到抗战时离开天津去大后方。小莉后来是跟着那个牙医高纯一过的，不知她何时参的军，只知抗美援朝她去过朝鲜的。我在《诗讯月报》上发表的一首诗《可怜的秋香》，其实就是写小莉。当时母亲在家里常长吁短叹，说小莉无父又无母，可怜。照片上的伴娘就是包小姐。

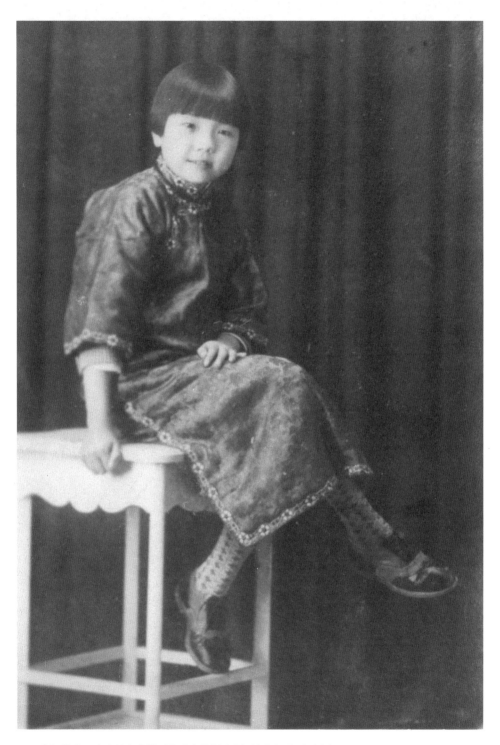

●●大概是第一次专门为我做了件讲究的好衣服，母亲便让照了张相。

● ● 上小学时的照片

● ● 小学时在一家日本人开的照相馆拍的。应该是"九一八"之前,那以后我们就不去日本照相馆了。

● ● 我们兄妹仨和七叔家的杨灌如(杨纮武的姐姐)。七叔和我们家来往最密,他们姐弟自然也常和我们玩在一起。杨灌如小我姐一岁,大我两岁,我喊她"阿武姐",外人听了以为是"阿五",其实不是。她行三,上面是两个姐姐,一连三个都是女孩,七叔当然盼着生个男孩,我哥他们这一辈凡男性名字都有个"武"字的(杨宪益原名是"杨维武"),喊她"阿武",等于把她当男孩。阿武姐、我姐差不多大,在家里不受重视,也不大想到给她做新衣,母亲给我姐做新衣裳,常连带着给她也做一件。

●● 八几年回天津参加中学校庆，赵蘅陪我转了兆丰里旧居，门牌号码没变，但很破旧了，阳台上堆了好多蜂窝煤和杂物。后来据说那一带都拆了。

●● 昭明里那个家。我的人小到看不出是谁。房子左半边是我们家，这一边的门是通厨房的。

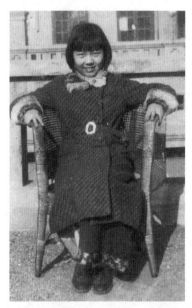

　●●　刚搬到兆丰路兆丰里二号那段时间我哥和我很兴奋，在二楼的露台上照了好多照片，多半都是他给我照。抱着"小花"这张就是他拍的。这是他摆弄照相机最起劲的时候，刚有了"方盒子相机"。原本应该是四方形的照片，因为是120相机，双镜头的，不是眼睛贴着相机，是手托着相机眼睛向下看画面。杨宪益出国后这相机就归了我，从天津到昆明，再到重庆、南京，一直带着的。只是有了孩子后，就不大想起拍照了。

　　除了露台，我们特别喜欢的还有卫生间，杨宪益就爱边洗澡边大声唱歌，唱够了才肯出来。他在家是走哪儿都有人伺候的，洗澡时用人就在外面等着，好多回在走廊里看潘爷站那儿，杨宪益在里面唱好莱坞电影里的歌，一首接一首，他也没办法，无奈地赔笑候着。

●●● 大公主的照片一张也找不着了，但我和我姐的这张合影倒是和大公主有点关系，是大公主第一次结婚时拍的。大公主的婚礼我们当然得参加，参加婚礼照例要做新衣裳。那次不光是一身新衣，鞋也是新做的。是定做，鞋匠挑着一大堆家伙上门，让挑选样式，量尺寸，看脚形，而后回去做。从头到脚一身新，婚礼完了之后，就去照相馆拍照。大公主和我都属羊，她大我一轮，她第一次结婚十九岁，推算下来，我那时应该是七岁。

●● 杨宪益一两岁时。原来的照片是两人的，在马车上，他坐在母亲和父亲中间，父亲抱着他照的，照片被什么人裁过之后，只看见父亲搂着他的那只手了。虽然因生了杨宪益为杨家立了功，父亲也喜欢母亲的性格，但他们三人在一起的机会很少，也没在照相馆合影过，即使母亲在场，限于姨太太的身份，她也不会和父亲"同框"。印象中她也没有和杨宪益单独的合影——我哥是属于娘的。母亲和我们兄妹合影是后来的事，那时杨宪益已经大了，家里规矩也不那么严了，而且与单独和我哥照"性质"也不一样。

照片是杨宪益给我的，他对什么东西都是乱扔，或是随手送人，他知道我喜欢收入东西，如果我在，总是会问一声："这个你要不要？——要就拿走。"这张照片原是一个外国朋友放大了送给他的，时间应该是一九八九年以后，上面的字"The Honourable Yang."（"令人钦佩的杨。"）是那个朋友题的。是从哪儿搜出这么张照片，我就不知了。

●● 少年杨宪益

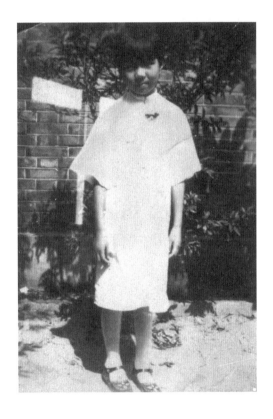

●● 花园街院内，这是在前院。那时我伤寒病大病初愈。不是有意剪成男孩头——没这发型的，是病中头发不剩多少了，干脆剪成男孩头，这时还短短的没长起来。

那可能是花园街那个家最热闹的一段时间，四哥到天津来念书，和杨宪益、七叔家的五哥都上新学书院，常一起在我们家玩，我往往是他们喜欢捉弄的对象。摆弄照相机，他们就让我摆pose，不止一次，四哥让我背身扭过头让他们照，说是"回眸一笑百媚生"，这套把戏玩了不止一次了，我是都配合的，他们一边拍，一边就笑得前仰后合。

●● 一九九三年寄给杨宪益的生日贺卡。杨宪益晚年喜欢写打油诗，我觉得好玩，有时学着诌几句，也算唱和。"哥der"可以说是一直叫到老了。杨宪益有首五言诗题丁聪给他画的漫画肖像：

少小欠风流，而今糟老头。

学成半瓶醋，诗打一缸油。

恃欲言无忌，贪杯孰与俦。

蹉跎惭白发，辛苦作黄牛。

贺卡上这几句可能就是读了之后诌的：

杨门虎子爱打油，信口拈来随手丢。

打油打了一大篓，洒遍人间且消愁。

敬告老兄尽管丢，小妹愿做拾油妞。

来日你我弃世去，凤去台空江自流。

我哥我姐都喜欢旧体诗词，自小的训练，做得好。即使是打油，也讲究平仄对仗，有底子的，我的打油是顺口溜，好玩而已。我喜欢的是新诗，他们是不属的。小时半通不通念几句旧诗，常被他们笑话，这里的"凤去台空江自流"是有"典故"的：家里的狗"小花"死了，他们作诗纪念，要我也来一句，我憋了半天说不出来，最后冒出一句"凤去台空江自流"，他们乐坏了，逢人就当笑话讲。教我们作旧诗的老先生（主要是教我哥我姐，我是跟在后面凑热闹的）特别欣赏我哥，记得有年冬天让我们作首诗，我怎么也写不出，好不容易说了句"独坐窗前望，纷纷白雪飞"，下面就没词了，我哥就小声提示我，"梅花寒彻骨"。再往下又接不下去了，总得诌它呀，最后憋了句"美酒饮一杯"， 老先生点点头说，也还可以。意思是凑合着也算完篇了。杨宪益在旁边咕哝一句，"凛冽早春归"。老先生高兴了，赞道，你看看你哥哥写的！

杨宪益打油的兴致很高，但从来不当回事，写了就丢，不好好留着，他后来出版的《银翘集》，都是别人搜集整理的，他写下来给我的，或是在信里的，我都替他收着的，所以自称"拾油妞"。

●● 这几张照片是杨宪益出国前给我拍的。不记得在哪里，只记得他让我两手叉腰，还要我"凶一点"，也不知是恶作剧，还是他要什么效果。

●● 杨宪益出国前母亲与我们兄妹的合影。杨宪益过去是平头，这时头发梳上去，留大背头了，当时流行的发型，要抹凡士林的。

最近赴平吉祥新进之演出女伶杨继娜戏象二幅
（右：大英杰烈，左：尼姑思凡）

●● 四姐杨聪如的照片登在《北洋画报》上。《北洋画报》上有"戏剧专刊"，上面有伶人介绍、演出的信息，还有剧评。我印象里有一期整版登了她的照片，还有她的毛笔字"艺术至上"。

《北洋画报》《大公报》《益世报》上都登过四姐的演出剧照，开始称"名票""女名票"，后来在上海就改称"坤伶"了。

●● 这张照片上没我姐，原来是母亲要带我们三个一起去照相馆的，她发脾气不肯去，以为她不去就都不去了，母亲很生气，撇下她，带我哥和我去了，照片上还是生气的样子。杨宪益总是满不在乎的。

●● （右页图）母亲领我去照相馆照相，常常是因为做了或买了新衣服。但照片上我穿的这件旗袍原先并不是我的——原本是替我姐做的。一样的式样、布料做了两件，一件是给杨灃如的。我姐最烦穿一模一样的，说她不穿，不要了，于是就给了我。这时我已上高中，穿了也没啥不合身的。

●● 年轻时的罗沛霖。这时他可能还没上上海交大，头一次在香山梯云山庄见到他时，他差不多就是这样子。我印象特别深的是他的发型，我姐和我背后笑话他，说前面像个桃子。

●● 杨敏如

● ● 我们一家和池医生夫妇。戴眼镜的是池医生，他前面坐着的是池太太徐剑生。这是在认池太太做干妈之后我们一家和他们夫妇俩专门到照相馆拍的，也算是一种"正式"吧。

● ● 一九三四年母亲领我们三兄妹在北京（那时称"北平"）香山消夏时拍的，池太太跟我们一起去的，母亲身后的就是她。时间太久，记不清当时的情形，但我怀疑是在香山附近的照相馆拍的，不是实景。香山游人多，可能是有照相馆的，而且画面上太像布景，我们的位置安排也像照相馆里的一套。

●● 母亲领我们姐妹还有七叔家的杨灌如在池太太家做客。池太太家楼下是诊所，二楼居家，这是在二楼的客厅。照片当时就没洗好，原本右边茶几那端沙发上还有池太太的母亲，给洗没了，只剩下个影子。再加上时间太长，受潮霉变什么的，更模糊不清了。照片上从右到左依次是我、母亲、杨灌如、杨敏如。

●● 母亲、池太太、我姐和我。母亲和池太太到上海送杨宪益到英国留学，回到天津后在照相馆照的，她过去是我们的家庭教师，这时我们念中西，不用家教了，但来往还是挺多的——母亲已经让我们认了她做干妈嘛。

第二章

中西十年

"中国地"的中西

我是八岁上学的，进的是中西女校，我们都称中西。当时天津的教会女校有两所，中西是一所，还有一所叫"耀华"。那之前我在家里已经开始认字了——家里请了个老先生教。主要是教我哥，因家里不放他出去上学。我跟那儿是捣乱去的，就坐旁边，他们总是让我老实点。写毛笔字，我姐好好地练，描红，我不好好描，把一格一格的都画上小人了，母亲从那时起就一直说我读书不用功。

上中西是我母亲奋斗来的。原先家里不让上，关在家里念书。你想啊，我哥都不让上学，还用说我？后来哥哥让上学了，我姐和我还要再去争，重男轻女嘛。我娘生的两个女儿都没上过学：大女儿上过一阵，不想上，就不上了，小女儿根本就没进过学堂。我们是庶出，有她们比着，照理更没机会。可母亲认定了我们非念书不可，我们得给她争气，得有出息，有出息就得念书，而且要念就要一直念到头，上完小学上中学，上完中学上大学，我哥哥当然还得留学。她一辈子就这么想的，她自己只上过小学，没念过中学，特别看重念书，也不知道什么就算念到了头，起初以为念完大学就算"到头"了，后来知道往上还可以念，就让我姐燕京大学毕业了以后再考研究生。我是大学本科毕业，家里学历最低的了。

中西女校，全称"天津中西女子中学"，是美国的一个基督教教会——美以美会办的。美以美会是个比较开明的教会，宋庆龄就是从美以美会办的学校出来的。美以美会在中国办了不少学校，燕京大学、金陵大学，还有金女大（金陵女子大学），都是。中学就更多了，校名则只有男校、女校的区别，男校都叫"汇文"，女校就叫"中西"。我从上小学起就在中西，小学部是附属于中学的。

从家里到中西路挺远的，我们住在租界，中西在"中国地"——也不知怎么叫起来的，反正天津人把出了租界的地方叫"中国地"（日本租界叫"日本地"）。有一阵电视里放一部连续剧叫《中国地》，我和姐姐在电话里说起来都笑，因马上想起小时候学校在的那地方。中西一九〇五年就有了，原来在租界，后来地方不够用，就在南关下头建新校区。有租界的城市，像上海、天津，教会学校一般都在租界里，中西这样原来在租界又迁出去的，绝无仅有。

美国教会办的学校，怎么不在租界，在"中国地"呢？因为其他列强都有租界，美国人是没租界的，当然没租界可以在别国的租界里办学，上海的中西女校就在公共租界。问题是天津后来租界也没地了，教会就在"中国地"买地建学校。当然，"中国地"的地价比租界便宜得多。教会也做慈善，他们还在"中国地"办过一所"慈佑"学校，不收学费，上学的是周围穷人家的孩子。但中西不是慈善性质的。

刚上中西时，我们家还住在花园街。花园街在日租界，我和姐姐上学，都是坐黄包车去，到中西差不多要穿过整个日租界，至少要二十分钟。后来家搬得越来越远，先是法租界的兆丰路兆丰里，后是英租界伦敦路的昭明里，再到耀华里，路上的时间就更长。一路上过去，可以明显感到租界之间、租界和"中国地"的差别。不同的租界不一样：英租界、法租界治安很好，干净整洁，人也礼貌，到了日租界就有点紧张，日本人还会闹事，醉鬼常见，容易出事。母亲吩咐车夫，过日租界别东张西望，别大声说话，让我们也别坐在车上指指点点的。

"中国地"比日租界更脏乱，晴天尘土飞扬，雨天泥泞陷脚，一路过去，破破烂烂的。也可以说中西就在贫民窟里。但是一进中西就不一样了。挨着中西还有一个妇幼医院，也是美以美会办的，外国人看病都在那里。中西和妇幼医院连成一片，和周围比起来反差太大了，都是洋派的建筑，环境很好，进到里面，就跟到外国似的，和周围反差非常大。

贵族学校

中西的校园漂亮极了，设施也相当完备。校门就很别致，很厚实的门洞，有一个尖顶。进去迎面是一座狭长的教学楼，一层二层都有长长的过道，很宽敞，铺着大块方瓷砖，敞亮洁净。楼上楼下都有大讲堂，里面一排排的桌椅都是固定在地板上的，桌椅连在一起，是一体的，像好多教堂里的那样。桌子可以从上面掀开，墨盒、尺子什么的往里放。楼下有大的图书室，中英文图书都有，暑假可从这里借英文小说看。又设有几排长桌，比课桌宽绰多了，要画地图或为恳亲会写供展出的书法什么的，我们也会到这里。三层有化学、物理、生物实验室。那些玻璃试管、器皿什么的很齐备不用说了，上生物课，每人有一架显微镜可用，那个年头，挺奢侈的。手工、图画有专门的课室，都在三楼。三楼最吸引人的是琴室，几架钢琴分别放在几间小室里，供学生练琴，轮流着用。教学楼的右侧是大操场，从为小学生准备的转盘、跷跷板、秋千到排球场、篮球场、田径场，应有尽有。

和前面提到的教会做慈善的"慈佑"相比，差别很明显。那所学校我去过一次（中西的学生会到那边去做义工，也算是实习），校舍和一般公立学校差不多，比中西简陋。单说冬天，中西有暖气（烧水汀的那种），就没有几所学校比得了。

当然，中西是要交学费的，加上书籍一学期八十几大洋，这是走读的，要是住堂就要一百多了。这可是够贵的，当时一袋洋面两元钱，我们家女用人的月钱也才两元钱。学费贵，娘说过，我母亲也嘀咕过："怎么那么贵?!"但我们这种家庭，只能上这样的学校。像南开中学那样的，都是男女同校，娘和母亲都认为，男男女女在一起，成什么样子？那就只能上女校了，天津的女校，只有数得过来的几所，所以选择中西几乎是自然而然的。

这些年老有记者采访，写了登出来，喜欢拿"贵族"说事儿，很烦。不过现在我想想，中西倒的确是一所比较贵族化的学校。顾维钧大使的女儿是我姐姐好朋友。颜惠庆的二女儿是我好朋友，大女儿是我姐同学，三女儿前两年我们还聚了，现在去世了。反正都是这一类的，还有朱启钤的女儿，朱当过北洋政府交通部总长、代理国务总理，也做过督军、开滦矿务局的头儿……多了。九一八事变后马君武有首讽刺张学良不抵抗的诗"赵四风流朱五狂，翩翩蝴蝶最当行。温柔乡是英雄冢，哪管东师入沈阳"，广为传诵，里面说的"朱五"就是朱启钤家的五小姐，她和赵四小姐都是上过中西的。

上中西的，家大都在租界，上学就有车接送。放学的时候，各式各样的车在校门口候着。有小汽车、马车，还有黄包车。我和我姐都是坐家里的黄包车，从八岁到中学毕业，只要去学校，从不让自己走了去。黄包车天津人叫"胶皮"，也叫"洋车"。"胶皮"指有橡胶轮胎的人力车，车轮上用的充气的橡胶轮胎是从外国人进来以后有的，所以也叫"洋车"。

我记得同学里只有一个叫冯德福的，家是在"中国地"，就在学校那一带。她一开口就是天津土话，我们都觉得挺好玩的。天津话我们当然懂，也都会说，但平时不大讲，在学校就更不会讲，都是说国语。除了一口天津话，冯德福的穿着在同学中也显得特别，尤其是冬天，她穿件大棉袄，紫红的——我记得只有她一个人穿棉袄。

教学楼的楼下有个衣帽间，天冷了穿来的大衣、戴的帽子都先脱下挂在那里，还有雨伞什么的，门房给发个铜牌，放学时再取。我姐记得张勋复辟那阵，他的辫子兵要抓剪了辫子的女生，于是衣帽间各种花色的帽檐下面，都多出或一根或两根光溜溜的假小辫来。我上学迟，没见过这个。印象深的是各种样式、各种衣料的大衣，有呢子的，有皮的。大多是呢子的。我母亲给我做了件皮的，父亲虽然去世了，老底子还在，各种皮子有好多，又不用专门去买，母亲还说别显得特别，用一般的皮子得了，她以为不用狐皮、貂皮，就算普通了。

大衣都挂在那里，冯德福的紫红大棉袄在中间就很抢眼了。大家都觉得稀奇，她的家境从这棉袄也就看出来了。我现在想想，我们也没有瞧不起她。她经常跟我们在一起，小女孩嘛，都爱在一起玩儿。她总是从家里带很多小玩意儿分给大家，比如我们叫"便条本儿"的，就是notebook，她就送我们很多，她家里好像就卖这个。她家好像是小业主吧，开小铺子的。只上了一年，她就没再来了，可能还是学费太贵，家里供不起。

男老师与女老师

中西是女校，教师大多是女的。外籍教师对外都称"某教士"，比如中文名叫范爱德，就称"范教士"，中文名叫"施某某"（想不起她的中文名了），就称"施教士"。我们学生喊她们，则是"Miss范""Miss施"。她们都没结过婚，都是老小姐。

做庶务（现在叫"后勤"）的都是男的，像门房、打扫卫生的、会计、烧锅炉的，都是。上高中时有天下午我们几个老生放了学还在玩"十步走"、跳猴皮筋，忽然听到一声响，吓一大跳，就见锅炉房里跑出几个人，脸全漆黑，就两眼睛泛白，跟黑人似的。原来是锅炉烧干爆炸了。几个人出来就猛咳，还往外吐痰，吐出来都是黑的。后来那几个人就再不见了，大概是被开除了吧。

教师里也有男的。像校工这些，平时都是不打交道不说话的，男老师当然不一样。教会学校，是特别讲男女大防的，对男教师和女生的接触特别注意，尤其是住在学校里的男老师。好像也没什么明文规定，但男老师的宿舍我们绝对是不进去的。男老师都住在一个小院里，砖地，平房。我们若是找他们，就站在门外喊，不能跨过那个门槛。我记得有一次找教高中语文的高玉爽老师，我们忘了这茬跨进去了，高老师连忙说，"到外头，到外头说"。坏了规矩是有可能丢饭碗的，饭碗可是头等大事。

但是恋爱这种事是任你采取什么措施也防不住的。中西好像没出过什么师生恋的实事儿，单恋也算的话，肯定就有了。传得最多的是叶香芬的事。她喜欢上了化学老师管善堂。管先生长得很帅，课也讲得特别好。有一天，我们在教室里上课，听到走廊里传来尖叫声、大哭声，是叶香芬。这下事情就传开了，她大哭大闹，我们猜是她给管先生写情书，管先生把情书交上去了。叶香芬后来休学了，精神出了问题。管先生也离开了中西，是他自己辞的，还是学校让他走人的，不知道。也许是学校把他辞了，虽然学生单恋又不是他的事。

他还有个助手姓蒯，在实验室里帮助摆弄瓶瓶罐罐和仪器。小年轻，就十七八岁吧，我们不会念"蒯"字，读半边念"朋"，叫他"小朋"。他喜欢上了我同学陈秀珍。陈长得好看，唱歌好听极了，说话也好听。谁都看得出来，"小朋"对陈秀珍"偏心"（这是我们习惯的说法，对谁好，我们就说对谁"偏心"），在实验室，要是几个人同时嚷着要他帮忙，他肯定是帮陈。当然话就传开了。后来"小朋"和管先生一样，也从学校消失了。

解放后我有次在北京，到东安市场买东西，碰巧遇到了管先生，他还是那么帅，笑嘻嘻的，一口京腔。我说管先生怎么不教我们了？他那时早已结婚了，太太就站在旁边，抱着孩子，他没回答我，寒暄了几句就分手了。

中西的课程，可能并没有一定的划分，男老师教什么，女老师教什么，事实上却是更带洋味的课女老师教，男老师教的是国文、"党义"这些，管老师算是一个例外。

比起来，女老师的待遇更好。当然是外籍教师的工资最高，但是都是中国人的情况下，女老师的工资也比男老师高，这和毕业的学校有关，女老师都是教会学校出来的。（在中西，即使是男老师，工资也比别处高，所以他们特别小心，以免丢了饭碗。）

能上得起教会大学，家境都是不错的。过去北京流行一句话，"北大老，师大穷，燕京清华可通融"，说的是选女婿的标准，燕京、清华出来的，学业、家世应该错不了。清华要求高，难考，学生特别拔尖，有不少寒门子弟，燕京学费很贵，一般人家上不起，就更需要家庭背景了。也不光是燕京，上海的圣约翰，南京的金大、金女大……凡是教会大学，都贵。当时国立大学一年的学费是二十四元钱，私立大学得要四百，教会大学更贵。女孩也送进去念书，家里愿意供，供得起，当然得有钱。我们的女老师家境普遍要好于男老师，这从穿着上就看得出来，女老师都穿得讲究，男老师都穿得马虎，甚至能看出一点窘迫。

范绍韩老师是结过婚的，中年人，家住在外面。男老师里面，我只去过他家一次，是几个同学一起去的。中西的学生都是家里比较有钱的，到他家一看，小门小户的，陈设简陋。我们从来没去过这样的人家，而且他太太还裹着一双小脚。我们都有点吃惊：没想到，他家里原来这样啊。我喜欢画画，回家画了速写，还特意画了他太太的小脚。

我们那届毕业时搞毕业聚餐，是我联系了中国银行招待所的餐厅，吃西餐，长条桌围成U形。能请的我们都请了，包括男老师。校长几个有固定的位子，其他人随便坐。我们班全穿了旗袍，忙着张罗。有意思的是，男老师都很拘谨，不大活跃，好像也不知该拿刀叉怎么办，也许他们没怎么吃过西餐。女老师们则很自如，外籍教师不用说，中国女老师也很习惯，她们都是洋味的，要不就是家里就比较西化，要不本身就是教会学校里出来的。

男老师、女老师待遇上的差别，从他们宿舍的分配上看就再清楚不过了。学校教学楼的一侧有块园地，绿荫中是一座漂亮的小楼，那是外籍教师的宿舍，我去过一次，里面很讲究，每人的卧室之外有客厅、书房。中国女老师和住堂的学生在一栋楼，两人住一个单元，每人一间，有会客的地方，也挺像样的。男老师住的是一排平房，砖地，家具简陋，和女老师相比差远了。

"初恋"

因为只收女生，中西像个女儿国。除了几个男老师，还有校工，我们不接触异性。除非是同学好友的哥哥。都是喊"大哥"，我哥是"杨大哥"，颜枥生的哥哥是"颜大哥"，桂慧君的哥哥叫"桂大哥"，吴华英的哥哥是"吴大哥"……叫习惯了，后来我们自己已是中年人了，还这么称呼。

小学的时候班上有过一个男孩儿，叫徐敬业，很朴素的样子。可能因为他的妈妈是我们班主任，就跟在这边读书，不晓得为什么他没有父亲。那个小男孩儿跟我们在一起，我印象深极了。因为就他一个男孩，没人玩。我们成天哇啦哇啦唱歌，他不声不响的，不活泼，也不调皮。现在想来他一定很孤单，因为谁都不理他，而且欺负他。他喜欢跟着我们，我们老撵他："去去去！"男孩玩的东西和女孩不一样，我们玩的他不会，我们因此得出一个结论，男孩一点也不好玩。

中西的教育是特别强调团结友爱的，同学之间、老师和学生之间关系都特别融洽。学校总共就一百多名学生，彼此都认识，时间长了，就跟家人一样。像钱伯桐、颜枥生、崔莲芳，都是小学就在一起，同学十年，就更不用说了。

当然，同学之间也是有亲疏远近的，而且闹点小意见，对不同调的人背后叽叽喳喳议论，也少不了。高年级我姐班上有个唐文顺，长得很漂亮，学习很用功，成绩也好，还特别会做人，只跟家里地位显赫的人来往。我就听我姐她们背后叫她"蓓基·夏泼"，那是萨克雷小说里一心往上爬的人物，指不定我姐她们正在读那小说，当然是看不惯唐文顺为人的功利。她后来到美国读书，嫁给了商震的儿子。我念中学的时候，商震做过当时的河北省政府主席、天津市市长，他续娶的太太也是中西毕业的，比唐文顺大不了多少。两人原本是前后同学，唐文顺订婚后变成了晚辈，要喊人家"妈"，有仪式的时候还得跪下磕头。有次让同学看见了，到学校当好玩儿的事传，大家想象那个场面，觉得太滑稽了。

和我一个班的叶道纯，后来我们关系很好，刚开始也有点隔阂。她父亲是开矿的，开滦矿务局的头面人物，《雷雨》中周朴园那样的角色，只是地位还要更高些。起初我们和叶道纯虽在一个班，却没什么交往，因她好像有点看不起人，只爱和颜枬生，还有顾维钧的女儿交朋友，像我这样家里没落的，她就不愿搭理。后来她父亲不明不白地死了（说是自杀，有人说是因不和日本人合作，被暗杀的），家里破产了。她家原先气派的洋房只好卖掉，搬到小房子，其实按一般的标准，那房子也不错的，只是跟原来的根本没法比，我们去看她，就觉得惨极了。我们对她都很同情，她和过去也不一样了，关系就近起来。

中西的老师，不管是外籍的，还是中国老师，对学生都是一视同仁的，对每个学生都很好，没有那种势利眼。如果哪个老师对谁特别好了，我们会说"偏心"，这种情况是极少的，即使有，也不会是因为学生家里有钱有势。反过来，也没谁表现出优越感，谁要是因为家里有钱有势喜欢炫耀，那是要被大家看不起的。友善、平等待人，按照中西的教育，这就是有教养；爱显摆、自以为高人一等，就是没教养了。

所以我们不大关心身份高低，是穷还是富，人人都是姐妹。女孩子之间的关系与男孩不同，会很亲密。现在叫作"闺密"了，我在中西有好多"闺密"，到一起就有说不完的话，什么都聊，真正是可以"谈心"的。一直到老都是这样。当然这样的都是同班的，别的年级的来往不多，但是只要是中西的，彼此都很亲切，毕业多年了再遇到，一点也没有陌生感。高年级的都被看作大姐姐，她们尤其要帮助、照顾低年级的小妹妹，像是一种义务，这也是中西灌输给我们的。

说到大姐姐，有件事现在想起来很好玩。低年级生对高年级的大姐姐很敬重，有一种仰视。我们最初的恋慕对象，往往就是某位大姐姐。上高中的时候，我爱上了高我两级的蔡惠馨，英文叫Mable，外号叫Marble（大理石的意思）。因为有人不会念，就念成了Marble，大家觉得好玩，干脆就这么叫她了。

我对人开玩笑说，那就是我的初恋。十年在中西我喜欢过的人很多，但对她就真的像爱情一样，单恋。这种爱没有犯罪感，大大方方的，反正爱的又不是男孩。她长得很好，说话温柔，举止优雅，成绩也好，我记得她是参加过天津小姐选美比赛的。功课好，会读书，又会玩，我对这样的人总是特别佩服，我哥就是这样的。

我是因为我姐跟她有接触的，其实都说不上什么接触，总共也没说过几句话，无非是些关心的话。我就觉得她特别好，什么都好。这是有个对比的：我姐脾气大，老是凶我，动不动就跟我急，很少鼓励我，我就想，要是蔡惠馨是我的姐姐多好。

我平时就不大说话，对她是仰视的，跟她说话就更紧张，但是我会写，起初是给她传纸条。传纸条在女生中是普遍的，上课时不能说话，就传纸条，传来传去，就像现在发短信一样，结果一大堆纸条。有点"地下"味道嘛，就特别兴奋。我在课上或是自习时写，或者是塞给她，或者是让人传过去。后来她毕业了，就变成写信了。当面不说的，信里就敢讲了。信里尽是崇拜巴金的话。她毕业时我把自己写的诗、散文、小说、独幕剧都抄在一个本上送给她。特别找了一个漂亮的本子，下了好多功夫，还画了不少画在上面，真是"图文并茂"的。可笑的是那些诗啊什么的，我自己都没有了。

可能因为我个子小，又不声不响的，跟在我姐后面，好多大姐姐都喜欢我，带我玩，招呼我吃饭什么的，当自己的妹妹。没有妹妹的就会说，有个妹妹多好。蔡惠馨倒是有两个妹妹的，但是都不爱念书，就知道跳舞啊，唱流行歌曲啊。她对她们挺失望的，觉得不如我。

她家里是买办，很有钱，好大的房子，大家族的生活，我觉得和我们家是一个类型的。而且她也感到苦闷，这也是我跟她亲近的一个原因。

毕业以后她就上燕京，后来出国了，嫁了外国人。我在联大的时候还和她通过几封信，她回我信，随信还给我寄了相片，信里表示对时局挺失望的，夸了我一通。那时候她还没结婚，结婚以后，我们就不大通信了。

"真笨"

从一开始，我就喜欢上了中西。喜欢老师，喜欢学校的环境，当然更喜欢和同学在一起。在家里我常会觉得闷，没人玩，在学校再没这感觉了。有那么多的同龄人，接触那么多新鲜的东西，日子变得有意思多了。

现在的学生压力大，有做不完的作业，上学成苦差了，比起来我们上学真是轻松，从来没感觉到学业会是什么压力。只有刚上学那一阵，我不止一次因跟不上被留下补过课。

我姐比我大三岁，早我几年进中西。小时候三岁是很大的距离了，总是她发号施令。在家里有母亲管我，有我哥带着玩，在学校就是她领着我了。上学放学，都跟着她。她很要强，自己上进，也特别怕我犯错，我犯错是让她丢面子的事。有次放学她来找我回家，找不着人，结果找到范教士那儿。原来是我不会用英文回答问题，被范教士带到了外教住的那栋小楼。说来好笑，就是问几点钟，范教士指着墙上的钟问 "What time is it?"，我偏答不上来。范教士很奇怪：这个怎么答不上来呢？我也说不出为什么就是不会。我姐找到范教士这儿，听说我是因为这个被留下来，觉得太丢人了，回家就向母亲告状：小妹真笨，又被留下来！她还气得哭。母亲对上学念书是很在乎的，忙问我怎么回事，等一问明白，倒释然了，跟我姐说，这有什么奇怪的，她本来就不认得钟啊，你问她几点，她用中国话也答不上来，怎么会说英文？的确，没人教过我，到那时我还不会看钟。

另一次被留下来是和好几人一起，因为汉语拼音。那时的汉语拼音比现在的复杂，我也不知怎的，就是抵触，觉得干吗要这么念？要认字念字，干吗非要来这一套呢？后来到大学，在英语课上学国际音标，我也抵触，就是不肯下功夫。

被留下来，我自己倒没什么特别的感觉，心理阴影就更说不上了。我想我中西的同学都不会因分数有压力感，老师在这上面也不严厉。中西的教育，更强调的是爱自己的国家，还有要为社会服务。

当然具体的目标，还是培养淑女。学校是念书的地方，也是上规矩的地方，中西管得就更严，特别注意仪表举止礼貌。吃饭不许出声，要添饭加菜不可离开座位，摇饭桌角上的小铃。行走、站立、坐姿，经常会提醒你。下课了起身时不能让椅子乱响——我们教室里的椅子像过去电影院里那种一起身就翻上来的，得用手按着站起来。后来看电影，散场时噼里啪啦响成一片，我总是不大习惯。

过道里不能乱跑，不能大声喧哗（操场上是另一回事，怎么都可以）。

我们玩得起劲的时候会忘乎所以，老师就会喝止我们。外籍教师都会一点中文，一急就全是英文了，我到现在还记得范教士急得喊："Girls, you are ladies now!"。

这样说起来在中西像是会有点压抑了，教会学校嘛，会不会跟修道院似的？其实一点也不。有些老师比较严肃，看上去有点让人望而生畏，比如范教士，我姐就怕她。但整个学校的气氛是宽松的，老师对学生很友善，特别是我们从小学读起的老生，她们看着我们长大，跟自己的孩子一样。我们被老师说几句通常也不大在乎，背过脸吐舌头做个鬼脸就完了。

即使那些有宗教色彩的课和活动，对我们也有游戏的意味。朝会唱圣歌我们唱得很嗨，一天不唱就觉得不过瘾，《圣经》课是讲故事。就更别说还有那么多课外活动了。我觉得中西十年我就是玩过来的。我姐老说我就知道玩，什么都是玩儿，我承认的确是贪玩，但另一方面课程没压力，活动丰富多彩，中西也允许玩儿，有一种轻松的氛围。这点和现在的学校差别太大了。

桂慧君低我一级，中西同学还在世的，大概只剩我和她了，我们俩都过了百岁，过生日时还互通电话。前年电话里她还说，当年在中西真是好，就是我们玩得太多了。我说，我还没玩够哩。

闯祸

我从小胆小，不大说话，直到毕业，同学对我的印象，除身体弱运动不行之外，就是沉默寡言不够活泼，所以毕业时给我的题词里尽写这方面劝勉的话："应该常运动，还该多嬉笑，踏破了你的沉默，展开了你的情调……""遇事不勇，每为退让所窘。我劝你，振精神，往前冲，锻炼身心，做一个巾帼英雄。"光看这些，还以为我在学校闷闷不乐呢，其实中西十年我过得很开心，比在家里更自在。和要好的同学在一起，胆子也会大起来。玩疯的时候，也没什么淑女不淑女的了。有一次我们还闯了祸，把音乐课老师吴太太（吴张波若）绊了一大跤。

吴太太一向注重风度仪态，衣着讲究，一丝不苟。脚上总是高跟鞋，走起路来腰板笔挺，昂着头，决不左顾右盼。我们绊倒了她，多少也和她走路目不斜视的姿态有关。那是小学六年级的事。更小的时候，午饭过后闲得慌，总是想个花样玩，跳绳，跳房子，荡秋千，玩跷跷板、大转盘什么的。这时候大了一些，老实多了，只是在校园里瞎转悠，或是到校门口文具店逛逛，打发时间，等着下午上课。有一天崔莲芳、颜枬生、钱伯桐和我干脆就在校长办公室对面过道转弯处的长椅上傻坐着，闲坐着没事干，几个人在长椅上挤来挤去，嘻嘻哈哈闹着玩，腿也没闲着，就那么一伸一缩，来回荡。吴太太恰好走过，不知让谁伸出的脚绊了一下，跌倒了。她一手捂脸，直直地趴在地下，一动不动，也不出声，我们只看见她后脑勺上横盘着的发髻，全都吓坏了。

到长大了我们才悟过来，她那么讲究仪表风度的一个人，再不会像我们小孩那样大哭大叫，或是一跌倒马上爬起来，拍拍身上的灰表示没事的。当时我们见她那样，不会想到其他，只有闯下大祸的紧张，赶紧去向教务长范教士报告，一边就把她扶起来。她是由人搀扶着回宿舍的，一直都捂着脸。下午她没像往常那样来小礼堂监督我们自习，换成了舍监杨太太（就是杨赵路德）。下自习后我们心惊胆战去见范教士，她绷着脸说了我们一通，说我们长大了，不能再像过去那样疯玩了。挨了这顿批评，我们去宿舍看望吴太太时，越发心中忐忑，战战兢兢。没想到吴太太坐在床上和颜悦色笑嘻嘻的，还拿糖果给我们吃，好像什么事都没发生一样。我们几个结结巴巴，还在闯了大祸的紧张中，连句道歉的话也不会说。

乘着歌声的翅膀

中西的教育中，音乐应该算是重头戏，对我们的影响很大很大。从入校直到毕业，没有一天不唱，在"歌声中成长"这句话，对我们说来，一点都不夸张。不光是音乐课，我们每天的朝会要唱颂主圣歌，中午吃饭时要唱，饭后自习前要唱，大小集会时要唱。现在又说要倡导素质教育了，我想中西的歌声不断，就是最好的素质教育。

从刚入学起，唱歌就是我们学习的重要部分。我还记得八岁时在中西学的第一首歌："小孩子到菜园去，菜园去，菜园去，在那里采菜给兔儿吃，兔儿吃，兔儿吃……"一边唱，一边做着手势大圈小圈地转，还随着节奏拍手跳跃。

刚开始唱的是中文歌，以后慢慢就有英文歌。有宗教歌曲，还有鼓励发奋向上乐观励志的歌，像*Brighten the Corner Where You Are*（《你在哪儿就在哪儿发光》），中文歌也唱得不少，像《可怜的秋香》、《木兰辞》、《苏武牧羊》、《葡萄仙子》、李叔同的《送别》……

也有悲哀的歌，有点哀乐的味道。一唱那样的歌，我们就知道，是有人去世了。有天朝会，让我们唱《渡过死海》（*Cross the Bar*），"让那无量深处所涌现的，重返家乡黄昏与晚钟声过后，便是黑暗，但愿毫无痛苦，这番辞行，我好扬帆，我虽必须辞别时间空间，远远随了潮头，我却希望与我舵工会面，当我入海时候。阿门"。果然，很快我们就知道，施教士去世了。施教士来中西时间不久就得了病，她和我们接触不多，但范教士一说，我们还是很难过。

不过毕竟是孩子，什么也不懂，不知道死是怎么回事，也不知道害怕。反倒很有好奇心，想知道死人怎么火化，猜想会不会是堆起木材来，人躺在上面烧，像印度人那样——这是从电影上看来的。范教士说过，什么时候要在"新坟地"下葬,到时候我和金丽珠、桂慧君,还有谁,就去了。那里是新建的一处公墓,西式的,不很大,外国人死了就葬在那里,中国人叫它"新坟地"。

范教士是代表学校去的,还有施教士的男朋友,是个军人,加上我们几个,大概也就十来个人。范教士一下车看见我们,有点意外,因为我们是自己跑来的,她连忙竖起一根手指在嘴那儿,让我们别出声,大概我们在学校老是叽叽喳喳的给她印象太深,要我们肃静。而后有一个简短的仪式,念经,祈祷,像电影上常看到的那样。我们没看到施教士的遗容,她被装在一口极讲究的棺材里,到了火化的地方,按一下电钮,就送进去,棺材是不一起烧的。不像我们现在的殡仪馆,送葬的家属在那儿等着火化结束,骨灰出来。看着死者进去,就完了,范教士他们,还有我们,就都回去了。

上音乐课,学唱英文歌,都有现成的歌本,若是学唱中文歌,没歌本,就由老师把五线谱、歌词都写在黑板上,我们拿个本子抄下来。画五线谱有一种特别的工具,后面是一个木头的把手,前面是铁丝缠绕的孔,五支粉笔插进去,老师就画那么一下,五线谱就出来,往上面填"豆芽菜"就行。我觉得神奇极了。

教我们音乐课时间比较长的是吴太太。吴太太本名"张波若","吴"是夫姓。"吴张波若"的叫法和过去女子出嫁后叫"××氏"(比如"吴张氏")并不是一回事。叫"××氏"是老封建;而"吴张波若"这样的叫法是从洋人的姓名称呼习惯里来的,是新派的。我母亲对新派的东西感兴趣,曾经印过名片,上面写着"杨徐燕若"。

吴太太英文名叫Pearl Zhang。我对她印象深刻,不仅因为我们绊过她一跤,还因为有一次上课,她正往黑板上画五线谱,忽然转过身来对我们说:

以后不要喊我"吴太太"了。就这么一句，秃头秃脑的，我们不知怎么回事。那天，她教我们唱了一首歌："我曾记得梦中见你/你是若即若离/今夜却在月下相逢/你竟深情偎依/因了你的深情偎依，转疑身在梦里/如果真是身在梦里/我愿夜夜见你。"歌词缠绵，她唱得也有点哀伤。后来我们才知道，吴太太和她先生离婚了，据说是她先生有了外遇。

"穷白俄"娄拜和美国人格莱姆斯

上高一时，学校请了一位白俄来教音乐课。他叫娄拜，长得高高大大，淡黄的头发淡黄的胡子，也就三十多岁吧。学生不把他放在眼里，他也特别怕得罪学生。不到一年他就走了。

他总是穿一件白不白黄不黄的破旧西装，一副穷愁潦倒的样子。他来上课，带一把小提琴，我们唱歌时，他就用小提琴伴奏，大概他学的就是小提琴，不会弹钢琴，而我们学乐器，都是学的钢琴，他教不了。我们是英文教育，用英语、中文上课，他不会英语，又不能说中文，上课就麻烦了。没法让我们明白他的意思，他常是一脸无可奈何的表情。没过多久，他就从我们的课上消失，应该是教课不成功，学校把他给辞了吧。

在背后，我们都把娄拜叫作"穷白俄"，是说他窘迫。"穷白俄"并不是我们的发明，可以说是俄罗斯人给天津人的一般印象。现在说"白俄"，恐怕都以为是说白俄罗斯了，过去不是。那时说的"白俄"是指俄国十月革命后从苏联跑出来的人，其实就是难民，当然是穷。天津的俄国人好多都住在小白楼那一带，和其他外国人比起来，他们的聚居区显得脏乱差一些，从事的职业也比较低下。

有一家俄国人，一家三口，夫妻俩和一个女儿，在租界租的很小的房子，离我们家不远。他们做面包，老头提着一只篮子在我们那一带卖，篮子上面蒙一块白布，边走边用中文吆喝："果酱面包""豆沙面包""奶油面包"……我母亲就会叫人出去买。刚出炉的面包，还是热的。英国人、法国人有开面包房的，这样沿街叫卖的只有俄国人。后来这家人出事了：他女儿是有未婚夫的，也很穷，女孩大概是嫌贫爱富吧，又跟别人好上了，对男朋友很不好，有一天男友就用刀把她杀了。报上登出来，真让人吃惊。以后就不见他们卖面包了，出了人命，是凶案，很忌讳的，也不会有人买他家的面包了。很快，那家就搬到了别的地方。

那件事我印象很深，老是会想起。我弄不明白怎么会有这样的事，也没人能给我解答。四六年，抗战胜利后我已居南京了，我哥让我投稿（他在编《和平日报》——原《扫荡报》——的副刊，吕叔湘编文学版，他编文史版），我又想起这事，就写了篇短文，题目叫《爱》，说的还是我的困惑：爱一个人怎么会把她杀死？

和娄拜相比，后来学校请来的一位音乐老师，可以说是风光无限了。他叫格莱姆斯（Curtis Grimes），是个美国人，大个子，长得很神气，派头十足，我们都有点怕他。他在中西做得最风光的一件事，是组织了一个全校性的大型合唱团。他教我们学唱维多利亚时期头牌诗人丁尼生的长篇叙事诗《夏洛特的淑女》，从头到尾，用英文演唱。那时我们的英文程度已经很不错了，不然也唱不下来。整整一个学期，我们的课余时间差不多都用来排练。功夫不是白下的，终于在一年一度的音乐会上，我们的合口唱在学校的大礼堂公演，领唱的是高三的学姐伍檀生，她是出生在檀香山的华侨，唱女高音，嗓子很好。我们全部穿着校服（白色绸旗袍），手捧打印出来的大本的歌谱，由格莱姆斯先生指挥，二部合唱。一曲唱罢，下面掌声雷动。后来格莱姆斯上台谢幕，出来了一次又一次。

虽然只是中学生的业余演出，现场的气氛却很正式，演出也很正规。好多年后我在北京、南京看音乐会，都是正规的乐团，北京是李德伦指挥中央乐团，南京那次是郑小瑛指挥的，观众乱哄哄的，我就想起中学的那次演出。音乐会怎么会变成那样，观众一点规矩也不讲了呢？南京那场，下面一直嗡嗡的，郑小瑛站在指挥台上好长时间开始不了，不得不转过身来让观众安静。北京那场，演奏已经开始了，下面太吵，李德伦让乐队停下来，过了一阵才重新开始。正式演出，一支曲子已经开始，没有停下重来的，重来，等于演出失败。——真是糟糕透了。

说回格莱姆斯。中西的那场音乐会肯定给他带来了很好的声誉，反正他在某个圈子里名声越来越大，后来就不再在中西任教，自己开了琴房，专门教人学钢琴。琴房是在小白楼那一带租的写字间，很大，布置得华丽讲究。名气大，学生就多，学费也很贵，他因此很富裕，在法租界有一所独栋的房子，还有自己的汽车。那时候在天津，外国人中有私人汽车的还是很少的。

我到他的琴房里学过琴，是高中毕业后的一段时间，他是按时收费的，半小时多少钱我忘了，反正很贵。我每周去回琴，就是现在说的"还课"。我想弹什么，他就让弹什么，随我的便。他的教法就是两样的，他知道有的人学琴是要弹出名堂也能学出名堂的，就很严格；像我这样，他知道是学着玩儿的，不一定要怎样，就很松了，练指法什么的也不顶真。我弹的都是轻音乐型的：《蓝色多瑙河》《溜冰圆舞曲》《多瑙河之波》，还有歌本上的。我姐就认真多了，要弹《月光奏鸣曲》。

格莱姆斯后来和他教的一个中国学生产生了恋情，他是有太太的，这事对他的名声自然不好。这时日本人越来越咄咄逼人，不定什么时候就要进租界，他就回国了。

"重生"

因为是教会学校，每天早上有朝会，这是非教会学校没有的。早上八点到学校，但要到八点半才上课，上课之前的时间，就是朝会——除了唱赞美诗，就是念一段《圣经》。我们都喜欢朝会，其实是喜欢大声地唱歌，《颂主歌》有三百多首，挑着唱，很开心。老师会先问，今天唱哪首？我们就举手，告诉她想唱哪首，比如第303首，大家爱唱的，老师准了，就高兴。事实上都随我们。而后就唱。我从小学到高中毕业，唱了十年，太熟了，到现在我还能一首一首，从头唱到尾。要说教育，这也算是我们的教育吧。不定什么时候就会想起，从脑子里冒出来。"文革"后和中西的同学见面，发现中西同学里没一个轻生的，怎么会这样呢，我想和当年我们接受的教育有关。赞美诗里说死是去"应许之地"，那就是天堂，再难也没什么好怕的，最后就是去那儿嘛。赞美诗里尽是天堂，我们不说地狱。但丁的《神曲》我没看过，不知地狱是什么样。

除了朝会，吃饭时的仪式也有教会味儿。管吃饭的是舍监杨赵路德，她本人姓赵，全名杨赵路德，胖胖的，也是大学毕业。到午饭时，她就在两间屋子的门口摇铃，让我们安静下来。我们原先是坐着的，这时要站起来一起唱：感谢天父赐我忠诚，养我肉体，保我平安；惠赐盈粮，心灵感谢，敬虔为人，讨你喜欢。唱完了，杨太太示意我们坐下，这才开始吃饭。吃饭时不许离开座位，要添饭则摇桌角上的铃，让学校的阿姨去添。

这歌为什么我记那么清楚？"文革"的时候，吃饭前要背语录，嘴里要念念有词。我心想你管我念什么，我心里就唱歌，并不是我信上帝，而是我觉得唱歌比什么都好玩，反正我又不唱出来。在心里唱完四句就开始吃饭。

和基督教有关的就是这些了。学校里也不布道，我听布道都是在外面的教堂，布道的人也不是学校里的。比如有位叫宋尚杰的牧师，都叫他"Dr. 宋"，据说是留美的博士，他就在离学校不远的一个教室布道（那时学校还没在教育部"立案"，"立案"以后好像就不许了），住堂的就可以去听，我们也放过一个下午去听。

那是我初中二的时候。因为不许影响上课，听布道大多是在晚上，住堂的去就方便多了，有几次为听布道，我居然晚饭就在学校吃。Dr.宋布道是极煽情的那种，挺能说的。有一次就把我们说动了。我已记不清具体内容了，只记得说着说着他从衣服里拿出一口小棺材，挺精致的，里面有很多纸条，上面写着基督教的各种罪。他抽开挡板，把纸条一张一张拿出来念："仇恨""忌妒""偷窃"……

连着几晚上，听了好几次，听完了以后谁要是要求悔改了，就走到前头去。我的好朋友，同班的，一个个都往前走了，我没走。我跟桂慧君都没动，可心头实在觉得我们心里也有魔鬼，为什么我们不悔改？可是我就很顽固——为什么非得跟着他悔改？但最后他还是把我们说服了。说服了就登记，先悔改，然后就要求"重生"。

"重生"是一对一约谈，当面向牧师说出你的"罪"，悔过了，你就"重生"了。我是在刘校长家见宋牧师的，刘校长家是栋小洋楼，客厅借给宋牧师用。中间用一块白布帘子隔开，他按名字叫，轮到的人一个一个进去，其他人在外面等。进去了就坦白交代，就跟《牛虻》里那样（那时候我还没看过《牛虻》，才初中二嘛）。我觉得太奇怪了：一个个预约单独进去看，不是像看门诊似的吗？

我犯了什么罪呢？我觉得我没有，没说过谎，没打过人，没骂过人，没偷吃东西，贪婪、偷窃、仇恨……我都没有，甚至考试做小抄我也没有。我想来想去也想不出，宋牧师就启发我：嫉妒过没有？我说嫉妒过，嫉妒我姐姐，因为我母亲爱她，不爱我。好，总算有个罪了。他就把一只手放在我头顶，另一只手竖起来指天，让我"重生"——这就通圣灵了。我后来越想越像气功。

他放我头顶的那只手一直在抖，也不知为什么。我觉得不舒服，很难受。因为一个陌生人把手放你头上。我母亲一直教我的，男的，不能让他碰到你。我还觉得不干净，反正难受。不过从那次以后我好像倒是真的再不嫉妒了。

这样我就算信上帝了。信了大概有大半年吧。后来有一次，家里什么东西丢了，到处找，找不到。我想到上帝了，不是说主是万能的吗？我就跟家里人说，等会儿。我们家有极讲究的红木大炕，底下可以踩脚，铺了垫子，我就跑了去跪在垫子上祈祷。结果东西真找着了，我就当是上帝显灵了。当然就接着信。初中会考时，又试了一下：我的数学一直成绩不好，过去又没这样考过，心里特别紧张，于是祷告上帝让我过关，结果数学还是没及格。我觉得我那么虔诚，而且浪费那么多时间，上帝没帮我什么忙，后来就不信了。

信上帝的那段时间，我还跟同学到人家家里去传教。我跟几个特别好的朋友，做一个锦旗，白缎子，红边，我们叫"灵光布道团"。那时候布道团多极了。平时在学校上课，只有星期天才有时间。上初中的小孩子懂什么传教？人家家里有事忙着哩，看几个小孩穿得漂漂亮亮的，滑稽吧？我们在那儿讲，人家在做饭什么的。不轰我们走是出于礼貌，本来我们就是添乱嘛。

信不信都是自由的，信最好，不信也不因此惩罚你。那种信仰不要求你做任何事情。我认为我信的缘故就是没有我哥哥在家，太闷了。

我姐信的时间长，她到燕京还参加主日学，做团契，而且还到礼拜堂唱歌。我去做过一次礼拜，看她唱圣歌。她就说我，老是玩儿，包括做礼拜也是玩儿。她说你一辈子都是玩儿。她要入党来问我跟我哥哥，我哥哥后来就跟我说，让她信，她总要有个信仰，我哥哥还一边思考一边说，比信基督教好。

那位宋博士抗战时到云南去布道，听说龙云把他枪毙了。有人说他有伤风化，究竟怎样，搞不清楚。我有很多他布道的相片，还有我们布道团的相片，都烧了，可惜。

"立案"与会考

我初中快毕业时，学校有了一个变化。原先教会学校都是自我管理的，完全按照自己的一套来。这时国民政府出台了新政策，要求所有的学校都要在教育部"立案"，教会学校也要纳入国民教育系统。

首先是校长必须由中国人担任。原来范爱德范教士当校长的，改由汇文中学的校长兼中西的校长，范教士变成了教务长。实际上学校事务还是范教士管，刘校长只是名义上的。虽说有办公室，他也不大来中西，好像只是毕业典礼时才出现，和毕业生合影。

最明显的变化，是周一的朝会不唱圣歌了，改唱《中华民国国歌》："三民主义，吾党所宗，以建民国，以进大同。咨尔多士，为民前锋……"礼拜一上课前就是纪念国父，唱三民主义，还要背《总理遗嘱》，而且挂上党旗和国旗。孙中山是伟人，我们都这么认为，但星期一的朝会没意思极了，虽然都是唱歌，党歌唱起来忒没劲。而且唱圣歌是可以选择的，党歌没得选，颠过来倒过去唱，烦死人了。

那天是属于教育局的，朝会还经常有些社会名流来演讲。当然不是范教士请来的，她认得谁？——都是教育局的安排。我记得的，有中国银行行长卞白眉，他是留美的，扬州人，口音特别重，说英语滑稽得要命，讲的内容我们一点不感兴趣，什么"摩登物质化"，应该就是要发展资本主义吧。完了之后我们只顾着模仿他的口音，"摩登"（modern）说成"马灯"。还有一位，忘了叫什么了，也是留美的（教会学校请的人也经常有留学背景，洋味的），好像是位校长，讲的内容无非是要求上进之类。他太太和他一起来，他讲时他太太就坐在一边听，学校专门摆把椅子在台上让她坐，贵宾嘛。没想到过几天报上登出来，有家酒店出了命案，一对情人在客房里自杀殉情，女的就是那位校长太太，报纸上也登了。这后面当然是有故事的，我们年纪太小，不懂，只是觉得这事太好玩了，因为想到演讲那天的情景，他的表情那么严肃，一本正经的。

教会学校和别的学校的最大不同，就是英文学得多。小学就开始了，到初中已开始用英文授课，数学、物理、化学，都是英文课本，古希腊史、文学等等，就更不用说了。国文课和中国历史用中文，对了，宗教课也是用中文教的，小学时就讲《圣经》故事，我们还不懂英文，外籍老师只会简单几句中文，这课当然要中国老师用中文教。"立案"以后，英文授课的比重下降了，高中时，数学、物理、化学也开始用中文上课了，过去是英文里掺点中文，现在变成了中文里掺点英文。

我们都很爱国，一点不反对用中文上课，后来我们那届还争取到用中译本演易卜生的《玩偶之家》。按惯例，中西的毕业演出都是要用英语的，滑稽的是，因为用英文演，家长多半听不懂，观众大都是外国人。在学校里都说英文，弄得我们也烦，开玩笑把动不动说英文叫"放洋屁"，还互相逗："我们什么时候可以不放洋屁呢？"初中我们的历史课学的是英文的希腊史，高中学的是中国近代百年史，燕京大学毕业生讲的，用中文，我们当然对这个比对希腊史感兴趣多了。

但是我们正好赶上有会考了，会考用的是中文，过去课都是学的英语课本，一下变过来，真的很不适应。

会考就是统考，不同学校考同样的卷子。"立案"以后，教会学校也必须参加中学会考了。原先是没有会考一说的，中西自己考自己的，初中功课，大考完了能升的就升，不能升的也没关系。你哪门不及格就留级好了，都照学校自己的一套来，不用管别的。会考对于我们，像是节外生枝。其实会考卷子并不难，各门程度都要低于中西。问题是考卷是中文出的，我们虽不会看不懂，但像化学的分子式什么的，用英文知道怎么说，用中文就写不出来，比如CO_2，我们就不知中文是"二氧化碳"。那次考化学，我整个傻眼了，也不管了，就把英文往卷上写，表示我知道。

那次会考考砸了的是数学，这怨不得会考，我本来就怕数学，不及格也正常。会考的成绩要在报上公布的，我忘了是什么报了，成绩出来那天登了好几版。我在第一版上找，怎么也找不着我的名字。我母亲说，怎么没你呀？后来在下一版上找着了。原来它是按照成绩高低排的，各门都及格的在最前面，而后是一门没及格的，两门没及格的……往下排。我数学这门没及格，在第二面。我姐一看，就嚷，不及格，丢死人了。我母亲说，她就是笨呗。说是这么说，她还是挺当回事，专门跑到学校去，问该怎么办，是不是要补课，也没问出名堂来。到最后也没说法，新学期开学，还是照样升级了。可见虽然按规定让我们参加会考，中西还是自己的规矩，没当回事，会考成绩没多大影响的。

中西看重的还是英语，我们那一班没顺利升上去的，都是给英语绊住的。我记不得是一次什么样的考试，也不知成绩是怎么打的，全班二十多人，居然只有崔莲芳、单又新（她姐姐也是中西的，叫单日新，大概是取"苟日新，日日新，又日新"的意思）和我一共才三个人过了关，其他人都不及格。这太可笑了，其实颜栩生、钱伯桐、吴华英她们成绩都挺好的，谁也没觉得英语难，跟不上。中西的规矩，顺利升级的，叫"正班生"，没过关的叫"副班生"。我们只有三个"正班生"，怎么上课呢？就让我们和高一年级的人一起上课。

那门课叫"文学与人生"（"Literature and Life"），相当于英美的语文课吧，实际上就是英美文学。是美国的教材，有四大本，小说、戏剧、散文、诗歌都有，选的都是英美名作家的作品，莎士比亚当然是少不了的，我记得高一时第一个读的就是《裘力斯·恺撒》的片段。说起来这英语的语文课小学三年级就有了，当时的读本好像是 *Fifty Tales*。学了那么多年，英语哪有不好的呢？因为这个不让升级，太可笑了。

学校大概也觉得标准定得有问题，还有一条，当时气氛越来越紧张，说不定什么时候日本人就把天津全占领了，学校也想快点让大家都毕业。于是过了一阵，又让"副班生"全部成了"正班生"，原来的"正班生"换个说法，叫"特班生"了。

三位语文老师

第一位是王老先生，王德修。他教的是文言文，但和在家里魏老先生教的还是不一样。魏老先生就是讲《论语》，还是四书五经的那一套教法，主要就是背。在中西我们是有课本的，内容丰富多了，也不是那么一本正经，而且以讲解为主。讲课文，并不是逐字逐句地讲，就是大概其地讲，我们都是十二三岁的女孩子，太细就听不下去了。照规矩我们该端端正正坐着，可正是好动的年纪，有时忍不住要在下面说悄悄话，他听到了，眼睛会从老花镜上面看过来，眉头紧皱，却不停下来，还接着讲。偶尔低声呵斥一句"不要讲话！"，我们也不大在乎。说话的人暂时安静了，脸上却还笑嘻嘻。

一般来说，我们都是不大喜欢文言文的，好多文章只记得头一句，比如"夫天地者，万物之逆旅……"。王老先生教得有些有意思，没逼着我们背，我们倒一下就记住了，像李清照的词"昨夜雨疏风骤，浓睡不消残酒……"。

辛稼轩的写他喝醉酒的词，到现在我还能背得一字不落："醉里且贪欢笑，要愁那得工夫。近来始觉古人书。信著全无是处。　　昨夜松边醉倒，问松我醉何如。只疑松动要来扶。以手推松曰去。"一是老王先生教时一边吟诵一边比画，做出醉倒的样子，我们一下就记住了；二是因为"近来始觉古人书，信著全无是处"这句，我们经常挂在嘴上——不是讨厌文言嘛，古人书"信著全无是处"，还要学它干吗？这下有理由了。

学课文以外，也要作文。王老先生教的作文当然是文言的，白话的他恐怕也写不来。我们都是用毛笔写。虽说烦文言，学着写时也有它的好玩。写过什么都不记得了，只记得诌过一篇《愁城记》，因为是后来登在班刊上的，要不也早忘了。

私塾里学生都怕老师，我们不怕。王老先生不怎么严厉，我不用功，总惦记着玩儿，他拿我也没办法。毕业纪念册上给我写，"杨静如是我的弟子，颇颖悟，勤于学"，我姐一看，说，就知道玩儿，还勤于学哩！这当然是说好话，后面他用朱笔写"莫等闲，白了少年头，空悲切"，还有"莫到悬崖方勒马，须知歧路惯亡羊"，我姐说，这才是他的中心意思，警告你哩。我哪会不知道？只是好话更容易记住。数学老师写的是"静则心多妙，更上一层楼"，"飘然思不群"。

第二位是范绍韩老师，初中三到高中一，他是我们的国文老师。起头他是教"党义"的。在他之前，教"党义"的是一位姓郑的老师。郑老师上课教室里总是乱哄哄的，他站在前面不断地摇着手说，不要吵了，你们不要吵了，但谁也不睬他。我们谁也不怕他。我们都很讨厌"党义课"，他又一副没脾气的样子，声音低低的，一说话就脸红，我们因此背后叫他"男Miss郑"，意思是说，他像女孩一样容易害羞。一直到解放后，我们才听说，他是地下党。地下党?!我们一听说，顿时肃然起敬，连说想不到，想不到。

不要说地下党，连他是教"党义"的，我们都觉得不像。郑老师那样子就不像个教"党义"的。教"党义"的该是什么样，其实我们也不知道，是声高气壮，还是长得凶样？反正不该是他那样。比较起来，范先生的样子，我们觉得倒比较像个教"党义"的，虽然他并不凶。忘了他是哪个大学毕业的，好像是个师范学院。他讲课很好。我们一听"党义"就反感的，他居然能讲得我们愿意听。

"党义课"讲什么？三民主义嘛。后来我们的国文老师（王老先生）走了，范先生来代课。王老先生，净讲古文，我们不大爱听。范先生变了，讲白话文的文章，我们都爱听。他还鼓励我们自己办刊物、写文章。我们的班刊就是在他教国文时办起来的，我们出班刊《十九支箭》，他是我们的指导老师。

范先生对我们要求很严，逼着我们不断地动笔，每周要写一篇命题作文，文言、白话轮着做，之外每周还得交至少两篇周记，都要用毛笔抄好。他常说，要讲真话，"你怎么想就怎么写，骨鲠在喉，一吐为快"。我们也真把什么都写出来，不管是快乐还是烦恼。他看得很仔细，因此每个学生的性格、心思他都了然于胸。但周记里的那些内容他是不会拿出来说的，权当我们的"悄悄话"。我们都很信任他，越发"怎么想就怎么写"了。有次我在周记里自叹才不如人，太笨，以后不会有什么成就了，他用朱笔批了八个字："不问收获，只管耕耘"，很潇洒的草字。他是很会鼓励人的，我后来喜欢写作，还有爱写长信，多少都和他最初给我的鼓励有关系。

他后来也倒霉了，他教过"党义"，不知会怎么样哩。七二年我回天津时，就这么想的。没想到他运气不错。那时他是河北省的政协委员，好像算"民革"的人。我们中西的老同学相聚，找到了他，一起在起士林吃饭。他用调羹敲敲杯沿要说话，我们就静下来听他讲，好像回到做学生时的情形，其实我们都是五十多岁的人了。他说了些勉励的话，就像老师对学生的口气。那之前我去上海看望过巴金，说到巴金的现况，他就说，应该告诉巴金，要有信心，还是有前途的。他是巴金的读者，我在信里跟巴金说了，巴金寄了自己的书给他，他收到了很高兴。只是没几年他就死了，听说是做痔疮手术，已经在手术台上了，他忽然说不做了，也许是因为紧张、害怕，那时他年纪大了。但这时已经打了麻醉药，就给摁躺下做，不知麻醉还是哪里出了问题，人就没了。

在中西，范先生代了一年国文课以后，来了一位新老师，叫高玉爽，范先生就教回他的"党义课"了。高先生很喜欢新文学，自己为我们编讲义，自己动手刻钢板油印，选的全是新文学的名家名作：鲁迅、茅盾、巴金、叶圣陶……他还喜欢讲新诗，讲新月派，讲闻一多、陈梦家、徐志摩。我喜欢上新诗，自己也开始写，起初就是受他的影响。他并没有让我们像背古典诗词那样背下来，就因为喜欢，我们自己背，好多新诗我们都能背，比如闻一多的《死水》、徐志摩的《再别康桥》，虽然新诗其实比整齐押韵的旧体诗难背得多。

高先生给我的印象最深的一次，是一九三六年十月二十日那天上的课——日期记得清清楚楚，因为头一天是鲁迅的忌日。他走进教室，表情很严肃，第一句话就是对我们说：同学们，鲁迅先生昨天去世了。我们班上有几个同学一听，哇的一声就哭起来。不过前些年有记者采访我，报道登出来，说我说的，鲁迅去世，我们全部戴起了黑纱，那是不可能的，记者弄混了，或者，是把几件事弄一块儿了。全体戴黑纱那次，是因为九一八事变。

据说高先生是北师大中文系毕业的，又爱讲新文学，照说怎么都应算是个新派人物了，我们却给他起了绰号，背后叫他"高老夫子"。那是因为他戴着近视眼镜，穿着长袍，总是目不斜视的样子，一副老气横秋的神态，事实上不过三十来岁。和他沉默的外表相反，他是个追求进步的人，我们排演李健吾的反战独幕剧《母亲的梦》，还有毕业季打破常规，不用英文演莎士比亚，以中文演《玩偶之家》，都和他有关。

家政课与心理课

女校有一些女校才有的课程,比如家政课。女校的目标是培养淑女,将来做太太,家政课就是围绕这个来的。怎么穿衣好看,颜色如何搭配,瘦小的人不要穿长条纹的;家如何整理,如何装饰;等等。还教怎么做面包、饼干、蛋糕、冰激凌。我最感兴趣的是这个,好玩嘛。

头一个教我们的老师,是燕京大学家政系毕业的,我们很喜欢她。她又是讲解,又带着我们做,这下我们知道店里卖的面包、蛋糕、饼干是怎么做出来的了,兴奋得很。这是高一的事,这时附属小学已经不招生,做点心的地方就是我上小学的房子,里面有了电烤箱,好多模子,还有做冰激凌的工具。

学了几招,回家就要显摆。要在家里做蛋糕,家里没烤箱,就用铁锅烘烤,下人也跟着忙,就是不知我在鼓捣什么。待烤出来,潘爷用盘子装着,端了就往娘那儿跑,嘴里说"太太,六姑娘做的——",跟报喜似的。我跟过去,看那"蛋糕"掰开来面糊还没熟呢,赶忙就又端下去了。

虽然在家里做得很失败,我还是想上这课。谁知第二学期就不开了。据说有家长议论,学这些没用的干什么,以后哪用得上?不知是不是因为家长的要求,反正变成了学包饺子、包包子、做饭、炒菜之类的了。这些都是家里厨房天天做,我们天天吃的,哪有做西式点心新奇?我们都觉得没劲。中西的学生家里都比较有钱,没有谁下过厨,也很少有人想以后自己会做这些事——这些事不是下人做的吗?连带着,我们也不喜欢教这些的老师,之前教做蛋糕、冰激凌的老师不教了(没准她也不会),教我们的是河北师范学院毕业的。过去师范学院吃饭不要钱,家境不好的学生念不起大学,就念师范,于是看不起的人就把它说成"吃饭学院"。我们因为不想学做饭,就背后笑话老师:"果然是'吃饭学院'出来的,就晓得做饭。"

不过这也看各人，钱伯桐在家学过，最觉得没意思。颜枬生家里西化得厉害，在家里也是顿顿西餐的，蛋糕、面包这些见惯了，看到包子、饺子之类的，就觉得新奇，所以她倒是挺喜欢的。

　　我们还上过一门心理课，大概也是一般中学里没有的，是在初中二或者初中三，上了一学期——也不知课程安排就是这样，还是因为学校在教育部注册，计划改变了。注册了就要参加会考，会考的课程里面当然没有心理。

　　上课的时间虽然不长，我们倒都喜欢这门课，因为新鲜、好玩。用的是美国的课本，"下意识""潜意识""心理分析"等词儿，我就是在那课上知道的。后来读莎士比亚，读西方文学名著，里面有很多心理分析，我就会想到心理课上讲到的。大学四年级我们有门课"维多利亚时期的诗歌与散文"，我特别喜欢勃朗宁的诗，还有我为什么对*Wuthering Heights*（《呼啸山庄》）特别感兴趣，都有心理课的影响。

　　给我们上课的是教务长范教士，用英语讲。讲解课本上的内容，还有很多测验——像game。比如常让我们free association，就是自由联想。给个词，随便什么，让我们把能想到的都写下来，想到的词、人、事、画面，只要想到就尽快写下来。比如放个娃娃在那里，你反应那是doll，而后想到童年，从童年想到很多，就这么一直往下想。这是我最喜欢的，一堂课能写好几页纸，老师夸我，我就很得意。

　　课上内容忘得差不多了，有些好玩的到现在还记得。比如教我们一个词，大概也是心理类型的一种分类吧，说有些人属于有fighting instinct，就是有好斗倾向，一下课我们就用上了，谁想吵架了，我们马上就说，你是有fighting instinct，被说的人回说"我不是你才是"，闹成一团，开心得很。

恳亲会

中西的课外活动太丰富了,演剧,唱歌,琴房里每月都有学琴的人开音乐会。青年会设德、智、体、群四部,出板报,救济贫民,还下乡。这些是自由参加的,周六的文学会则是师生都参加的。文学会上有演讲,有报告,还有辩论。最最热闹的,是一年一度的恳亲会和体育大会。

恳亲会就是学校开放日,请家长到学校里来,与老师学生沟通、联欢。在中西,那像是一个盛大的节日。那一天全体学生都穿白色的旗袍,鞋子可以是皮鞋或帆布力士鞋,只是必须是白色的。白色旗袍是我们的校服,穿校服并不经常,都是碰上大的活动(电影里出现的民国新派学生经常是喇叭袖短衫配长裙,那是五四时期的女学生装束,三四十年代一般都是穿旗袍)。家长参观我们的宿舍、教室、礼堂、饭厅、图书室、琴房,还要看我们的展览、作文、手工、图画这些。下午照例有一个隆重的联欢大会,高潮总是演剧。一到恳亲会,操场上便搭起舞台,全校的教职员工都忙着准备工作,我们也忙着布置、排练等事,忙得兴兴头头。大家都沉浸在一种节日的气氛里。

我记得我们演过歌舞剧《春天的快乐》《天鹅歌剧》,我在里面分别扮蝴蝶和变成天鹅的小王子。我们班最出彩的是钱伯桐,她扮演的公主唱起来凄婉动人。还有一次恳亲会,我和几个同学的参展作品是用面粉和盐做的世界地图,我弄南美洲那部分,因为亲手做过,后来我对南美洲比亚洲还熟。

恳亲会是在每年的下学期举行,上学期则有体育大会。我对体育大会不像对恳亲会那么起劲,体育一直是我的短板,不过看同学参加比赛,给她们加油,也开心得很。中西虽是女校,对体育也蛮重视,我们班的崔莲芳是大高个,排球、篮球的拦网、投篮都从容得很,吴华英、钱伯桐她们在球场上也极灵活,邵士珊更不用说,整个是全能健将,掷标枪,还会撑竿跳,在田径场上真是英姿飒爽。在当时,女生有这些活动,也是挺新潮的了。

我们家的好像体育就是不行。我姐先天不足,体格弱小,从手指到膝盖,好多关节都脱臼过。她不会打排球,但每逢比赛就瞎激动。有次让她在一方的三排左角上,她看球打过来打过去的,便又是叫又是跳,忽然就坐地上了,是膝关节又脱了臼。她的同学围过来笑得前仰后合,说杨敏如真怪,球又没碰着她,自己就坐地上了。我没闹过这样的笑话,不过和她一样,打排球什么的,一样都不会,她们给我起个绰号叫"小绵羊",既是说我平时不大吭气,也是说我不爱运动。

不过凌剑罗老师来了以后,我的运动潜力也算被发掘出来了一些。她是南方聘来教我们体育的,很新派,会跳现代舞,有次她穿着西式的紫色轻纱舞衣在周六的集会上给学生表演她的创意舞蹈,让人眼界大开。她让我们做哑铃操,还排练苏格兰土风舞,给家长表演时,我都被选中参加了。这些健身操在跳舞和体育之间,亦操亦舞罢。跳舞我喜欢,也拿手,所以很起劲。

哑铃操和苏格兰土风舞都是在恳亲会上表演的,也计入体育成绩。所以就有意思了:我的体育课成绩,上学期总是不好,只有七十分,刚够及格,到下学期,因为有恳亲会,就会涨到八十五分。

演话剧

各种课外活动中,我特别喜欢的是演剧。中西有演剧的传统,在天津是有名的。我说的是"剧"不是"戏","戏"是传统的,京剧昆曲这些是"戏","剧"是新派的,就是话剧。话剧是舶来品,起先都是在新派的学校里演,演得热闹。当时还有个名字,叫"爱美剧",这是amateur的音译,业余演剧的意思，不是职业的，也不卖票。主力当然就是学生了，天津的南开中学演剧也是特别有名的，周恩来就曾是南开剧社的台柱子。中西演剧的氛围不会差于南开，只是学校小一点，起初比较大的戏又都是用英文演，动静没那么大。

演剧是自娱自乐，活跃学校生活，也是通过这方式学习，掌握知识。我头一次参加演剧还是三年级的时候，叫什么名字我已忘了，反正很简单的，剧情是关于耶稣的降生。让我演圣母玛利亚。任务是站在马槽前面，一动不动，盯着马槽看——耶稣不是生在马槽里嘛。用一只篮子代表马槽，里面放一个玩偶娃娃，还有一只灯泡在下面，从下面发出光来，代表耶稣的光环。过后老师夸我演得很好，在台上一动不动，眼都不眨。我在上面看着"耶稣"还想哩：他是打哪儿来的呢？说耶稣是上帝之子，玛利亚和上帝又没结过婚。其实我根本不知道结婚是怎么回事，生育就更不知了，但从电影里看来的，不知爸爸是谁的就叫"私生子"。所以回家我就跟我姐说，耶稣是私生子。我姐马上就熊我，别瞎说！

我参加演出的第二出剧叫《东方博士》，还是关于耶稣的：他过生日，三个东方博士带着礼物来祝贺。大概上一次演得不错，又挑上了我，扮三博士其中的一个。被选中我很兴奋，回家就跟母亲说。母亲说，你平时都不怎么说话的，怎么演？我说没关系，不用说话的。——的确不用说话，因为那是哑剧。母亲很高兴，专门替我做了件亮闪闪的蓝缎戏服，也就是博士服了——演"东方博士"嘛。

再次被选中，是参加一九三〇年那一届的毕业演出。中西的惯例，每一届学生都会搞一场毕业演出（Senior Play），估计也是从欧美那边来的。那年排的戏是莎士比亚的喜剧《如愿》（后来一般译为《皆大欢喜》）。那是一出大戏，有好多角色，还有小仙女什么的，相当于群众演员，于是便在全校范围内挑选，小仙女自然要到小学来选，这是我上三年级时的事。

那次演出在中西是件盛事,过去都是在校内演出,那次演到戈登堂去了。戈登堂(Gordon Hall)是英租界最气派的建筑,英国人的管理机构,英国工部局就在里面,相当于欧洲城市都会有的市政厅。建成时是直隶总督兼北洋大臣李鸿章剪的彩,李七十大寿时租界当局还给他办过生日宴会,后来李鸿章出资在戈登堂里修了一个舞台,很漂亮的,于是戈登堂成了条件最好的公共娱乐场所,租界里有什么隆重的事儿,常选择那里。《如愿》在那里演出,可见和学校平常演剧大不一样。

　　演女主角罗瑟琳的,是毕业班的金韵之。那次演出,后来的著名导演黄佐临也来看了(他那时还叫"黄作霖"),对金韵之的表演很欣赏,就写了英文的剧评,发表在英文报纸《华北明星报》上。后来两个人就有了联系,相互通信,相爱结为夫妻。金韵之后来取了个艺名,叫"丹尼"。她的表妹金丽珠是我的好朋友。

　　对外公演的,家长都来看。我母亲,还有七婶去的。演出之前,教士把我们参加演出的领到家长面前,母亲觉得很有面子,好像是有点得意的。她给我整整衣服,抹抹头发,让好好演。之前上台,我都不紧张的,现在母亲在下面,不由得就紧张,生怕出错。结果偏偏出错了。剧中有两队小仙女,一队穿红衫,一队穿绿衫,从舞台两边出来,走成一个队形。我原是跟在谁后面的,不知怎的就离了队,跑错位置了,台下有人看出不对头了,就交头接耳地议论,金韵之也忍不住笑,要是不知不觉,也就罢了,偏偏我后来发现错了,又看到金韵之在笑,更是慌乱,赶紧反身往该站的那队里去,这下台下面原先没看出来的也知道错了,都笑起来。

　　闹的这个笑话并没有妨害我对话剧的兴趣。上面说的都是小学的事,到中学不再是哑剧,有台词了。上高中时,我们排过李健吾的《母亲的梦》,我演里面的英子,演母亲的是曲长珠,她有个外号叫"曲老太太",演英子哥哥的是"大烟鬼"，大家说她长得有点像男的。中西是女校，没有男生，男性角色都是女扮男装。《母亲的梦》是个独幕剧，反战的。那次演出挺成功的，演出完了从男教师宿舍前面走过，教国文的高玉爽老师正好在门口，问英子是谁演的，一起走的同学就说是我，他夸我说，演得好，演得好！他是鼓励我，赏识教育嘛，在我却是很得意的。

到我们毕业时，毕业演出有了一个变化：过去都是用英文演的（也是展示学生的英语水平嘛），《如愿》就是，家长不算，观众主要是外国人，黄佐临的剧评也登在英文的报纸上；我们要求用中文演和爱国热情高涨有关系，是我提出来的，高玉爽老师挺支持，学校也答应了。排的戏是易卜生的《玩偶之家》，导演是雪教士。她用英语指导我们排中文演出的剧，想想也挺有意思。当然她熟悉剧情，来华多年，也会说中文，排戏没什么问题的。我没上台演什么角色，台下的事情却忙得不少——服装、道具还有种种杂事，那些副导演的活，忙得挺起劲。

演娜拉的是钱伯桐。前面说过的，我们上小学时就在一起，特别亲密。钱伯桐人长得漂亮，很有才，很能干，手工、画画、演剧、读书，样样行。前些天她的子女还寄来那时的一张炭精画，画的是好莱坞童星秀兰·邓波儿，跟照片一模一样，比街头那些对着照片画像的好得太多了，当时这张是被老师拿来当样本的。演话剧也是她拿手的，我们排戏，她天生就是主角。小学时我们排过一出天鹅的戏，她是主角，我们都称她是"天鹅公主"。

《玩偶之家》的演出在学校大礼堂（这是我上高中时建好的，建好后就成为我们的骄傲，也不必像《如愿》那样借地方演出了），黄佐临跑来看，结果很欣赏钱伯桐的表演。他一直在搞话剧运动，在青年会排话剧，钱伯桐毕业后到青年会当干事，也参与其事。后来日本人占领天津，黄佐临到了上海，搞苦干剧团，就希望钱伯桐过去，一起干。但怎么可能呢？这时她父亲去世，家里情况很不好，根本没法走啊。如果她去了上海，没准会成为一个电影明星，那就是另一条人生的路了。

从看电影到看中旅的话剧

因为学校里的话剧氛围，我早就喜欢上话剧了，但直到三六年中旅剧团（中国旅行剧团）在天津演出，我才在剧院里看专业的演出。那之前看电影多。母亲喜欢看电影，看过了还喜欢评几句。常说的一句是"没什么意思"，特别是那些谈情说爱的（其实好莱坞片净是这样的故事），电影最后多半是男女主人公拥抱，一个大大的kiss。说归说，她还是会看。有些"不好"的电影她不许我看，歌舞片她就反对，露大腿，不像话嘛。起初还是默片，她看剧情介绍（电影院方便观众看懂故事印的），中英文的都有，她当然是看中文的，她看了再决定让不让我看。后来是有声片了，有时候她先看了才许我看，跟审片似的。

我最喜欢的好莱坞明星是瑙玛·希拉（Norma Shearer），得过奥斯卡最佳女主角奖，还有好多次提名奖。印象特别深的是《红楼春怨》，关于英国诗人勃朗宁夫人的传记片，写她的爱情故事，她身患残疾，多年卧床，不能行走，居然因为勃朗宁的爱情重新站起来！凡有希拉演的电影我是必看的，像《红楼春怨》更是看过多遍。我爱写信，有写长信的习惯，对喜欢的人、崇拜的人，会有写信的冲动。有次看了她主演的电影后很激动，就写了一封很长的英文信。信里当然除了表达对她的仰慕、赞美她的演技之外，还说我爱我的国家，好莱坞电影里出现的中国人常常是丑化的，而她从不演辱华的电影。我还说希望有一天能看到她演的《罗密欧与朱丽叶》，她演朱丽叶一定特别好。捎带着我还说，最好谁来演罗密欧。后来好莱坞拍了这部莎士比亚的名剧，就是希拉演的朱丽叶——当然和我的建议没关系，但我还是很兴奋，像是预言成真似的。

更让我兴奋的是，收到了那边的回信。原本没指望有什么回音的——我有时写信就是因为写信本身好玩，痛快，到老了都是如此——没想到寄来了六寸的签名照片。兴奋是可想而知，班上同学都跟着兴奋，大家都羡慕我。只有母亲习惯性地给我泼冷水，她说那么大明星，会亲笔签名？她认定签名是印上去的。我被说得将信将疑，就算是印上去的，不能当真正的签名照，这相片在我的收藏里也够特别的了。我集了好多好莱坞明星的照片，有好几十张，可都是在一家我们称作"紫房子"的礼品店里买的（我哥知道我这爱好，还从电影公司的朋友那里帮我讨过些海报），希拉这张可是隔着大洋寄过来的。

可是我还是有点不甘心，忍不住想探个究竟，就用手指头沾点唾沫在签名上抹，结果签名的笔迹就有点洇开来。这又让我大大地开心（虽然签名"受损"有点可惜），拿去给母亲看，证明签名是亲笔。母亲对我一向不表露赞许的，就像我告诉她巴金给我回信，她也是不动声色，但我知道她心里是高兴的，能用英文写信也属于她说的学本事嘛。要说满足我的虚荣心，还要数老仆人潘爷，他报喜似的去跟娘说，还到处炫耀：美国大明星给六姑娘回信了！

九一八事变以后有很长一段时间，我没进电影院，我哥说的，日本人占了东三省了，还看什么电影?! 我当然听我哥的，而且在我们家，少爷说话了，那还得了?! 就不看呗。我母亲那阵都看得少了。后来我哥出国了，我还是不大看。中旅来了，不看电影就看话剧吧。

我们都觉得话剧是进步的。事实上话剧没什么人看，观众都是年轻人，年轻学生、小知识分子。之前也没有专业的剧团来过天津。中旅都是在不大好的电影院里演戏，好的剧院租金付不起。当时头等的影院在英租界，第一轮电影都在那里放,法租界的只能放第二轮。英租界的蛺蝶电影院有个喝咖啡的bar,挺讲究的,也有茶喝,不过是买了到座位上或是站在门口喝。它家有女招待,穿旗袍,到座位上来让人点咖啡或茶、汽水什么的,点了就留下杯托,到时候送过来。

中旅只租得起法租界的剧院,白天、晚上都演,白天的票便宜点,其实晚上也不贵,和电影票差不多,甚至还不如。我是一个人自己看的白天场,晚上母亲是不让出门的。

唐若青

就是看中旅的戏,认识了唐若青。她爸爸就是唐槐秋,剧团的团长,母亲吴静也是剧团的。在天津演的第一出戏是《梅萝香》,她演的是配角。后来演《雷雨》,她还是配角,繁漪是赵慧琛演的,陶金演周萍,章曼苹演四凤,她演鲁妈,演得真好。《雷雨》让中旅在天津出名了。我那时十六岁,写了一篇《评中旅剧团的演出》,投到《庸报》,结果登出来了。我的十八叔(爷爷的老姨太的孩子,大排行是十八)因属狗,我们都叫"狗叔",比我大不了几岁,正好在《庸报》当摄影记者,跑新闻,拍过中旅剧团的演出的照片,认识剧团的人,看到我的文章很得意,跟他们说,是我侄女写的。他问我要不要去中旅剧团见识见识,我说好啊,就和同学桂慧君一起去了。

中旅的人住在惠中饭店。我没想到那么破那么简陋,连会客的地方也没有。这之前我去过的酒店都是"国民大饭店""利顺德"那样的,高级多了。他们在惠中是几人一间,只有唐槐秋一家,住了个——算是套间吧,外面的一间很小,没地方会客,就把我们领到那里。团里人都知道我写的那篇文章,唱戏的有人捧,话剧没人搭理呀,这次报上文章赞了,当然高兴。听说写文章的人来了，就过来看。门开着，老有人进来，一看就说，是个小孩嘛（他们以为是个年纪大的人），弄得我很窘，不知道说什么。

就这么认识了，唐若青对我很好，我很喜欢她的戏。她演《茶花女》里的主角，我就让花店给她送花。我可不是捧角，也没那么多钱，每次只送一朵白茶花，她就戴在身上。外面就传了，说杨家小姐每天送花给唐若青，传得像过去的捧戏子。其实不是每天，只是演《茶花女》的几天。我母亲倒没怎么说我，只说了一句，送花送一朵花？新鲜！

中旅最忠实的观众，大概就是像我这样的了。我的同学、朋友里因中旅剧团迷上话剧的，不在少数。孙以藻就要算一个。她是冯骥才的岳母，上的是法国天主教办的圣功女校，但她姐姐孙贤芳是中西的，与我姐同班，关系很好。孙家在天津挺有名的，家族里有大名鼎鼎的清末状元孙家鼐，北京大学前身京师大学堂的创办人，孙父孙多鑫办过中孚银行，属于最早一批的民族资本家——这些若不是有人查了告诉我，我也闹不清，我只知道他们家很有钱，我姐跟我说，孙贤芳的爸爸好像什么也不做，也不知哪来那么多的钱。我父亲办银行，大概两家也是有些来往的，要不大人怎么会玩笑地说起我和孙以藻的弟弟孙以葵可以成一对？孙以葵和我差不多大，小时候在什么场合一起玩过，有段时间他打电话到我们家找我，我一接他就说我，小狗！小狗！我就说你是小猴！小猴！打一通电话就这么骂过来骂过去，吵成一团。

孙以藻看话剧特别投入。有一次看《茶花女》，里面有一幕是阿芒收到了玛格丽特的信，她因为阿芒父亲的干涉，不得已不告而别，留下这么一封信，说她自己不好，配不上他。阿芒读了信很伤心，两手掩面痛哭起来。孙以藻看到这儿已经很动情了，等后面玛格丽特再出现，她坐在下面泪流满面冲着台上喊："你哪里不好？——你好，你配的！"我并不在场，听人说的，熟人朋友间当笑话传遍了。这也可见唐若青、陶金他们演得很成功的。

那时唐若青已经有未婚夫了，也是剧团里的，家里给订的，可她喜欢上了陶金。陶金在《茶花女》里是男一号，演阿芒，她演女一号，玛格丽特。有一场宴饮狂欢的戏，台上弄一只烧鸡，这是平时吃不起的，每次她都撕下一只鸡腿来给陶金。陶金不喜欢她，他爱上的是章曼苹，他认为她脾气好，肯做事，是一起过日子的人，他都是把鸡腿留着给章曼苹吃。

除了到过惠中饭店，我还去过他们住地一次。那时剧团已住不起饭店，租房子住了。不大好的房子，上海说的弄堂房子那样的，两层，楼上住女的，楼下住男的，好多人在一起，像睡大通铺。只有唐槐秋夫妇单独住很小的一间。那时有个叫程辰的女演员得了猩红热，是会传染的，大家乱成一团，楼上楼下，乌七八糟的。演员的住处我算是见识了。也不光是因为有病人，要隔离，他们相互之间还在闹意见。陶金因为章曼苹不舒服，要照顾她，住楼上去了，戴涯跟他吵成一团。这时唐槐秋到上海跑演出业务去了，戴涯是副团长，管着事。那边唐若青又跑楼下住了，怕被传染。唐若青成了剧团的台柱子，又是唐槐秋的女儿，有点特殊，她还嫌团里的伙食不好，不肯吃。他们的饭都是从外面叫来的，的确不好，剧团穷嘛。他们的演出服装都不齐，经常上台就是穿自己的衣服。

出名以后，我觉得唐若青变了，喜欢热闹、奢华的生活。有个有钱的朱太太捧她，收她做干女儿，她就认了干妈。经常演出一完，朱太太的汽车就把她接走了。接到哪儿？酒楼饭馆，舞场，时髦地方，吃喝玩乐呗。有时不卸装就直接去。有一次我在国民大饭店里看到她在舞池里跳舞。那种地方母亲是不许我去的。偶尔她去吃点心、瞧新鲜，才让我跟着去。跳舞这些，她也不全反对，照她的规矩，样样都可以学，要会。但有舞女的地方只能看，绝对不能下去跳，跳了不是跟舞女混在一起了？那次我们坐那儿看到了唐若青。像陶金、章曼苹他们，戏演完了看书、琢磨戏，用功极了，那是把演话剧当career的，她这样下去不是堕落了吗?——我是受巴金这样的作家影响的,当时就这么想。

我给她写了一封长信,说一些奋斗求上进的意思和希望。她没回信,到快走时派人到我家里来说,晚上的火车,剧团要去上海了,让我到火车站去见一面。我跟母亲说了,母亲回说,大晚上的,到火车站去干什么?车站乱哄哄的,不许去。要去的话,肯定是坐家里的黄包车去,哪会一个人?但母亲发了话了,就没去。让下人去送信,说来不了了。后来唐若青送了我一张六寸的大照片,还写"别了,亲爱的小妹妹"一些话,肉麻兮兮的,就是女生之间那种调调。其实好像她不过比我大一岁,只是她戴耳环,穿高跟鞋,看起来成熟得多。

她离开天津后就再没联系了。三八年我去昆明上西南联大,经过香港时住了十天,当时中旅在香港,我看了《日出》,唐若青演陈白露,我只是看戏,并没有找她。

再后来,还是从陶金、章曼苹那儿知道一些她的消息。陶金、章曼苹我也是在天津时认识的,他们和唐若青是一道的嘛。要说当年那样就叫追星,那时候我追的是唐若青,没想到后来保持着友情的是陶金和章曼苹,他们俩后来成了夫妻,直到晚年,我们两家都一直有来往,孩子也成了朋友。现在提到陶金,大概没几个年轻人知道,三四十年代他是货真价实的当红小生,抗战胜利后他演的《一江春水向东流》《八千里路云和月》都是轰动一时的。

四六年我随赵瑞蕻从重庆到南京,赵瑞蕻在中央大学当助教。陶金他们正在南京演戏,我告诉他们我在南京了,晚上他们就到学校分配的宿舍里来,聊了好久,说到唐若青,都觉得她当年没有去重庆大后方,是走错了道。

在重庆时陶金他们演话剧火得很,我倒没去找过。听说我那时也在重庆,便问怎么不来看戏?我说没钱看戏呀,学校在沙坪坝,进趟城也不容易。那时真是穷得看不起戏。陶金说,找我们啊,我们是什么交情?请你看戏还不应该?!的确,年轻时就交上的朋友是不一样的。

陶金告诉我唐若青后来很惨。最糟糕的是，她抽上了鸦片。《清宫秘史》里她演慈禧太后，起初大家都不知道她吸鸦片，电影公司汇了钱让她快来拍，她迟迟不来，这戏慈禧是大主角，她不来怎么拍？又汇钱去，催她。最后终于来了，拍戏又常迟到。后来才知道，是起不来，起来了也没精打采。之前给她当路费的钱，还不是抽鸦片抽掉了？她在香港，越往后越潦倒，住在了贫民窟里，跟过去的熟人朋友也不联系。后来她住的那一带失火，烧了许多房子，火灭了以后有人看到她坐在街边，蓬头垢面，夹着个小包袱。再往后就没什么消息了。

中西以外

说看中旅剧团演出，和唐若青、陶金、章曼苹等人的交往这些，已经说到中西以外去了，虽然说不上"接触社会"，到中旅住的惠中饭店等地方去，在我已算是出了自己生活的小圈子。中西的生活，多少可以说是象牙塔式的，和我后来到昆明到西南联大比起来，真有几分与世隔绝的味道。就像中西在"中国地"，出了校门就是另一个世界。加上母亲管束得严，出去到哪儿都要请示汇报，我对外面的世界，民间的疾苦，真是一无所知的。

当然就算像世外桃源，我们毕竟还是身在动荡的年代，回想起来，就是在学校里面，也有过得不太平的时候。上小学时就有一件事，印象很深。当时军阀混战，打来打去，我们年纪太小，弄不清这边那边的。吴佩孚、孙传芳、张作霖打成一团，他们打他们的，老百姓过自己的日子。怕的就是败兵，他们什么事情都干得出来，有各种可怕的传说。有一天下午，学校忽然让学生赶快回家，让家里来接，学校里顿时大乱，大家都急急忙忙收拾东西。学校紧张，是因为中西在"中国地"，租界是比较安全的，败兵一般不敢去。在"中国地"就难说了，虽然是外国人办的教会学校，也不得不防备。我从窗户里就看见校工在用铁丝网把学校围起来。

我姐跑来让我快走。她是急性子，这时更是心急火燎的，偏偏我动作慢，又不知利害，不明白出了什么事，也就不知道害怕。那一阵午饭都是从家里带来，很简单的，就一个三明治，另外还带热水，用个小暖瓶。暖瓶都是一根带子斜挎着背身上，这时我被我姐催得紧，没在脖子上挂好，一下掉在地上，碎了。我姐气得跺脚，也顾不得许多，拉着我就走。没走几步，我又不肯走，要回去，因为这天是带了蚕到学校的，用一个纸盒装着，放在桌肚里。是小蚕，刚刚长出来，不喂它不是要饿死了吗？我要回去拿，我姐更气了，说，都什么时候了？还管这些?! 拖着我就走了。

外面吵吵嚷嚷的，校工蹲在地下弄铁丝网，用钳子把铁丝往一块儿拧，围起来，就校门留了一个口子，催我们快出去，说一会儿铁丝网要通电的。校门外面更热闹了，接人的车都停在那儿，大呼小叫的，招呼自家的孩子赶紧上车，真正是兵荒马乱。来接的，汽车、马车、黄包车都有，都急着走，就乱了，小汽车按喇叭要人让道，越是堵着越是拼命按，结果把孙家琇她家拉马车的马给惊着了，拖着车就开始狂奔，好吓人。

长大了，经历的事情更多，大多都和日本人有关，像日本人闹事弄出的"津变"就让天津人很恐慌，只是那次没有波及学校。我们对日本鬼子的痛恨是不用说的。我记得西安事变和平解决的消息传来，我们高兴极了。学校还开了庆祝会。对蒋介石我们没有什么好感，但是和平解决就是不打内战，一致对外了嘛。我们对张学良也不感冒，谁都知道，他是个公子哥儿，还不抵抗就让日本人把东三省给占了。他扣了蒋介石，好像有点不对头，可是不管用什么办法，只要能换来抗日，就都对。庆祝会上本来有个环节，到最后要有人亮出字板来，连在一起，就是"蒋委员长万岁"六个字。这样赞颂蒋介石，和地下党有联系的人是不满意的，好像当时就有人反对，最后那些字板也没亮出来。

我也是反对亮字板的，当时我还没像后来那样反对蒋介石，但是，万什么岁嘛！这个事件里面，当时我觉得最了不起的是宋美龄，她亲自到西安谈判，不管别的，在丈夫落难处境危险时挺身而出，这就让人佩服。按照中西的教育，就该是这样的。好多同学跟我是一样的看法，当然，多少也是因为，宋美龄在美国念的学院也是美以美会办的，和中西算是一个系统。后来我大概在沈从文面前也表露过什么，所以有次向别人介绍我，他笑话我说，这位杨小姐是崇拜"国母"的。

毕业季

一九三七年，真正是"多事之秋"，就在那一年，我毕业了。毕业是件大事，中西的传统，总是很隆重的。

我们班是历届人数最多的，毕业的活动搞得特别热闹。中西没有校服，平时各穿各的，只有为了某个活动会去做统一的服装，白绸旗袍应该就是我们的校服吧。这次为毕业，我们做了班服，绿色的，象征春天的气息。选择了绿色和银白色作为班色，大家到天津的国货售品所去买一种上海生产的面料，绿色的带有很密的本色小方格的薄纱。穿这薄纱做的旗袍，下面是白皮鞋。毕业典礼上，我们就是穿这一身一个一个上台去，向校长、教务长鞠躬，恭恭敬敬双手从他们手中接过毕业文凭。文凭白底上烫着金字，卷成筒状用缎带系着，接过时我们又兴奋又激动。

典礼上全班人唱起了"班歌"。这好像也是中西的传统，每个班都有自己的班歌，一般是用现成的曲子填上新词。我姐她们班的班歌是我哥写的，我们班的班歌是我姐给写的，用的是Flotow的歌剧《玛尔塔》里的咏叹调"像一道光"。我姐姐喜欢古典文学，写得文绉绉的，我到现在一句都不会了。她还在的时候问过我，说你们班歌你还记得吗？我就说都忘了，只记得最后是"去矣去矣"，谁叫你写得那么文乎？

这是老年忆旧，当笑话说，当时可笑不出来，十年学校生活，就要结束了，激动啊，我们几乎每个人都是流着泪唱的。我后来参加婚礼，还有其他什么典礼，都没这么激动过。四四年我大学毕业，学校没有搞毕业典礼，而且我是借读，不算中央大学的。中国的学校不大重视这个，据说现在都有了，可没有那样的氛围。在电视上看到现在的中学高考誓师大会，敢死队似的，还有的毕业了一起把课本撕了，对母校没什么留恋，真是奇怪。

我想还是因为中西是教会学校，自然而然地就有庄重的气氛，那个时候我们是真有一种神圣感油然而生的。家长在下面也很感动，都为自己的孩子骄傲。我母亲是当大事的，准备了一个大大的花篮。我哥在英国，也订了花给我。那时我照的相片，放在前面的是母亲的花篮，捧在手上的就是我哥送的，另外颜伯母还送了一个花篮，人家都是一个花篮，我有两个，另外还有一束，心里说不出的得意。母亲很要面子，她送的那个花篮特别大，很显眼。有的同学也用来做道具，拍照留念，她就嘀咕：怎么把我们的拿去了？

中西还有个传统，每一届毕业班照例向学校赠送纪念品，费用由班上同学自由分摊，家境好的多出点。前面有一届送过一个落地的报时大钟，就放在教学楼的瓷砖过道上，我们从初中起在那楼里进进出出，每天都看见，每隔一刻钟、半小时、一小时就会长短不一响一阵，直到现在我都还能想起报时的低沉的声音。还有一届送的是几只亮闪闪的铜铃，每张饭桌的角上都装一只，要唱谢饭歌时老师就用筷子敲一敲，大家就静下来，加添饭菜或有事找服务员、老师时也敲一下，免得大喊大叫的了。我们都觉得这礼物送得很有趣。

我们班送什么呢？想到了送旗杆。好像是我提议的，想不起我们是否想到过送别的，反正一说旗杆，大家一致同意。原来的旗杆用了十几二十年了，已经破旧不堪，每次升旗时摇摇晃晃的。大礼堂建成以后，那旗杆就更显得不像样了。不过我们想到送旗杆不光是为这个，更多是因为当时高涨的爱国情绪。其实平时是不升旗的，重大节日时才升起来，仪式不见得有多庄严正式，我们也没多少特别的感觉。但是日本人侵略以后不一样了，我们特别想看到国旗飘扬起来。我们班是受一二·九运动影响最深的一个班，这在送给学校的礼物上也能看出来。

旗杆很快竖起来了，水泥的基座，比原来的旗杆高大，像模像样的。可惜上面没挂几天国旗。七七事变后，日本人占领了天津，虽然还没进租界，但中西在"中国地"，已在日本人控制范围内。这时国旗不让挂了，逼着挂日本旗，中西也被要求的，当然要抵制。美国教会为了保护校产，就挂起了美国国旗。我要离开天津去学校辞行的时候，旗杆上挂的就是美国国旗。

范教士很伤感，问我什么时候回来。每个学生来辞行的时候她都这么问，形势越来越糟，她说她要回美国了。她在中西的时间最长，真是看着我们长大的，虽然平时很严肃，对学校、对我们真是有感情的。（她很快就回美国了，回国之前，她到北平去看望中西的学生，中西很多学生后来念了燕京，我姐也是，范教士到那儿见到了许多她教过的学生。她特别带了蛋糕去，路上通过日本人的关卡，要检查，怀疑蛋糕里藏着发报机，就拿手指头捅，这样蛋糕还成个什么样子？范教士气得要命，和我姐她们说着，眼泪都出来了。）

我看范教士她们伤心的样子，心里也有点难过，但年轻，正要离开家去更大的天地，新鲜又好奇，而且我们都相信现在已经全民抗战了，很快就会赶走小日本的。我信心满满地对她说，等旗杆上升起国旗了，我就回来了。当时形势真的很紧张，七月初毕业，紧接着就来了七七事变。事变之后就挂上了美国国旗，因为学校不在租界，租界以外的地方，都很危险了。那时日本还没跟美国宣战，挂美国国旗是保护学校。别的学校，除了租界的，日本人都已派了教官去了，在"中国地"的，只有中西还没有日本人进来。后来一些学生就从别的学校转到中西来念书，躲开日本鬼子。我说那话不是针对美国，意思就是等到赶走日本鬼子再回来。

那时虽没对她说多长时间，我心里想的是一年，很多人都这么想的。没想到我再回到天津，已是十一年以后了。

苦闷

中西毕业了，当然要继续念大学。中西的学生是可以保送名校的：三年的成绩平均九十分可以保送清华，八十五分的话可以上燕京。我姐姐是八十五分，已经非常不容易了，我均分是八十分，但是也没觉得不好，八十分可以上南开。我母亲当然希望我上更好的学校，不过上南开她也很高兴。南开就在天津，这样我就还是在她身边。我姐的目标是在燕京念研究生，母亲觉得家里总得有一个人。

虽然是保送，入学还是要考一下的。我报的是南开的中文系，要考中文和英文，这对我不是问题。其实我还考了燕京。我是不想考的，因为燕京要考数学，还要考智力。我智力那门考的分数挺高，但我数学缺考了。一考数学我就紧张，结果生病，发起烧来，我母亲就说我是装病。后来我姐去打听，说因为智力考试我的分很高，数学只要有个成绩，即使分数差也准备取我了。缺了考根本没成绩，也就免谈了。

即使成绩够，我也不想去燕京：我都读了那么多年教会学校，虽然很留恋中西的生活，大学也该换换了吧？如果要上教会学校的话，我也宁可去金陵女子大学，那样就可以远远离开家了。要是完全凭我自己的兴趣，我最想学美术，那时候我已经写信要了美专的招生章程，上海美专的，北平艺专的，杭州艺专的……章程都寄到家里来了，我母亲就说，这也叫念书? 新鲜! 我母亲觉得画画不是不可以，但是书还是要念的。她认为画画就不是念书。还有一样，就是男的、女的在一起画，成什么样子? 她倒是没有想到模特儿、画裸体什么的，她只想到男的留长头发，那时候男的画家是这样的，在她看来就不对头。

我对绘画一直有兴趣，从小就喜欢画小人，在中西喜欢美术课，老师觉得我在这上面是有天分的。没事也喜欢自己画着玩。这时闲着，我就去上私人开的暑期绘画班。天津有个才女叫刘文娴，长得很漂亮，家里好像也是没有父亲，学成回来开绘画班。还有一个班教刺绣、绘画、手工，就是把你培养成lady。这些都在我们附近，我母亲都同意。第一，老师是女的，第二，很近，我可以走过去。我母亲也认为应该学这些，在她看来，都算"学本事"，学本事总是好的。还跟另外一个老师学过画，应该是一年毕业，结果我那时水平已经很好了，那个老师非常喜欢我。过了十一年，三十岁回到天津，她正好住在我们这个里弄，碰上了，她还是单身，叫郑德茵。我想如果我不到大后方的话还是会继续画的。

除了绘画、刺绣，那阵子我还上各种班。毕业了，还没进大学，整天待在家里实在太闷了。学踢踏舞，学画画，学钢琴，至少有一半原因是为了不待在家里。学踢踏舞是在小白楼，那儿是很热闹的商业区，也是吃喝玩乐的地方，因为有好多白俄，天津人叫那里"俄国城"。我上的踢踏舞班是一个白俄开的，广告上说她是去过好莱坞的。我是和颜枌生、桂慧君、吴华英一起去学的，这一条对我母亲也是有说服力的。学了一阵，有一天老师让我们去英租界的"蛱蝶"电影院跳舞，回家一说，几个家长都不答应，就算了。在我母亲看来，"学本事"是一回事，跳给人看好比票友下海，就是另一回事了。

"蛱蝶"就是后来的"大光明"，天津的一等影院，好莱坞电影第一轮都是在那儿放。那时放电影中间有休息，interval，大概十分钟，观众可以去上厕所，或是喝咖啡，吃点心、冰激凌，这时候台上的丝绒幕布就会放下来。让我们去跳踢踏舞，就是在休息的时候给观众助个兴，就像球赛中场的啦啦队表演。白俄老师想要我们去，可能是可以从中赚点小钱吧。我母亲常在"蛱蝶"看电影，看到过白俄舞女休息时跳舞，我也去跳，成什么样子？

听上去我的生活挺丰富多彩的，事实上那段时间我很苦闷。我的苦闷并不是毕业了之后才有的。上高中时我就经常有这感觉了，特别是在一九三五年一二·九运动以后。母亲对我的管束特别严，哪也不许去。平津一带的学生运动如火如荼，我的好朋友刘嘉蓁可以自由自在地参加各种游行示威和集会活动，我也有参加的冲动，谁甘心做亡国奴呢？但我是根本出不了家门的，对那些同学只有羡慕。

刘嘉蓁在我的好朋友里是有些特别的。她是东北流亡学生，长得瘦小，人却很热情，高中时她进了中西，很快就和我熟了。她比我低一班，但那时有几门课两个班一起上，我们座位离得不远。因为家乡被占领，她特别恨日本鬼子，参加社会上的各种活动，集会、营火晚会什么的，回来之后会激动地跟我说。有一次上课时她跟我传纸条，上面写着："来吧，到群众队伍中来吧，欢迎你！"我回她："毁灭吧，世界！"那是无政府主义的调调。现在听上去很幼稚，当时不管是她这么说还是我听着，都是很投入的。我只是情绪上投入，事实上只能旁观。有时在教室里，我们会听着游行队伍喊着口号过来，大家都激动，一下子跑到窗口去看，老师并不阻拦——中西的教育里有一条，就是要爱自己的国家。但是也就止于此了，从学校上街游行是不许的，刘嘉蓁不住校，从家里就去了，我是家里绝对不许的。

上高中时，只有一次，家里答应了我参加在香山的夏令营。那次也是磨了半天，母亲知道了崔莲芳、吴华英、颜枌生、钱伯桐、梁爱敌她们几个都去，才答应了我。记不得是哪里组织的，不光是中西，参加的人里有南开的，还有北平的中学的。里面有很多活跃分子，共产党的，国民党方面的，都有。谁也没明说，但我们模模糊糊的，心里大概都有数。比如有个叫余恩溪的，是北平一所学校的，她大概觉得我有点"左"倾，就和我交谈，问我读过些什么书，跟我谈巴金，谈茅盾的《子夜》。挺认真地谈过两次，她劝我多和社会接触，认识更多的人就是认识世界，有好处的。她肯定是有背景的，我到现在还记得这个名字是因为后来在报上见到过，说是失踪了，我猜她多半是地下党。我记不得有没有老师带队去，直接领着我们的是高年级的叶楚生，她哥哥是叶楚伦，国民党的高官。我觉得她是有"三青团"背景的，她曾叮嘱过我，跟人接触要小心，别随便和人交往。我大概是这么划分的，比较开放的，劝多和人交往的，是"左"倾的；比较保守，总是说要小心谨慎的，一般是向着国民党那边的。年轻人喜欢集体生活，我们在香山搞营火晚会，唱歌、写诗、朗诵，玩得很开心。中西是女校，我们去的当然都是女生，不过别的学校有男生，认识了，后来还通信。有个男生就写信给钱伯桐，我也收到过信，不过那个男生是给我们几个人都写信的，如果只给我写信，没准我就不敢回了。

有个男生，家就在昭明里我们家那一带，原来并不认识的，在夏令营认识了，回到天津后老是追我和梁爱敌，他大概是精神有点毛病的，会骑着自行车冲着我们的窗户哇啦哇啦喊，吓得我和梁爱敌一度出门都胆战心惊。母亲更是害怕，当成那次夏令营出的一桩事，对我管得更严了，参加游行、集会之类的活动，想也别想。她总是说，你们小孩子家懂得什么？好好念书，将来考个好大学才能报国。

其实我母亲很有爱国意识，那一阵，她领着家里亲友为前方赶制棉军衣，家里到处放着一堆堆灰色棉袄的成品半成品，从早到晚她忙个不停，缝纫机一直转动，我站一边看她忙，一面觉得母亲真了不起，一边又气她自己支援前线，却不让我参加抗日的活动。

越是管着我，我就越发郁闷。有一次，不大登门的三叔到我们家来，吃午饭时对娘说，大嫂，你还记得高凌霨吗？大哥在时认识的，他现在做了"维持会"委员长，出面"维持"地方，请我出来做事。这倒是个机会，可以弄个差事做做。大嫂你看怎么样？他说的高凌霨就是后来在日本人扶持下做了伪河北省省长、伪天津特别市市长的大汉奸，过去在北洋政府里任高官，曹锟的心腹，做到过国务总理。娘是长嫂，虽然不管事，面子上在家里是有地位的，但三叔其实是兴奋了过来显摆，哪是征求什么意见？问也问不出名堂来——娘哪闹得清楚这些？她满脑子里都是打牌的事，只顾和母亲说头天晚上牌桌上的事，没怎么接三叔的话。

但三叔说的我是声声入耳的，什么"维持""差事"的，说白了不就是当汉奸吗?!我听着都觉得是奇耻大辱，搁下碗筷噔噔噔就上楼去了。楼上有架租来的钢琴，我就坐下使劲弹，学过的都是《蓝色多瑙河》一类的曲子，我觉得没劲，不解气，就开始唱"大刀向鬼子们的头上砍去""工农兵学商，一起来救亡"……会的抗日歌曲轮着唱了个遍，一边唱还一边跺脚，拿铅笔盒敲桌子。

娘和三叔吃完后坐在客厅沙发上说话，我的位置就在他们头顶上，我在上面闹，下面不得安静，过一阵老潘子就上楼来，垂手立在旁边对我说，六姑娘，太太让你小声点——正和三叔说话哩。母亲从她卧室里掀帘子出来问怎么回事，而后说，小孩子家嘛。过去我有点小错母亲也会训斥我的，现在哥哥留学在英国，我姐在北平念研究生，大公主搬出去自己住了，身边就我一个，算个人物了，待我温和了许多，这次更是没说我，只说了句，你也是的，惹他们做什么？

我得承认，学踢踏舞、刺绣、画画，甚至自己上街去shopping，这些事都挺让我开心的。我十八岁时中学毕业了，母亲说，现在算大人了，该有零花钱了。以后我每个月就有十二元钱的零花。之前要什么都是家里给买，我没有一个人逛过街，身上也没钱。第一个月拿了钱，我跑到唱片行，买了四张红心唱片，三元钱一张，很贵的，拿回来开心得不得了。但是这一类的快乐消除不了我的苦闷，反而有时苦闷得更厉害了，因为我觉得自己和那些参加抗日活动的同学过的完全是两种生活，在这样的大时代里过一种贵族小姐式的生活，我觉得很"醉生梦死"。

这些跟母亲是说不通的。对她我从来不敢反抗，甚至没想过要反抗。除非是到外地去，只要还在这家里，我想不出怎么能不听母亲的，也想不出我的状况会有什么改变。

就是在一团苦闷中，我开始给巴金写信。

给巴金写信

我是十七岁时开始和巴金通信的。之前我看了许多巴金的书，《家》《雾》《雨》《电》，不光是小说，他编译的《无政府主义与实际问题》《蒲鲁东的人生哲学》我也看。新文学作家中，我哥喜欢胡适，我姐崇拜冰心，我最崇拜的是巴金。冰心在燕京教书，我姐是真的崇拜。她的毕业典礼，带我去参加的。在燕京的礼堂，学生都在那儿了，就见司徒雷登戴着方帽子走过来，冰心和一些教师跟在后面，我姐站在外侧，靠过道，冰心就从她身边过去，她激动得很，大喊："谢先生！"冰心连忙竖起手指在嘴前面，让她别响。冰心作品里都在歌颂母爱，我是有点隔膜的，因为母亲对我一直很严厉。我爱读巴金，因为巴金《家》里写的，和我的家太相像了。

其实也不光是我，我在中西的好友当中，有好几个都迷上了巴金，读遍他几乎所有的作品，从中得到鼓舞和力量。巴金的小说对年轻人是特别有吸引力的。可能好多年轻人都给巴金写过信。我是好多年以后，才知道差不多就在我开始给巴金写信的那段时间，同学刘嘉蓁也在给他写信。一九八五年我和她通信时还说起这事，她在三八妇女节那天的来信里这样写："我清楚地记得，当时我卷进一二·九运动后，心头像一团火一样在燃烧，血管里流淌着的血要沸腾了，要爆炸了，一个十八岁的年轻人承受不了在燃烧的火，要爆炸的血管，她在寻求一个支持者，一个承受者，帮助她承受这火，这血。巴金先生是这样做了，他理解、同情、支持我们当时那些极为幼稚可笑的想法和行动。我告诉他我们办墙报，搞营火晚会，划船到墙子河中央去放声歌唱，他完全能理解和同情我们。我的心得到了安抚。"刘嘉蓁到延安之初还给巴金写过信，巴金称赞她路走对了。

当时我也是写信到巴金那里去寻求抚慰的。那段时间我特别苦闷。有好多因素，一是前面说的一二·九运动，再就是我哥去留学后，我觉得特别寂寞。我哥对我特别好，我总是跟着他，什么事都听他的，像是一种依靠。有一次我上楼，仰头对空气喊了声"哥der"，堂弟杨纮武听到，就对母亲说，六姐是想哥哥了。我一直叫我哥"哥der"，那是从一个玩笑来的：八叔家的四哥还有七叔家的五哥，加上我哥带我一起玩，他们和我哥都上新学书院，会英语，跟我说，喊我哥要说"dear哥"，我不会说dear，一说就说成"der"，他们当笑话，说，行，你就喊"哥der"，后来就一直这么叫。我总跟在我哥后面，到老了我姐还说，我和我哥是一拨的。

巴金是我崇拜的偶像。另一方面，对于我，他也像兄长一样，代替了我哥。就在一团苦闷中我开始写信。收到巴金的第一封信时，我简直是狂喜，那几天恨不得拥抱遇到的每一个人，告诉他们："我收到了巴金的亲笔信！"总想大笑，又怕是在做梦。事实上，信我是悄悄写的，收到信也不能公开，尤其更要瞒着母亲。

我在第一封信里写了对他作品的喜欢，还有对他的崇拜之情，以后慢慢地，什么对别人不说的话都对他说，什么事都问他的意见。都是很长的信，我喜欢做梦，梦多，在信里向他描述我的每一个梦。我给朋友写信习惯写得很长，但给巴金的信特别长，以至于好多年后有次他在朋友面前开我的玩笑，说我有一封信长到写了十七页纸。

可能是第二封信，我就说到了对我的家的不满，重点是表示，我要做他笔下的觉慧。他回信表示不赞成，说我年纪太小，应该先把书念好，要有耐心。那时候我不知道他和刘嘉蓁之间的通信，当然也不知道他称赞她去延安是"路走对了"，否则我大概要问，为什么赞同刘嘉蓁去走自己的路，却不赞同我像觉慧那样呢？可能他会说，你和她的情况不一样。现在我想想，如果刘嘉蓁当时不是已经到了延安，他的回答也许又不一样。巴金总是爱护年轻人，为他们设想的。

我跟巴金通信，母亲并不反对。我开始瞒着她，后来还是忍不住说了。我给好莱坞明星璐玛·希拉还有巴金写信，她都是知道的，他们回信，我告诉她，她嘴里不说，心里也是高兴的。她也有她的虚荣心嘛。巴金的《家》她看过，知道他名气很大。对《家》怎么个看法她没说过，不过晚年她有次说我，你和你哥都不给我争气，就知道玩儿！你们怎么就写不出一本《家》呢？巴金能写，你们就不能写？但是另一方面她挺传统，对巴金鼓励年轻人反叛家庭，以及我受巴金的影响一直有点耿耿于怀。也是晚年的时候，有次她对我说，你都是给巴金害的。这是说我后来的路，离家去读书，包括婚姻，都不是她的安排。

"大李先生"

还在天津时巴金给我的一封信里，劝我好好念书之余，说我可以去找他哥哥李尧林，说他会帮助我的。李尧林是巴金的亲哥哥，大排行行三，两人的关系特别好，巴金离开四川的家，就是和李尧林一道。后来巴金去了法国，李尧林到北平念燕京大学的外文系，毕业后就到天津南开中学教英语。我是不大会和陌生人交流的，哪敢主动去找？写了个纸条让同学冯秀娥带给他，上面写了家庭住址联系方式，这事就算结了。

那时李尧林住在冯秀娥家。冯秀娥也是中西的，低我一级，但我们常在一起上课。她家里是开绸缎庄的，弟弟在南开中学念书，李尧林是他的老师，他课讲得好，特别认真，对学生也特别好，像南开许多学生一样，秀娥她弟弟也喜欢大李先生。日本人飞机轰炸，一颗炸弹落在南开，炸到了教师宿舍，大李先生没地方住了，秀娥的弟弟就向家里提出，要让他住到家里。秀娥家有地方住，同时也希望大李先生帮着孩子补习英语，就答应了。大李先生于是住到了冯家原先的客厅。之前巴金给他写信提到我，说没有妹妹，就把她当小妹妹看吧。他因为知道冯秀娥和我是同学，就让她叫我到她家见个面。

冯秀娥对我说，李先生问起你，说你怎么不去见他呢？我一时想不起，问，哪个李先生？她说，就是巴金的哥哥呀！我这才想起来。一见面他就说，以为你是个小孩子，没想到其实是大人了。那天我穿着旗袍，半高跟鞋，说大不大，倒的确不能算是小孩子。以后这意思他还说过不止一次，老提醒我说：也不小了，怎么什么事也不懂？

后来就开始通信了，而且越来越密，有时候一天就有两封，头一次一天两封信，是他写给我的。从第一次见面，到我离开天津去昆明念书，大概有半年时间，我收到的信有四十多封，我写给他的信应该更多。（他叫我在信封上面写上编号，所以我清楚记得来信是四十多封。）对巴金，当着面我都是称"李先生"，李尧林是他哥哥，就称"大李先生"，写信的时候不一样，给巴金写信，只称"先生"，写给李尧林，就称"李先生"。也不是有意的——写给巴金的信主要是说苦闷，给大李先生的信更流水账一些，多说好玩的事，吃了什么，到哪玩去了，遇到了什么人……什么都汇报。

大李先生和巴金的信，都是寄到同学叶道纯家里。有信来，她就打电话告诉我，我就让小本儿去取。小本儿是我们家的车夫，在我们家干了好多年。都是我在楼上按个铃，他就从下房那边过来听吩咐。

我和大李先生很少单独见面，只有三四次一起散步。一般情况，是说好了在我家附近的某个地方会合，跟母亲，就说是到同学家玩去了。我在学校、在家里受的教育，都是不许说假话的，在家里母亲问我什么，我都不敢隐瞒，所以我说去同学家，她都是信的。我说去找同学玩，也不是扯谎，有时真是想和同学一起跟大李先生散步的。比如有一次，我和大李先生碰头之后，就去找同学安继伦。安继伦家也在租界，有个小院，大李先生在街对面等，我就过街去按她家的门铃。晚上英租界特别安静，门铃声音很响，按了又按，听见里面安继伦和大人说话，过一阵她出来说，家里人说太迟了，不许出去。这样我就和大李先生单独去散步了。大概我按门铃时没等响完又按，大李先生笑着说，你急什么呀？我说我没急呀。我自己也不知道是不是希望单独和大李先生散步。

我和大李先生没一起看过电影，都是在电影院里碰上——和一个男的去看电影，那是不可能的。我们家看电影，通常不是买当场票，在报上看了电影广告，会让下人去买某个时间的。我看电影，通常不是一个人去，不是和母亲，就是和同学一起。这时候和同学一起去的多了。在信里我会和大李先生说，要去看哪场电影。

我特别爱看电影，好多名著，我都是先看的电影，《呼啸山庄》也是，好莱坞拍的片子，叫《魂归离恨天》。刚有有声片那阵，好多电影公司都抢着拍歌舞片。米高梅、派拉蒙，还有United States Artist（中文名好像叫"联美"），都拍。我们家里原来不大让看的，后来也让了，因为并没有什么露大腿的。有一部《百鸟朝凤》，我看了三遍，还有《丹宫恨史》。这些我都会在信里说。这些过去大李先生都是不看的，老听我说，他就说，我也看看吧。

那时的电影院不是对号入座的。说来有意思，有一次看到大李先生，我坐在左半边，他坐在右半边，不久以后在另一家影院，我坐在右半边，发现他坐在左半边。在哪家影院坐哪半边，都是习惯性的，他正好和我相反。

即使发现了大李先生，我们也不会坐到一起。只是到电影散场了，我会看到他在门口站着，等我。我看电影，家里的黄包车都是在门口等着的，这时我就会过去跟车夫说，要和老师说话，让他再等着。有一次，是我已经告诉他要去昆明念书以后了，散场后他又在门口等我，对我说，我带你到海河边上去看看。走到了海河边，他指着码头说，你就是要从那儿走。

和大李先生单独在一起一共没几次，外面就风言风语的，有些传言。有天晚上我和同班同学张志清一起学骑自行车，一会儿就学会了。她忽然对我说，静如，有件事你听说了吗？——不得了的事：外头都在传，李尧林先生有一个小女朋友，有人看见两人晚上一起散步，还有人白天也看见过，说那个小女朋友就是你，你和李先生散过步吗？我说那是碰上的。的确有时并不是约好，一下就碰上了。比如有一次我和安继伦、王莲华早上散步，没走几步就遇见了大李先生。我带着我的柯达相机的，他还给我们拍了照，我回头大笑的一张，后来烧了，挺可惜的。碰上也不奇怪，因为我信里每天的事都说，要上哪去，和谁。照完相安继伦她们就笑，说真是巧，走几步大李先生就露面。

张志清说，不管怎么样，要是让你母亲知道就不得了了，会把你关起来的，那你就不能出来玩，我们也不能一起看电影了。回到家我越想越害怕，偷偷一个人哭。哭完了就给巴金写信，说这是对大李先生的污辱，怎么谈得上是love呢？多恶心？我跟张志清说那些传言，用的词就是"多恶心"。

我不知道那时是否已经传到了我母亲耳朵里，但她似乎也觉得我有点不对头了。每天下午一定的时间，我都会把房间里面对着街上的窗户打开，在留声机上放唱片，开到很大的音量。放的不是卡鲁索就是吉利唱的歌，这是我和大李先生都听过也讨论过的，我们各有所好，争执不下，我喜欢卡鲁索，他钟情的是吉利。南开中学被炸以后，他在耀华中学找到了职位，耀华也是一所私立学校，比南开的待遇要好。这时我们家已搬到了耀华里，距耀华中学不远，大李先生从他的住处去学校，都要经过耀华里六条八十一号，我们住的房子是临街的，也就是说，他每天都会从我家门前过去。我是算好了耀华下午放学的时间等着他的。

我希望他听到唱片会知道是我在等他，在放给他听。他的确也会朝楼上望过来，虽然他并不能看到我。我不会站到窗前，开着窗户在楼上和他说话更是不可能的，我只会远远地看他两眼。就这样母亲已经起疑了：怎么老是把唱片放得那么响？当然即使她到我房间里来，看我在干吗，甚至往街上看过去，也发现不了什么，因为她并不知道有个大李先生。

这是我和大李先生之间的秘密。给巴金写信，后来对母亲不是个秘密了，和大李先生通信，她一点也不知道。我和大李先生通信没多久，他就说，我们可以把信都编上号，我就给编上了，信都小心地放在一只漂亮的盒子里，一个人的时候，我会拿出来看。不仅对母亲，就是和好朋友，我也没有分享过和大李先生的秘密。和同学好友说起大李先生，是到昆明以后的事了。每次收到大李先生的信我都很开心——不只是开心，是欣喜，因为守着一个秘密，兴奋是翻了倍的，你也可以说，那就是一种幸福感吧。

大李先生没有教过我，不过我完全可以想象他和学生在一起的样子。他在南开教过的学生中，有好几个后来和我成了极好的朋友，比如黄裳、黄宗江。我们在一起当然谈论过李尧林，他们的回忆文章也让我想起当年的大李先生。在他们的印象里，大李先生讲课生动，对学生热情，就像对朋友一样。他有许多爱好，拉小提琴，听古典音乐，喜欢逛书店，溜冰很拿手……在学生心目中，他简直是个"快乐王子"式的人物（黄宗江的一篇回忆文章，题目干脆就叫《快乐王子颂》）。这些有不少在我和他的交往中也是可以得到印证的。比如音乐，他谈起来总是津津有味，虽然我们没有一起去过音乐会，听唱片也是各听各的，除非他从我们家楼下走过听到我在放唱片也算是一起听。再比如溜冰，我和他一起溜过的，不是单独，是和其他同学一起，他背着手随着《溜冰圆舞曲》滑行的样子，我们都觉得帅极了。

后来见到巴金，慢慢熟悉了，我有意无意地会拿他们兄弟俩对比。巴金穿着是不讲究的，李尧林就比较讲究，不是说穿的衣服档次高，是他注意整洁，讲究合体，所以他的学生会觉得他很潇洒，风度翩翩。巴金除了写作，爱好是不多的，李尧林则是兴趣广泛，我的印象里他是个爱玩会玩的人，这也是我觉得他亲近的一个原因。对巴金就更多的是"敬"的成分了。

事实上大李先生也有不快乐的时候，甚至可以说，他一直是在生活的重压之下的。但是我太年轻，总是我对他说我的苦闷，他是不会谈他的苦恼的。但是在信中他不止一次感叹："什么都是irony of life（生活的讽刺）！"也不止一次让自己乐观起来："我主张happy-go-lucky（随遇而安）。"我很清楚地记得，有次散步时他说他赞成"all or nothing（要么拥有一切，要么一无所有）"，对比"happy-go-lucky"，那是表示他不愿接受命运的安排了，但随即他就苦笑着补了一句："对于我，就是一无所有！nothing！"

人到中年，他去世多年以后，我才慢慢能体会到他内心的苦涩。巴金《家》里的觉民是有大李先生的影子的，正像从觉新、觉慧身上可以看到大哥李尧枚和巴金自己一样。他和巴金一起离开家到外地读书，都是标准的"新青年"形象，他比巴金大一岁多，可以说还是他带着巴金摆脱旧家庭的。但是大李先生后来的情况小说里就没写了。主要是李尧枚因家里破产自杀后，大李先生和家里就没那么对立了，他觉得过去大哥担的责任要由他来承担了，每个月他都把大部分的薪水寄回四川，那边继母、弟妹一大家子的生活都是靠他的。其实他原本就不像巴金那么决绝，巴金和家里有冲突时，他总是在中间调停。他当然希望过一种属于自己的生活，只是为了家人，他选择了牺牲自己，过一种清苦的生活。看得出他的窘迫，天很冷的时候，他还穿得很单薄，没钱添置棉袍，更不要说大衣。

　　我认识大李先生的时候，巴金已经出名了，一部《家》为他带来无数的读者。这时候巴金已经有能力帮助家里，但是大李先生希望这个弟弟把全部精力都用在写作上，还是一人承担家里生活。对此他从来没有抱怨过。他是内心很骄傲的人，不会向人诉苦。他也从不向人提及他和巴金的关系，他的学生都是很迟才从别处知道的，他们的英语老师就是大名鼎鼎的巴金的亲哥哥。大李先生对我提起巴金的时候也不多，我和他说《家》，他就笑着说，巴金并没有一个"鸣凤"，他也不存在一个"琴表姐"，那是四弟编的。印象最深的是那次在冰场，他说到巴金时有一种沉思的表情。他说他最喜欢四弟，四弟勤奋用功，从小就有抱负、有信仰，愿意为信仰献身。他才是有前途的。（言下之意，他自己是没有什么前途可言了。）

　　然后他用英语说："I'm proud of him!"。接下来的一句更让我终生难忘："I don't want to be famous by my brother, and if I would, I want to be by myself!"。（我不愿靠我弟弟有名气，如果我想要，我要靠我自己！）

我知道人家背后总是说，李尧林是巴金的哥哥，好像这成了他的标签，这多少伤害了他的自尊心。但他很快又笑着用中文跟我说，四弟比我用功，他总是不停地写，我也不愿意他操心别的事。每个人都有他自己的路……

前面说过了，我哥走了以后，有很长一段时间，我有说不出的孤独，遇到了大李先生之后才又开心起来。那是我一辈子难忘的几个月。只有几个月，很快我就要去昆明念书了。有一天我和几个同学在大光明电影院看日场电影，电影院人不多，开场前我老远就看见大李先生坐在左边的后排，目不斜视。有这么巧的事，我不记得是不是在信里告诉他，同学约我一起看这场Alice Faye的电影，只记得散场后我很自然地就往他那边走。他不说话，面无表情在前面走，不跟我打招呼，我也不敢叫他，只是跟在后面。走下电影院门前的大台阶了，他才站下等我。我回头让同学先走，她们就嬉笑离开了。待我走近了，大李先生笑着说，要带我去一个地方。

他带我走到了海河边。那地方离电影院并没有多远，但我真的没去过。一个人家里是哪也不让去的，天津租界以外的地方我实际上没去过几处，虽然把觉慧当榜样，事实上在母亲面前，我只能做乖乖女。我们站在海河码头一带的岸上，看见远处一艘白色的大轮船缓缓地驶去，一点点变小，最后消失，这景象带给我一种说不出来的新鲜感受。大李先生站在我身边，轻轻地说，你看，你就会坐这样的轮船离开你的家乡的。我傻乎乎问了句，你呢？他叹口气说，我迟早也是要走的。

那时候关于大李先生和我的传言已经有好一阵了，一起看电影的同学走开时嬉笑的表情，也在暗示她们猜测我和大李先生在谈恋爱。我觉得很冤枉，我认为我和他之间是友谊，不是爱情。即使真有爱情的成分，那时我也不敢承认的，不管是对别人，还是对自己。

前几年还有人问我，和大李先生在一起有过电的感觉吗，拉过手吗？其实在天津时我对大李先生完全没有那方面的感觉，他是老师、兄长，我对他完全是仰视的呀。

我受的家庭教育是男女授受不亲，不要说拉手，碰都没碰过。要说的话，只有一次，他碰到过我头发。是有次在英国花园散步，他问我怕不怕蛇，怕不怕虫，我说怕得要命。他就说，你现在头发上有个吊死鬼。不是骗我，那一带有很多树，常有吊死鬼吊在半空中。我听了吓得一动不敢动，直说请他帮我弄掉，他就弄掉了。这和手拉手完全是两码事吧？我给巴金写信，把传言说了，表示对传言很气愤：他们这么说，是对大李先生的污蔑，是亵渎！

那一天很快就来了——我是说离开天津赴昆明的那天，一九三八年七月七日。大李先生不可能到码头送我，到时候家里一大帮子人要去送，而我们的交往是背着家里人的。那天上午我们见了一面，事先约好了的。平时我们约的地方或是在街对面，或是离家远点的地方，那天他就在家门口等我。英租界很安静，即使大白天也没什么人。我们从这条街走到那条街，就这么来来回回地走，一边走一边说话，走了大概有两个小时。大李先生送了我一盒手绢，一盒里装着六条，汕头产的，因为上面有手工绣的花，很贵，一盒要六元钱，以他当时的收入，他的负担，真是要咬咬牙的。（后来我母亲看见了说，怎么送那么贵的东西？我说是一位老师送的，她也没再追问。）我平时送过他巧克力，不过是一元多钱的东西。

那天他口袋里鼓鼓囊囊装满了碎纸片，他掏出来，问我知不知道是什么？我猜不出来。他说是我写给他的信。他还说，他主张信是不必保存的，似乎是解释他干吗要把信给撕了。这和他之前让我把收到的信编上号有点矛盾。按照他的嘱咐，我们每个信封背面下角都写上数字（NO.1, NO.2...），编号不就是要保存吗？一般的情形，撕碎了信是不高兴甚至是要绝交的，他这是什么意思呢？这是照常理推，但看不出他有什么和平常不一样的地方。其实当时我根本什么也没想，他说什么我都觉得是有道理的。他在空空无人的街道上把碎纸片抛掉，我没有什么不高兴，过后我们就继续说话，还是以往说过的话题，一样的气氛。

最后我们又回到了家门口，按门铃进去之前，我对他说："昆明见！"而后就分手了。我并没有多少离情别绪，甚至可以说还在一团高兴当中，因为我马上就要离开束缚我的家了，而分别是暂时的，之前他就在我的纪念册上写过：

> 虽然离别就在眼前，但是相信不久我们就会见面的，希望我们见面时都比现在健壮。

我们约定，他不久也去昆明的。

再也想不到，这成了我和大李先生的最后一面。

到昆明去

我一直想离开家，这好像是我彻底解决苦闷的一个办法。中学毕业了，我想上的大学是金女大，没别的原因，就因为它在南京，如果上南开，我就还是摆脱不了我的家。但在以前，几乎不可能，事实上我也没有认真想过。我最后能离开家，是因为我哥给母亲写了一封信，让她放我走；他写这封信，又是因为我给他写信，说了我的情况，主要是因为我发表的诗可能带来大祸。

我是十七岁开始写诗的。天津有几个年轻人成立了一个文学团体叫"海风社"，主要有邵冠祥、张洛英、张秀亚等人，他们编了一本叫《诗讯月报》的刊物，我在书局门口看到，就买回来，后来就投稿。有两首诗在上面登出来。

我并没有参加过他们的活动，大多是通信联系，只是有一回，刊物主编邵冠祥到我家找过我，希望我加入他们的组织。潘爷因见他穿得不体面，不让他进屋，我被叫到楼下，只在门口说了几句话。过后潘爷还叮嘱我，别和这样的人来往。

还有一次，是海风社的成员要在天祥市场那儿的一家咖啡厅聚会，通知了我。我是想去的，但什么事都是要通过母亲的，她一听就说，不许去。过后她又有点好奇，反正她也要逛街，就和我一起去。到了那儿，母亲在咖啡厅外面站着，我就进去探了个头，他们在里面坐着，邵冠祥看我不像要停下来的样子，就迎出来，在门口说了没几句话我就走了，因为惦着母亲在，很不自在。

邵冠祥是江浙人，在天津念书，念什么学校，毕没毕业我都不知道。只知道他是诗人，出过诗集，大都是写抗战的。"文革"后认识了邵燕祥，名字很像，又都是江浙人，我马上就想起邵冠祥，问他们是不是有关系——其实没有。邵冠祥比我大几岁，看上去很年轻，穷学生的样子。后来我得知他被日本特务机关抓去，很快就被杀害了。这事给我很大的震动。

告诉我这消息的是张洛英。在天津时我见过张洛英两次，都是在外面。之前我和张洛英没来往，但是不知怎的他知道我长什么样。有一次我和姑父一起去听音乐会，散场和我姑父一块儿走，忽然后面有人拉我袖子，回头一看，是个不认识的人，满口天津话，我来往的人没有谁说天津话的，我吓坏了。姑父皱眉站在旁边，我就没说话。走了之后我姑父就说这样的人不可交啊，姑父说我带你听音乐会是你妈让我看着你。这一次我就知道张洛英什么样了。还有一次，我去永兴洋纸行买笔，我坐的我自己家的黄包车，天又热，六月份。忽然我的车夫就停下来了，我也没问，以为也许他要上厕所。结果张洛英挡在车前头让我下来，我真是害怕了，我见过他记得的。他说你快点走，快点离开天津，日本人要抓你，邵冠祥已经被抓走了。日本人说你那首诗也是骂日本人的，骂鬼子的。他说的是我登在杂志上的一首诗《可怜的秋香》。那是有感而发的，因我姨得病去世，她的孩子才一点点大，成了孤儿。我就跟他说那是写我表妹的，并不是抗日的，虽然我恨透了日本鬼子。他说不管怎么样，你想法子快点走吧。

我很害怕，又不敢告诉母亲，就写信给我哥，让哥哥给我母亲写信。我哥信里说，如果真让日本鬼子抓去，后果不堪设想，还是让她走吧。他的信是起了作用的，也许还是决定性的作用。正好中国银行要往大后方撤，这样家里就忙着收拾行李让我出发了，目的地是昆明，因为我保送的南开迁到了那里。

●●天津中西女子中学

●●●因为家里条件比较好，经常做衣服，不过之前大多是中式的，这是第一次穿洋装。那一阵照相馆里流行用几何图案做布景，有好多张照片都是这样。当时这样的照片被称作"美术照"。

● ● 离开天津以前，我有好多相片。上高中，特别是毕业以后，经常是和同学一起去照相馆，或是出去玩时照。那之前我哥还有四哥、五哥他们在家捣鼓照相机，会拉着我应景，更多的是母亲领着我去照相馆。母亲在家里闷，出门逛街、看电影看戏什么的，就很开心，领我去照相也是开心事。我姐不爱逛街，喊她去照相，更是拒绝，我是母亲怎么说就照办的，她也就特别喜欢领我出门。按照老的一套，母亲一个人出门就不对头（她也不习惯），所以我也是她出门的理由。在照相馆，我完全听摆布，pose什么的，一般是听照相师的，母亲的指令是关于头发怎么弄，衣服穿穿好一类的。去照相一般是在晚上，白天我在学校上课。在照相馆，她站在一边看我照，要不就是与我合照，通常自己是不单独照的。

我还记得拍这几张照片时母亲一会儿让把刘海放下来一会儿让捋上去，比较一番，说还是捋上去好看。看了看又说，你还是没你哥好看。

●●母亲和我。应该是我上初中的时候，照相时她几乎都是很严肃的表情。

其实不光是在拍照时，在生活中她就是这样，很少看到她有笑容。在饭桌上她给娘布菜，头总是低着，都不抬眼看的。我姐去燕京读大学后她常领我出门，放松了许多，有时也有笑模样了，以至于我姐假期回来见了有点奇怪，问我怎么回事，我说，开心呗。

● ● 外籍教师办公、住宿的那幢小楼。

送给华英姐：

你的好友
静如赠
Jan. 1, 1935.

● ● 吴华英和我同班,比我大一岁,所以称她"华英姐"。八几年中西(解放后改为"长征中学")百年校庆我回天津就住在她那儿。她家的大房子早不是她家的了,说要落实政策,但要把房产完整还给她家,哪那么容易? 给了一套单元房。我住她家就和她睡一张床,联床夜话都不用"联"。说话说到好玩,她把这张照片拿给我看,我自己都没有了,她说,还是你收着吧。于是送她的照片几十年后又回到我手中。

● ● 后排左起、叶道纯、吴华英的姐姐吴玉英(也是中西的),前排是我和束延南。

189

●● 初中时与同学桂慧君的合影。身上的旗袍是各自做的，并没约好做同款，后来发现紫红的呢料是一样的，样式是一样的，觉得太有趣了，就相约到照相馆合影留念。

桂慧君低我一级，中西同学还在世的，大概只剩我和她了。她是上高小时到中西的，我们很快成了好朋友。但她后来得了TB（肺结核），休学一年，到南京去了，大学念的是沪江大学社会学系，她是基督徒，立志要服务社会的。她是在沪江做义工时认识了郭慕孙。两人后来都到美国留学，一九五六年回的国。郭后来是中科院院士、化工冶金研究所的所长。

我们俩都过了百岁，过生日时还互通电话。前年电话里她还说，当年在中西真是好，就是我们玩得太多了。我说，我还没玩够哩。

●● 二〇〇四年，桂慧君夫妇到南京，到二号新村我家来看我，她先生郭慕孙给我们留了个影。

●●一九七三年我回天津，和中西的几个同学去看望范先生，于是有了这张合影。前排从左至右：叶道纯、范先生、我；第二排：桂慧君、钱伯桐；后排：崔莲芳、陈秀珍。

照片背面有范先生的字——

题记：青年师友将四十年音问未疏，犹不断相策进步。在伟大领袖毛主席思想教导下，各在岗位上工作中遵循进步，是难能可贵的。

七三年八月聚晤于津，共照此幅为念。　　绍韩志

●　● 一九三六年，十七岁，在"美丽照相馆"照的。那家照相馆在天津很有名，掌镜的就是照相馆的老板。这张他拍得挺用心，大概也比较得意，就放大了搁在橱窗里，还上了色。同学路过看见了，都开我的玩笑。有次母亲看电影路过看到，很不高兴，问我怎么回事，我说我一点不知道，并不是经过我同意的。她就找老板，说我们家不兴这个，意思是时髦的女子才大庭广众让人看哩。老板直跟她解释，说他这里舞女呀什么的，照片是从来不放橱窗里的，放的都是"名媛"，比如朱家的、孙家的……总之都是大户人家的小姐。母亲不理这一套。后来把那张拿下来了，不知怎的后来老板又把另一张放上去，就是毕业坐着周围都是花篮的那张。母亲听说了生气，让我为这事专门去找老板，不许放在橱窗里。

●● 我从不知天津有《妇女新都会》这么张报纸，听都没听说过。登图片多的，我知道的是《北洋画报》，四姐的大幅照片和许多剧照就是登那上面的。报上这照片在照相馆橱窗里陈列过，估计是从那里流出去的。报纸出版日期是"中华民国二十九年十月九日"，换成公历，就是一九四〇年十月——已是我到昆明两年多以后了，天津也早沦陷了。我怀疑正是沦陷时期混乱，报纸才敢乱登照片，照相馆也才敢不经允许就让照片流出去。照相馆老板和我们家熟识的，也许他知道我和母亲都不在天津了，没人会过问，不然也不至于如此。幸亏当时不知这事，不然光生气却没办法。母亲当然也不知道，知道了一定大怒，即使和我没半点关系，她也会生我气的。

●● （右图）这张和放照相馆橱窗的那张是同一次照的。照相馆挑了那张去着色、放大，摆到橱窗里，大概是认定那张更像当时的淑女照。

●● 在崔莲芳家过圣诞。崔莲芳的父亲是美国人，本名Percy Black-Ford Tripp，中文名叫"崔伯"——不是我们连着姓喊他崔伯伯，是他就叫这名，Tripp的音译。他是美国名校毕业的，老早就应聘到中国来教书。一来就喜欢上中国文化了，后来自己创办了一所学校，教中国人学英文，莲芳的母亲就在这所学校里教书，不过她是教国文的，其实她普通话说得也不怎么好，经常一口天津话。崔伯喜欢上她了，向她求婚。莲芳母亲家在天津也是名门，那时候嫁给洋人太少有了，开始她家里是不同意的，后来她母亲提了不少条件：要给父母养老，要生很多孩子，要有一所大房子，生的孩子要姓崔（这条很有意思，好像他真姓"崔"似的），要办中式的婚礼，还提出一个礼拜要包顿饺子……其实就是一切都要尽可能按中国的规矩来。崔伯都答应了，还真的都给办到了。我们身后的房子就是他买下的洋房，挺大挺漂亮的，前面还有花园。婚礼是在广东会馆办的，天津好几个名人（其中有张伯苓）给证的婚，崔伯长袍马褂，完全中式新郎官的打扮。夫妻俩生了八个孩子，二男六女，老大叫崔约翰，另一个儿子叫崔克聂，名字还有洋味，从莲芳起，兰芳、桂芳、莉芳、梅芳……整个中国式的。崔伯是真的喜欢中国，他是入了中国籍的，按"美籍华人"的说法，他该算"华籍美人"，在中国恐怕找不出几个来。他是不问政治，一心办教育的，对天津有贡献，所以是列为天津名人的。照片正中长胡子的老人是崔伯的岳父，莲芳的外公。崔伯拍的，所以画面里没有他。

我和莲芳同学的时候，她家里条件不错的，我还记得去她家玩，最感兴趣的是大客厅里的一架自动钢琴，打开琴盖垂下一条纸来，琴声响起，琴键自己在那儿动。但崔伯一九四七年去世了，情况就不好了，又是动荡年代。一九五〇年的时候政府搞"折实公债"，没钱就以实物充抵，崔家那时哪里有钱？就要没收房子了，莲芳母亲急得心脏病都犯了，那时我在天津生赵苏，就去找老同学李之楠，他是财经委员会的领导之一，我说收了房子，难道让他们住大街上去？后来是他想了办法，房子保住了。一九七二年我结束"靠边"之后到北京探亲，和桂慧君、刘嘉蓁、叶道纯约好了去天津看老同学，莲芳说，你们要是不嫌我这里破破烂烂的，就住我家。结果叶道纯在天津还有亲戚，住亲戚家了，我们另外三个就在莲芳家住了两天。她一点没夸张，那栋小楼真是破烂不堪了。没被占用，一直是他们自家人住着已经算万幸了。门前我们站着照相的台阶，"文革"时她就跪在那儿请罪，被剃的阴阳头。我还惦着那架钢琴，问她还能弹吗？她说早不成样了：造反派没见过自动钢琴，看琴键自己会动，认定里面有机关，发电报一类的用途，硬把琴拆了。

莲芳中西毕业后念的是燕京音乐系，因得了肺病休学，没毕业，但她琴弹得很好。据说读燕京时她和赵萝蕤的哥哥曾经是一对。

●● （左页图）为了演《东方博士》，母亲为我做了这件蓝缎子旗袍。照说东方博士穿的袍子不可能是这样的，不过这旗袍做了就是当戏装的。

●● 一九三○年的毕业演出，排的戏是莎士比亚的《如愿》（后来一般译为《皆大欢喜》）。过去的翻译都是比较中国化的，《哈姆雷特》早年译成《王子复仇记》，五十年代孙道临配音的好莱坞电影还叫这名，再早的中译就滑稽了，居然还叫过《杀兄盗嫂》。照片中后排站着的都是应届毕业生，中间白衣的是演主角的金韵之（丹尼），前排右三是我。女校都是女生，男角也是女生扮的，女扮男装，除了穿男子衣服之外，最简单的办法就是戴上胡子。

这次演出在天津挺轰动的，当然主要是在租界里，毕竟是用英语演的。

● ● 离开天津以前在孙以藻家的花园，是她弟弟孙以葵拍的。孙以葵和杨宪益都是新学书院毕业的，同班同学，这时刚从美国念完书回来。他们家要比我家洋派得多，开放得多。那段时间学踢踏舞，我们几个人当中，跳得最好的是孙以藻，她还在我们家表演过。白俄教师让我们去影院表演，我母亲不让去，吴华英、颜枌生家里也都不许，孙以藻是去表演的。她妹妹孙以华更大胆，那时电台已经有request a song（点歌）节目，孙以华因为老是点歌，和主持人认识了。主持人是个犹太人，孙以华喜欢上了，后来和他同居，她父亲为此气得要命，和她断绝关系。我和孙以华也很熟的，最后一次见到她是在离开天津之前，她和犹太人已经有了两个小孩，走在街上，抱着一个，牵着一个。再后来就不知是什么结局了。孙家的人，我在八十年代还见过孙以葵，是有次去北京，和我姐一起去看过他，他在北京什么单位工作，房子很小，一家人挤在里面。

照片上见不出孙家洋房的气派，他家的两栋房子，不仅有花园，还都有游泳池、网球场。两栋房子一模一样，说起来也是故事：以藻的父亲在上海有了"外家"（相当于现在说的"二奶"），一直是瞒着的，有一次两人一起在小汽车上，碰巧让孙以藻的母亲撞见了，回来一逼问才知实情，一气之下病了，很快就去世。子女当然都抵制父亲的外家进门，结果是造了一栋与旧宅一样的洋房。两栋房子五十年代初都"折实公债"归公了，成为国宾馆，后来西哈努克蛮长一段时间就住里面。

●● 钱伯桐长得好看，能歌善舞，凡有演出，她是天生的女主角。我们叫她"天鹅公主"，因为排演过一出黎锦明的歌舞剧，她在剧中扮演公主一角。里面有天鹅的群舞，我也是参加的。伯桐比我大一点，我们是闺密，那段时间她喜欢叫我"天鹅弟弟"。

晚年我到天津钱伯桐家里看她，她行动不大方便，要用拐杖了。那也是我和她见的最后一面。

●● 左一是我，左四是钱伯桐

●● 一九二七年那一届的毕业照，前面坐着的是范教士。那时候女学生常见的服饰是上面喇叭袖短衫，下面是裙子。影视剧里五四新女性的打扮就是这样，三四十年代变了，城市里女性大多穿旗袍。

●● 前排左一，叶道纯，左三是我，左六是钱伯桐，左七是陈秀珍，班上的学霸，作文第一（我是第三名）；后排左三，颜桝生，左四是邵士珊，父亲是铁路系统的人物，她嫁到昆明去了，我在昆明怀孕时住过她家，左五是朱浣筠，左六，崔莲芳，最右边的是吴华英。

朱浣筠是当过北洋政府交通总长（也当过总理）的朱启钤的女儿。朱子女多，两个夫人生过五男十女，十个女儿按顺序叫下来，第五个女儿朱湄筠人称"朱五"（就是"赵四风流朱五狂"的"朱五"），浣筠我们同学间都喊她"朱十"。我和她在学校时关系挺好，毕业后就各奔东西，再没见过，只知道她随国民党去了台湾。四九年天津的小报上曾有消息，说飞机失事，她摔死了，人烧焦了，形状是两手捂着脸的样子，手上的大钻戒却没有了。还登了照片，很恐怖。近年又在写"民国名媛"的文章里看到朱五替周总理带信给张学良的事，里面提到浣筠，说朱五人在香港，托人把周总理的信带给在台湾的浣筠，由浣筠找机会交到了软禁中的张学良手里，可见当年小报上是捕风捉影的假消息。

天津中西女校一九三七班畢業紀念

●● 毕业是大事,中西毕业时到照相馆拍了好几张。当时的照片都是黑白的,没有彩色胶卷,凡彩色的都是手工着色的。修版、着色是专门的技术活,我喜欢画画,对着色上彩也有兴趣,这些照片就是我自己着的色。黑白弄成了彩色的,挺得意。

我们穿的旗袍是绿色的,有极细密的小格子,照片上看不出来。天津洋派,我们原来大多是买日本的洋布,花色多,质量好,这时大家爱国情绪高涨,抵制日货,要国货,买的是上海产的。原来的样式也不是这样,当时时兴一种低胸露背的样式,我们想要那样的,结果回去一说,家长都反对,我母亲说,露个背,像什么样子?不许!钱伯桐母亲也不同意。崔莲芳觉得无所谓,朱浣筠家里很开放,女儿都放出去交际的。但大多数家长还是不赞同。最后照片上的旗袍成了我们班的礼服。那段时间常穿,毕业典礼、毕业晚宴,凡带点仪式味道的,都穿它。照相还是挺贵的,也不是人人出钱,愿出钱的把钱出了,而后想要的人就登记。

●●毕业那天照的非毕业照，其实在同一家照相馆照的，手里没拿着文凭，前面没有花篮而已。印象特别深的是，相片取回来，我姐一看就大叫，丑死了！真恶心！一边说一边用手挡住照片上我的胸部的位置。那时人已经发育了，我母亲不许用胸罩，担心影响发育（天津比较洋派，穿胸罩的女子不少的）。我那件绿旗袍有衬裙的，多数人家还是比较保守，女孩已到成年了也习惯含着胸，不少还穿紧身的背心，让胸平一点。一直到解放后还那样，大王姨在我们家就是这套老规矩。

●●一九三七年摄于天津

●●和好友吴华英在她家门前。她父亲、伯父都是军界的人物，房子好大，推门进去好大的厅，放着台球桌，是男人待的地方，女眷是另外的客厅。这时候我们已经从中西毕业了，一起去学踢踏舞，照片中这一身衣服就是为学踢踏舞做的。平时都穿旗袍、裙子，很少穿长裤，同学中只见到过朱浣筠穿肥裤子的照片，那是在海边，属于沙滩装吧。吴华英后来念燕京大学外文系，四十年代我们在重庆相逢，还在街头碰见黄宗江，两人在燕京是同学，黄宗江那时在重庆演话剧已经小有名气了，见了华英大呼小叫的，过后我还跟她说，这人怎么流里流气的？没想到后来我和黄宗江会成为好朋友。

●●中学毕业后学踢踏舞，在白俄开的舞蹈班练功房里。

●●我和梁爱敌在昭明里。梁爱敌是梁启超家的，她姐姐也是念的中西，叫"梁敬敌"。名字里有个"敌"字，特有意思，提起来别人总以为是"迪"或者"笛"什么的，再想不到是"敌人"的"敌"。她家是信基督教的，《马太福音》里说，"要爱你的敌人"嘛。

●● 一九三七年冬天在燕京大学校园。杨敏如这时在燕京中文系读研究生。照片里的这栋建筑叫"姊妹楼"，是女生会客的地方，远处可以看到未名湖的宝塔。我身上的这件大衣一共也没穿过几次，太隆重，解放后更穿不出去了，只好改改当里子用。

●● 一九二五年，巴金（右）与二哥李尧林（左）在南京。

● ● 记不得是初中还是高中了，在"鼎章照相馆"照了这么一张。"鼎章"是天津最好的照相馆，当时很时髦。他家的照相师喜欢玩些新花样，这种侧面有影子的正新潮吧，就鼓动我拍成这样。全身的一张应该是毕业以后照的，拍侧面也是为了可以清楚显示耳坠。

●● 大李先生这张照片不知谁给照的，特别好。好多他教过的学生对他溜冰都有很深印象，就像相片上这样，潇洒极了。我们只能做到不跌跤，顶多会inside curve，他会outside curve，在冰面上滑得很自如。

●● 赴昆明前在天津某地。黑白照片上看不出，我穿的旗袍是白底黄色条纹的，比较鲜亮。走在路上，有人会盯着多看两眼。有次和大李先生散步，他就咕哝了一句。后来偶然经过一家染坊，就问能不能染成深色的，店员说，没问题。我就自作主张给染了。母亲发现后老大不高兴。布料是在一家洋行（外国人开的商店都称"洋行"）买的，挺贵。她说，要染它，当初何必买呢？

●● 中西毕业后在英国租界的花园。应该是某次和大李先生、安继伦还有谁一起去的。各个租界里都有花园，类似于现在的市民广场、市民公园，都是不收费的。英租界花园、法租界花园、俄租界花园我们都去，唯独日租界的我们是不去的，觉得不安全，还因为讨厌日本人。

●●英租界花园里有一战纪念碑。那门炮摆那儿是纪念第一次世界大战的, 英国是战胜国嘛。

●● 中西同学中有七人一九三八年早春在北平，相约一起玩。那么多人异地相聚，特别开心。从左到右依次为叶道纯、张志清、我、钱伯桐、桂慧君、吴华英、崔莲芳。

●● 九十年代与中西的同学在天津相聚。左一为吴华英，左四至左七依次为桂慧君、陈秀珍、钱伯桐、我。记不清这是在谁家，没去外面下馆子，"文革"以后，像我那辈人有很长一段时间已经习惯在家里请客了。

●● 十八岁时的相片，应该是离开天津之前在照相馆里最后一次照相了。当时照片还比较稀罕，有照相机的人不多，多半都是在照相馆照，朋友亲戚之间送照片留念很普遍，还会题上字。这张是我送给大李先生的，上面倒什么也没写。好多年过去，我自己手里都没有了。大李先生去世后，李家人整理他的遗物，在他的相册里发现了这张，似乎是我，但又不敢肯定，有次我去上海看巴金夫妇，陈蕴珍拿来让我确认，而后就取下来给了我。要不然早没了。

第三章

从联大到中大（上）

"云南号"

我是七月七日下午上的船,晚上开到塘沽就停下,夜里没动,第二天早上才开出港口。母亲,还有七婶一大帮人到天津的码头送行。英国太古公司的"云南号"。很大的船,我母亲她们登上船,也是头一次,挺新鲜的,东看看西看看,到开船的时间,一晃也就过去了。她也没哭。倒是在家帮我理东西的时候,她流过泪。还问我,你就舍得离开家?舍得你这些宝贝?

我喜欢搜集各种玩意儿,唱片、明星相片……光是手绢,就有好几盒,有六条一盒的,十二条一盒的,都放在一只大箱子里。但我一点离愁别绪也没有。一直想离开这个家,像巴金笔下的觉慧那样,这回真的要离开了,要有自由了呀!在码头上我也还是一团兴奋。船离开码头时,船上的人都在跟岸上的人招手,船上也有日本人,他们的亲友就往船上扔彩带,还叽里呱啦大声说日语,大声叫:"沙哟娜拉!"讨厌极了。后来在船上遇到日本人,他们净是鞠躬那一套,我们能不理就不理。

我并不是一个人出远门,从天津到昆明,是跟中国银行的人一起走,都是中国银行安排的。一路上都是分等级的,行长、副行长、老行长(就是我父亲)的家眷待遇是最好的,比如我坐船都是二等舱,到海防住酒店住套间,大部分中国银行的人没这待遇。连我七叔家的纮武也只住三等舱。七叔那时是天津中国银行的副行长,杨纮武是他的小儿子,我叫他"阿毛弟"。同船去的中国银行的家属中,只有他和我最后到了昆明。我们都进了联大,关系特别好。

过去的客轮,二等舱是最好的,两个人一个房间(还有一种叫"大餐间"的,也是两人一间),二等舱上面并没有一等舱,单人房间要特殊的人物特殊安排才会有。三等舱、四等舱是什么样,我不知道,二等舱和下面是隔开的,应该是可以下去的，我是第一次出远门（之前只是坐火车去过几回北平），也没敢乱走。好像四等舱就不太行了，睡四等舱的大都是流亡学生了——其实里面不少在家里也是少爷，家境糟糕的这一趟也走不起。

虽然是隔开的，下面的可以到上面的餐厅来吃饭，杨纮武就到上面来吃，是打了招呼的。当然也要吃得起，我们都是中国银行安排好的，究竟在餐厅里吃是什么价，我也弄不清。想来是挺贵的，因为都是吃西餐。那时不管在哪里，吃西餐都比较贵。吃饭时二等舱的乘客服务员会到房间来请，叫服务员都喊boy，他们都是说英语——英国人的船嘛。到了晚上，大餐间里有舞会，男男女女衣冠楚楚的。我没去过，觉得跳舞的和我不是一类人。

我喜欢在甲板上看风景，没坐船出过海，什么都新鲜。还有就是唱歌，唱那个"一心去航海，海风使我心忧，波浪使我愁……"。和杨纮武一起住三等舱的有个李抱忱，北平艺专教音乐的，因为纮武的关系就认识了，我们天天在一起唱歌，一首接一首地唱。其实一点也不愁，唱就很开心，但一出塘沽口我就开始晕船，那就不好玩了。我开始吐，什么都不想吃，李抱忱说，不吃怎么行？硬逼着我喝点番茄汁什么的。

航行了好几天，到上海要停一天，我就在上海玩了一天，住在颜惠庆家。颜惠庆这个名字现在没几个人知道了，他清末的时候就搞外交，公使、外交部次长、外交总长都当过，在北洋政府还组过阁，当过总理，老资格了。那些官衔什么的，我其实闹不清楚，只记得小学时有次看电影，新闻片，上面有他的画面，是个外交场合，他不肯签不平等条约，卷了国旗回国了。我们太小，事情的背景不清楚，只是觉得同学的爸爸出现在电影里，特别好玩，一起朝颜枬生看，弄得她有点不好意思。

前面说过的，我和颜的女儿颜枬生一起在中西读书十年，好得不得了，是真正的闺密，我姐和她姐姐也是同学。因为同学关系，两家大人也有来往。母亲因为是姨太太的身份，总是被歧视，和高门大户人家的太太不怎么打交道的，和颜家是例外，颜伯父、颜伯母（我都是这么称呼）都是特别开明的人，一点不摆架子，所以母亲特别愿意我和枬生交朋友。其实母亲和颜家大人也没怎么见过面，毕竟她是姨太太，怎么称呼都是问题。间接的打交道只有一次，是我在她家吃饭，她家养的狗老在桌子下面蹭来蹭去，我拨拉它它也不走，结果不知怎的把我衣服上弄了个口子。吃完饭颜伯母瞧见了，问明情况，第二天就买了块料子让下人送到我母亲那儿，表示很不过意。这事母亲一直记着，对颜家的印象特别好。我也喜欢和枬生一起玩，到她家玩也开心，因在她家一点不拘束。有次玩捉迷藏，我跑到书房里，颜伯父正好在那儿，我不知往哪躲，他就示意我钻到桌子下面去，还帮着打掩护。

卢沟桥事变后，颜枬生全家就搬到了上海。在上海，颜家老大（我们都喊他"颜大哥"）接了我就到家里。枬生正准备到美国留学，颜伯母一见到我就说，别走了（意思是别去云南了），和枬生一块儿去美国念书吧，我来供你，你母亲肯定愿意的。我知道母亲多半赞同（跟颜家的人在一起她是最放心的），我也不反对留学，但是我和大李先生说好了的，要在昆明等他，一心就想这个，就根本不考虑其他了。

在上海，颜大哥开着车带我去逛。他家有三辆车，载我的那辆是敞篷的，开到一个刚修好的漂亮的游泳场，很摩登，好些电影明星到这里来游泳，我们不下去游，买了饮料冰激凌坐在旁边看，不游泳吃冷饮看着的人还不少，就像我在天津去国民大饭店的舞场，也不跳，就看热闹。这样的游泳场，不光是健身，也是高档消费的地方。上海号称"十里洋场""东方巴黎"，比天津还要时髦得多，颜大哥带我到处逛，也是让我开开眼的意思。我当时一边瞧新鲜，一边心里就想，日本人都打进来了，还这样，这不叫"醉生梦死"吗？

香港十日

　　一天以后，又上船往香港走，香港是这条航线的终点，从香港再往越南的海防，就要换法国轮船公司的船了。等那船船期，我在香港又停留了十天。

　　在香港，我住在卞白眉家，好像是在浅水湾那一带，山坡上挺大的一幢别墅，叫"湾景楼"。卞是我父亲指定的中国银行行长，接替他的位置。卞是扬州人，留美的，说英语有方言味，除了这一点，其他方面，洋派得厉害。——说起来也是沾亲带故的，我有个堂姐，七叔家的，叫杨漪如，就是卞家二少奶奶。

　　这次中国银行的许多人一起到香港，说是旅行，其实是从日占区撤出来，在香港已经成立的津港办事处，就是在预做准备。我们因为要到大后方读书，跟着一起走，好有人照应。到香港后，当时是天津副行长的束云章就对中国银行的子弟说，大后方的生活很艰苦，劝我们不一定要去，果然，大部分人就留下不走了。又有一次，卞白眉请坚持往大后方去的几个人吃饭，吃饭之前讲话，说了些读书不忘救国，救国不忘读书一类的话，还说我们可以到大后方去，要留在香港也可以。其他就记不得了，只记得我们肚子饿了，巴望他快快结束，他还是讲个没完。我根本没考虑留下，脑子里就想着和大李先生的约定——"昆明见！"

　　住在卞家没事干，我就一个人坐电车到处转悠。不会说广东话，没法问路，也没关系，反正会坐车就行。除了自己玩，我还和李抱忱约好了一起逛过大街。他是老师辈的，又和大李先生熟，他说过我一次——我们约了在车站见，一见到他，车还没停稳我就跳下来了，他就说我，还没到站车不会停的，跳下来弄不好就跌着。我说，李先生我看到你了呀。

　　我们在一起老是谈音乐，他就领着我买东西什么的。有一天在香港我真的是乱跑了，卞家白天通知我晚上有外国客人来，我堂姐也叮嘱我，要按时回来。意思是有客来，到时开饭是不能等的。我说我找同学玩去，不回来吃了。其实没这回事，我一个人逛去了。结果一逛逛到皇后大道，其实就是红灯区，有点乱，娱乐场所，我不懂红灯区这些，也不知道害怕，以为反正母亲给了我手表，到时候就往回走呗，又不是不认得路。

结果逛到很迟才回来，客人早散了，我也没想到打电话回来说一声。卞家的人很着急，听我说去了那里，板着脸说我：怎么去那样的地方?! 出了事怎么向你家里交代?! 我心里不服：我身上又没带什么钱，打我什么主意? 其实他们是说我一个女孩子没人陪着到那种地方不安全。

喜欢到处乱逛，当然是因为对香港好奇，看什么都觉得新鲜，同时多少也是觉得待在家里太拘束。卞家规矩大——洋派，加上殖民地的味道。他们家厨子都是外国人，吃过饭端着托盘到你跟前："Coffee or tea?"。毕恭毕敬的。吃饭时静悄悄，没人说话。我是喜欢吃西餐的，可人紧绷着，实在是受罪。有次吃完了，在客厅里，堂姐说，你弹点什么听听吧，我手足无措，问弹什么呢? 她说什么都行，我就弹了《蓝色多瑙河》。堂姐本意大概是想破破没话可说的尴尬，也是洋派的社交的一套吧，我反觉得像做戏似的。当然也因为原来对有钱的人就没好感。在天津时不知是在我们家还是别的什么地方，卞家少爷少奶奶在场，议论到日本人占了天津，情况不知会怎么恶化，那位少爷就表示没什么可怕的："We are American!"。意思是日本人不敢动美国人的。我当时听了很反感，心想，你不做中国人了?! 卞白眉说可以留在香港之类，我也是格格不入的：要抗日，还怕艰苦吗?

要来客人的那天晚上我就是借故躲出去的。其实不说话也没什么，只是我就是觉得别扭。同样是洋派，在颜家我自在得多，完全没这感觉。

那段时间卞白眉留学美国的女儿正好回到香港度假，老和她爸爸吵架。

为了念研究生读什么专业，她爸爸想让她念的她不感兴趣。她有大哥二哥，念书都不怎么样，她的成绩很好，卞白眉总是想让她继承他吧。他们父女俩说英文，吵架时我就在旁边，挺窘的，就低了头喝咖啡。我在天津看电影，有中文字幕，听惯了英文原声，听他们一句撑一句的，简直就像电影里的对话，很久以后还记得。后来在重庆中央大学，陈嘉先生让我们练习用英文写小说，我就写了一篇，题目叫什么已经忘了，只记得是写一个女孩要离开家，要革命要自由。里面写的是我自己，开头女孩与家长争执，小说第一句就是："You demand too much of me, I refuse."。其实就是卞家父女吵架时的原话。写小说时我还不知道她自杀了，她有抑郁症，是在美国上吊死的。

闷罐车上

十天后又上船了，这段海路是从香港到越南的海防，法国的船——越南还是法国的殖民地嘛。我还是住二等舱，两人一间，但船小了很多，房间也小了很多，条件不如"云南号"了。我一路晕船，过"黑水洋"更是吐得一塌糊涂。

海防是港口城市，我们住在很好的酒店，两人住一个套间，里面设备齐全，一个大大的卧室，外面可以会客，像书房，还有走廊。跟我同住的人家里没什么地位，中产之家，按照中国银行的等级，住不到这么好的房间，大人是不放心我，让她伴着我的。

我对海防的印象不好，天气太闷热，到处湿漉漉的，从天津来，一点都不习惯。还有吃的，怪怪的，也不习惯。所以都在酒店里吃，酒店里都是吃西餐。我印象最坏的是过海关时的检查，查的人态度很粗暴，什么东西都要翻出来。我母亲因我是第一次出远门，什么都要给带上，包括纸和笔。她以为一年仗就打完了，带的东西要够一年用的，纸和笔带了一大堆，铅笔一大把，纸有信纸、稿纸，还有便笺纸、信封。这时候都翻出来，摊了一地。国家弱，被外国人粗暴对待，这是切身的感受。

从海防到昆明是陆路，坐火车了。先是从海防到河内，从河内到开远，再到昆明。到开远，就是进入中国境内了。从河内开始，我们住的就差多了。是我自己提出来的，我和我堂弟，还有一个人，从北平来的，从香港起我们就在一起，我们慢慢觉得和别人太不一样，太特殊，不像流亡学生，我就提出要和大家一样。后来就和大家打成一片了。

从河内往昆明，坐的是运货的闷罐车，没有窗，只有小孔透气，人都挨着坐地上。车很慢，哪能和现在的高铁比呢？足足走了四天，白天开，晚上停，不开了，找地方住下来，小旅馆，都是简陋的平房，当然没法跟之前住的酒店比了。可住和行虽然很艰苦，我倒不觉得，反而很兴奋，因为现在没人管着我，想怎样就怎样，而且原来又是坐二等舱，又是好酒店，很特殊，现在和大家在一起了，大家都是年轻人，都是流亡学生，兴奋啊。

累是真累。晚上天黑的时候到了，赶紧找地方住。浑身湿的，下大雨，雨季。乱七八糟的。一大群人席地而坐，坐行李上面，反正也不睡觉，一坐就坐一天。开始还觉得好玩，总比坐船好，不那么单调嘛，后来发现太累。因为站也没地方，都靠着，也不分男女，靠着，八月份，倒也不是很热。男孩围着打扑克，我们就唱歌。

没什么比唱歌更让人兴奋的了，一路上不断在唱。从天津到上海的船上我和李抱忱、杨纮武他们就唱，很开心，现在更兴奋，因为现在有更多的人。船上唱的是一般的歌，这时唱的都是抗日歌曲，可以放开来唱了：《义勇军进行曲》《大刀进行曲》《松花江上》……好多人都是从敌占区来的，像我在天津，哪能放开了嗓子唱抗日歌曲？尽情地唱，真有一种自由解放的感觉。

到开远的时候，我们就更激动了。之前还是在法国殖民地，开远是进入国境的第一站，从窗洞里一看到我们的国旗，看到云南兵，像是"回到祖国的怀抱"了。大家一阵欢呼，互相拥抱，又喊又叫，又唱又跳，好多人激动得眼泪都流下来了。

我们激动，那些云南兵不激动，看到我们那样，他们没什么反应。那里闭塞，他们大概看我们这些学生有点奇怪。毕竟是大后方，还没什么抗战的氛围。我们不一样，"亡国奴"三个字在我们是压在心头的阴影，挥之不去，流亡，就是为了不做亡国奴。那样的心情，没有我们的经历是体会不了的。

到昆明了

总共大概坐了四天的火车，我们终于到了昆明。我还记得，那是个雨天。一到昆明，我们就被接到了南屏大旅社，老板是刘太太，她是一位军长的遗孀，很能干，开了这家饭店，经营得很不错。她非常爱国，对流亡学生特别好，看待我们就像看待自己的孩子，住那儿的头一天是不收钱的。

也不知怎么回事，她对我不是一般的亲近。她的大女儿后来嫁了梅贻琦的儿子，小女儿因小时患脑膜炎留下后遗症，成了聋哑人。她希望我多陪陪她的小女儿，和她一起念书。我并不是她小女儿的伴读，但有段时间的确花了不少时间陪她，跟她说话，她也特别愿意跟我在一起。

后来我有了孩子，刘太太还提出让我搬到她的别墅去，跟她们一起住，孩子嘛她可以为我请个保姆帮着带。一九三八年九二八大轰炸以后，昆明好像也不大安全了，她想让小女儿到法国去留学，跟我商量：你不是喜欢画画吗？你可以到巴黎去学画呀，一起去，费用我来出。说实话，我当时是有点动心的。这时与大李先生已断了联系，学画是个诱惑，又想就此从与赵瑞蕻的关系中解脱出来。我问陈蕴珍该不该去，陈蕴珍听了大叫，不行不行！成天陪一个哑巴，算怎么回事？时间长了，你都不会说话了！绝对不能去！我还问了巴金，他也说，不要去。后来也就算了。

这是后话了。住旅馆不是长久之计，只能是个过渡，过些时候，我们七八个流亡学生在蒲草田合租了房子，大多数是男生，女生就我和苏兆兰，苏兆兰是结过婚的，我们喊她"兆姐"。没多久她丈夫也到了昆明，她就不大在那儿住了。我一个人住一间房。房东杨太太对我特别好，晚上她们打麻将吃夜宵，也常会送上一份到我屋里来，别人没有，都羡慕得很，我堂弟纨武看到，那个馋啊。

蒲草田的房子是老式的，有点像四合院，不过是两层的楼，云南风格的，有好多雕饰，我印象里绿色特别多。我住在楼上，最不习惯的是上厕所。起头都要跑下楼去，楼下才有茅坑。不是蹲式的厕所（那种在中西时就习惯了），是农村那样的茅坑，简直不知怎么办是好。后来杨太太知道了，让人送了马桶到我房间里，但解大手还得下楼。茅坑不光是怎么蹲的问题，味道还特别大，有人就教我，点根香烟，赶赶臭气，有一阵我会抽烟，就是这么会的。

我们自己做饭，一起动手，热闹得很。淘米我就是在那儿学的。在天津家里有那么多用人，当然没做过饭，中西女校的家政课上倒是教过一些，烹饪有"中"的有"西"的，"西"的有做奶油蛋糕，做饼干，做巧克力，"中"的学包饺子，做馒头。做西式糕点是燕京毕业的老师教的，现买来一个烤箱，在那儿烘。包饺子做饭这些是个师范毕业的老师教的，我们都不大起劲，想这些还用学吗？以后自然而然就会了。

可是真的没有淘过米。云南人淘米和我们那边也不一样——用一种箅箕，不是有把手的那种淘米笊。我们总要淘上很长时间，又是漂又是拣稗子的，从天津过来，我们总觉得是到了乡下了，什么都脏。有个男生教我怎么淘，有次在水里淘着他就抓住我的手，我一下就抽回去。（也不知他是闹着玩还是怎的，但我从小受的教育就是"男女授受不亲"式的。）

其实也只做过有数的几次饭，多数时候都在外面吃，米线、饵块……和天津比起来，便宜不是一点点。昆明人只吃两顿饭，我们跟着也吃两顿，很容易就对付了。

早饭免了，他们头一顿差不多要到中午。云南抽鸦片的人多（大多是男的，男的不大干活，女的什么事都干），抽鸦片的人起得晚。在街上走，从外面就能看到有人在屋里躺着抽，不避人的。即使没看见我也知道，因为空气里有鸦片烟的气味，那是我在天津的家里很熟悉的。鸦片烟的味道不难闻，倒是香的。

在天津家里什么也不用管的，生活上的事一概不懂。到昆明后我买过两罐云南火腿寄回去，是想告诉母亲，我在这边过得挺好，什么吃的都有，让她放心，其实平时那是吃不着的。没想到寄东西要加税的，云南这边要上税，到了天津还得上税。（包裹走的就是我的来路，等于出国绕了一圈才到我母亲手中。）上的税加起来比买东西贵多了。母亲写信给我："胖：你这个什么也不懂的傻孩子。"（在家里母亲喊我"小胖"。）母亲自己学认字，那时已经可以经常写信了，信里写了好多想我的话。前面说过的，母亲对我一直很严厉，信里的话倒挺煽情，当我的面再不会说的。

愉快的日子

我那时倒不太想家。在昆明，一切都挺新鲜的，包括它一时晴一时雨的天气。虽然昆明不够现代化，和天津比，街道、房子都很老旧，没有高楼大厦，但我迷恋上了昆明的云、树、山、水，还有那几座庙宇，西山上的"龙门"，城里金碧路上竖着的"金马"和"碧鸡"两个大牌坊……我们这些在租界长大的孩子觉得一切都美极了。当然还有翠湖和滇池，翠湖就像莫奈风格的油画，滇池那一大片平滑得像缎子一样的涟漪也是可以入画的，直到老年了我还会梦见。

到得早，联大还没开学，我结识了不少新朋友，一起聊天、逛街、吃馆子。经常是我请客，给人一个印象，似乎我家很有钱。后来联大同学开玩笑，叫我"dollar"。其实用我哥的话说，杨家早就"败了"，只是我对钱完全没概念而已。在天津除了最后一段时间母亲给零花钱了，买唱片和一些小玩意儿什么的，我没自己花过钱。出来以后家里给我一个折子，要用钱到中国银行去取，也没个数。我是到后来才觉察到和别人的境况有点不一样，人家的行李都很简单，我的行李一大堆，一床厚被、一床薄被、英国毛毯、床单、枕头，东西多，我母亲买了个行李口袋，上面大花旁边格子的，英国的，欧洲货，打包的，还有一个大大的双层牛皮的箱子。人家就一个铺盖卷。

从到达昆明到大轰炸之前这段时间，在我的一生中都要算是最轻松愉快的好时光。大学的学习还没开始，一点没有学业的压力，也还没有面对后面婚姻、生孩子一大堆麻烦事，和中西毕业后闲着在家相比，又更自由了，什么事自己说了就算。

我在报上看到青年会办漫画班，就报了名。当时说青年会，都知道是基督教青年会，新教教会办的，其实还要细分为Y.M.C.A和Y.W.C.A，男青年会和女青年会，各活动各的，没什么来往，这也算是教会色彩吧。我去的当然是女青年会，青年会在各地都有分支机构，天津也有，我去过的，所以会觉得熟悉、亲切。在天津，我去弹琴，在昆明我也去弹过琴。更多的时候还是去学画，负责搞漫画班的叫喻士海，他请了好多人来给我们讲课。喻士海是"左"倾的（其实青年会这样的地方，地下党不少），请来的人很多也是左翼的，比如蔡若虹他们。

蔡若虹从上海来，左联的，当时画漫画已小有名气。他和章锷、夏蕾一道来昆明。夏蕾刚中学毕业，也可以说是私奔。

到昆明他们住在一个小旅馆里，三个人一间，两男一女，夏蕾睡床上面，他们睡地上，章锷开蔡若虹玩笑说，一觉醒来，地上就他一个了。蔡与夏当时还在谈恋爱。这让我想起中旅剧团在天津住惠中饭店时的情形。蔡若虹后来是中国美协的副主席，住在三里河部长楼里，我认识的时候还算小年轻，文艺青年，生活艰苦，同时又是很开放的。

蔡若虹是从租界来的，我从小生活在天津租界，又都恨日本人，有很多共同话题，夏蕾刚念完中学，和我经历相似，更是一见如故。还有喻士海，都是年轻人嘛，我们一起玩，一起逛街买东西，一起下馆子去"共和村"，一起看话剧。朋友熟人也是"共"的，他们的朋友，很快也成为你的熟人。那时万籁鸣兄弟开了一家照相馆，叫"国际艺术人像"，有次喻士海带我们过去玩，说了一阵话，他们就说，给杨小姐拍一张吧。就照了一张，黑白的，后来我自己上了色。这样的心境，以后再没有了。

我还记得有一次看的是陈铨的《祖国》，风子主演的，没现成的服装，还是借了我的旗袍当戏服。那旗袍粉红的底，上面白色的小花，离开天津前母亲专门为我做的，一次没穿过。风子比我个子还小，旗袍稍微有点长。能有一点贡献，我很开心，不光这个，在后台打打杂，我也很乐意。现在叫"副导演"，大概就干这些活。

那时我有钱——其实也不是有钱，我根本没有钱的概念，只知道母亲说的，要用钱，到中国银行去取。所以吃馆子、看话剧，我请客的时候多。

过了一阵，蔡若虹他们离开昆明到重庆，也许早就准备好再从那里去延安了。当时去延安多少还是要保密，不会到处说。不过毕竟国共合作，至少和延安那边有联系也没什么大不了。我往那边写信，都是寄到八路军办事处，公开的，由他们转。信封上就写"延安　八路军办事处　×××"，下面写个"杨绛"，那边就能收到。我给姐夫罗沛霖写信，他是到了延安，后来上面又安排他回到国统区的。我也给蔡若虹写信，还介绍他和罗沛霖认识了。他们从上海来，对延安都有些不习惯，会在一起说。给我的信里也说。和蔡若虹再见面，则已经是解放以后，六十年代的事了。

学漫画之外，我还和人忙着跟李抱忱排练百人大合唱，排冼星海的《黄河大合唱》，还有黄自填词的抗日歌曲，那歌用的是《阿伊达》里《凯旋进行曲》的曲子——外国曲子填上中国词，传唱开来，这样的情况很常见，上中西时我们结业典礼上也用过《阿伊达》的曲子，不过是另一首。参加百人大合唱的都是平津流亡学生，经常找地方排练，大家的热情都很高。

也是那段时间，"中电"（中央电影摄影厂）到昆明拍摄《长空万里》，捎带着还演了几场话剧补贴费用。"中电"的顾而已邀章曼苹随外景队来昆明，参演"中电剧团"排的戏，在陈白尘的《群魔乱舞》里演孙大娘一角。中旅剧团在天津那段时间我和章曼苹、陶金就成了朋友，一直有书信来往，和曼苹在昆明相聚，当然高兴，看"中电"演剧、拍电影，也新鲜得很。

外景队和演员都住在市区一个大庙里，生活相当艰苦，大殿后面空着的一进，中间大堂临时成了男宿舍，女的住里间，都是通铺，吃饭则是简单的大锅饭菜。没有谁是特殊的，我记得白杨、赵丹、金焰、魏鹤龄、高占非、顾而已都在其中。这让我想起中旅剧团在天津时的窘境，不过他们显然要更有一种乐观向上的氛围，没人抱怨，据他们说，与抗日演剧队的流亡生活比起来，这已经强多了。

摄制组在滇池边的大观楼拍《长空万里》，曼苹约了我一起去看。布景已经把滇池的一角"改造"成西湖的样子，要拍的一组镜头是三个主要角色（白杨和金焰、高占非）湖上荡舟，在一起说说笑笑。好玩的是昆明的云彩总在捣乱，刚才阳光灿烂，导演叫一声"开始啦"，白杨才说两句台词，太阳又被云遮住，只好停下来。待到把太阳等出来，才又拍了没五分钟，岸上围观的游人中有人突然大声用云南话赞叹："是嘞末！"（"是啦！"）就像是一声喝彩。这算是哪一出呢？导演只好叫停，急得直跳脚，又不好发脾气，连连对围观的人做手势，让他们别出声。我是第一次看拍电影，觉得特别有趣。

我喜欢看电影、看话剧，对"幕后"一直有一种好奇心，像看戏，有机会就要跑到后台去看。这是从中旅在天津那段时间开始的，因为跟唐若青、章曼苹、陶金他们认识，我有特权了嘛。这次他们演舞台剧《塞上风云》，我也到后台去看他们化装。中旅的后台很小，到了昆明，他们在庙里的大殿上演出，后台倒是大——干脆就在大殿后面的院里，露天的，好些人挤在长桌前化装，每人面前一面镜子，上面一盏盏汽油灯冒着烟。我和曼苹站在白杨身后看，这时候我和白杨已经有点熟了。

这之前我领她和曼苹去逛过街。白杨喜欢我穿的云南蜡染花土布旗袍，和我脚上穿的当地人手工做的带袢黑布鞋，我就带曼苹和她上街买土布，定做布鞋。我来昆明已经有段时间了，还会说几句本地土话，当向导是理所当然。那时候白杨已经演过《十字街头》等电影，算明星了，但是穿着朴素，一点架子没有，在街上走，到街头小店里，也没人认出来。那个年头没有粉丝一说，明星也和现在的明星不一样，我们一起逛街，不会跟人说我跟白杨在一起什么的，总是说跟朋友一起，不提名字。

白杨在《长空万里》中演的角色活泼清纯（我还记得她穿一件白色短袖外衣，里面是彩色的泳装），《十字街头》里她演的女主角也很活泼，不演戏的时候，她却是一个特别安静的人。我去他们的住地，总是看见她静静地坐在不被人注意的角落，脸上带着她特有的恬静的微笑。我和曼苹瞎聊，她不声不响捧着油印的剧本看。待有人大喊"排戏了"，一个个拿着油印本子聚拢到外间，别人对台词都马马虎虎一带而过，几个调皮的男演员施超、田烈等还嘻嘻哈哈举着凳子用上海话哇啦哇啦的，只有白杨在一字一句念她的台词，神情很专注。拍《长空万里》那次，因天气还有观众的搅局，一再地重来，男演员已经显得不耐烦了，她一声不吭，还是平静温和的样子。

说到白杨，还有件事很好玩：蒲草田那个房东杨太太以为我是白杨的妹妹，说像得不得了。要是她在上海整容以前，可能真的有点像，这次我见到时，她已变了样。——白杨是整过容的，现在到处在说整容，其实那时候就有了。上海有个杨树英，很出名的，就是做这个。白杨原来是塌鼻子，整过之后鼻子高了，颧骨也弄了，的确变漂亮了。不过不是像现在的整容大动干戈，弄得面目全非，而且她做得很好，她在那里照镜子，我在旁边看，一点看不出痕迹。

青云街8号

在蒲草田住了一段时间，一帮学生就都搬走了，并不是闹了什么不愉快，是嫌那儿贵，除了我和堂弟纮武能对付，其他同学都觉得房租是个负担。离开蒲草田后，我和堂弟一起租住了青云街的一处房子。是郑颖荪先生介绍我们去住的。他是我们同船到昆明的平津流亡师生中最年长的一位，国立北平艺专的教务长。

我搬到青云街的时候，那个大院里已住满了从外地流亡到昆明的人，其中有些大名鼎鼎，过去是只闻其名的。我和郑先生住的是第一进，第二进楼上住着杨振声先生一家和沈从文先生，第三进住着民国初年为父报仇刺杀孙传芳的施剑翘和她弟弟，施剑翘因为行刺坐过牢，那时被放出来了，报上说她都称为"女侠"。

越往里面租金应该越高吧，施剑翘他们有钱。后面我没进去过，见到施剑翘是有次跑警报，沈先生示意我说："看，这就是那个女侠施剑翘。"她长得不好看，她弟弟也难看。她和她弟弟都往外跑，两手捂着头，还用天津话说了句"我的妈呀！"。那次沈先生也在的，见状对我笑说："女侠也害怕嘛。"

那是一处老旧的大院，好几进，都是两层的，我住在门楼下面临街的一间，窗棂、壁板，还有上面的瓦檐，都是云南的样式，门则是要上门板的那种，关起来里面黑咕隆咚。正是雨季，到处湿漉漉、黏糊糊。我和纮武的房间是竹篱笆的"墙"，两边加一起也不过四五个平方，我屋里只有一张床，一条长凳，一张小破桌。雨大的时候，雨水从瓦檐上泄下来，整个是透明的门帘。我在"水帘洞"里，并不担心"水漫金山"了如何是好（屋里是最"原始"的泥巴地），只觉一切都新鲜有趣，甚至巴不得淹上一次才来劲——北方哪见过这么大的雨？而且天天下个不停。一片雨声当中，我唱起在中西学的歌："雨！下雨啦！听那淅沥的雨点敲打着门窗！"一边唱，一边还在小木床上又是扭又是跳。

好些歌词里有"雨"，其实又不相干的歌一下子不招自来，比如："I'm singing in the rain. Just singing in the rain."。那是美国三十年代的流行曲，我是从最早的有声片《好莱坞歌舞大会》里学来的；比如《颂主歌》里的一首："小莫小于水滴，渐成大海汪洋。"这歌我在中西从八岁唱到十八岁，圣歌嘛，都是虔诚的调子，和好莱坞那歌的欢快热闹完全是两个调调，唱得投入，居然也虔诚起来。

到现在当时的情形我都记得清清楚楚。当然是因为看到雨"触景生情"了，更突出的却是那时的心境，那时真是年轻。

那房子真是老旧。郑颖荪先生住我楼上，通到楼上的楼梯简直不能算楼梯，就是些短而窄的木板钉在两根斜木头上，排列成梯状。木板长不到四尺，宽不到半尺，一只脚都搁不下，双脚得横着交错而行。上去还好些，下来时得斜着身子，或者干脆就倒退着走。倒退法是郑先生的发明，他演示给我看，很得意。说到郑先生，我就很逼真地想起他下楼时的样子：弓着背，左手撩起长袍的下襟，右手扶着楼梯扶手——其实不过是斜撑着的木棍而已。

郑颖荪是有名的古琴家，当时也不过人到中年，但与一路和我们唱歌过来的李抱忱相比，全然是一副学者模样，文质彬彬的，也很是老派。我没听他弹过琴，倒是在他房间里聊过天。

他的住处就在我楼上，也算是个套间吧，他原先住里间，外面待客，有个越南的吊床悬在外间，我上楼去他就倚在吊床上和我说话，他的太太不在了，有一儿一女，都不在身边，他孤身一人在昆明，和我说话时神情落寞的样子。没过多久，他去了重庆，好像是教育部招他去的。

他走了以后，我住到了楼上，不过只有里间归我，外间成了办公地点。那房子应该早就不在了，要是还在，倒可以挂块牌子，朱自清先生和沈从文先生就在那里编"大一国文"。说起来里间外间的，其实就隔一层板，说什么都听得见。后来张兆和带着孩子到昆明，在那外间里见到沈先生，责怪他头发怎么那么长，也不去剪，里面听得清清楚楚，沈先生说话声音低，咕咕哝哝的，就听不到了。

就因为一点不隔音，我们说话声音又高，沈先生还说过我一回。那次是两个航校的朋友来找我玩，他们学航空，讲开飞机的事，怎么飞上去，怎么俯冲，又是这种那种战斗机的，讲得很兴奋，一边讲一边比画。朱先生和沈先生正在外面工作。大概是被搅得不行了，沈先生突然掀了门帘进来，对我说，杨小姐，我和朱先生都在工作！你们太吵，我们没办法做事！我们吓得不敢吭声，连一声"对不起"都忘了说。过一会儿我出去说了对不起，就见朱先生绷着脸，不悦的样子，也不理我。我还想，有什么大不了的，不是道歉了吗？后来对朱先生印象就不大好。

那两个年轻人从此再没有见过。没过多久，其中一个在随教练做空中训练时，飞机不幸撞上了屋顶，另一个在空战中牺牲了。

沈从文先生

沈先生很严肃地对我说话，好像也就那么一次，他说话总是细声细气的，对女生特别爱护。那次批评我时，我和他已经做了一段时间邻居，很熟了。

是郑颖苏领我认识沈先生的。我搬到青云街没几天，有天他下楼，撩开我自制的土布门帘，做手势要我出来，说，杨小姐，我带你去见个人。他带我去见的就是沈从文。我是最怕见生人的，每见生人只知道鞠躬，而后就剩下低头站在一边绞手指。说是要见沈从文，我就更慌。早就听说过虽然沈从文当过兵，自幼看惯了杀头之类吓人的事，人却是个腼腆书生样，一点不是让人望而生畏的那种。可毕竟是生人，还那么有名。

沈先生的《边城》我在天津时就读过，但我更喜欢的是巴金。我姐是沈从文的粉丝，也不光是他，"京派"作家里好多人的作品她都爱读，像周作人、冰心的书她都买的。《边城》我好像也是从她那里看的。他们几个都到燕京大学做过讲座，周作人有次去，还是大公主包的车去接的。大公主没读过多少书，小学的水平，在燕京借读，接周作人那次她都抢在头里，陪着一起走，周一个老夫子的样子，她穿得漂漂亮亮在旁边一扭一扭的，可笑极了。后来照相，她就挨着周作人坐。对人介绍我姐，说是姨太太生的，把我姐那个气呀。

我第一次见到冰心是去观摩我姐的毕业典礼。典礼上安静极了，不像现在乱哄哄的，冰心走过来，我姐看到了，就嚷："谢先生！"冰心见了竖起手指在嘴上，让她别出声。我姐说，沈从文去的那一次最有意思，那次不是演讲，是座谈，大家围坐在一起，轮到沈先生讲了，他半天不开口，好不容易开口了，说："我不会讲话。我害羞。"而后又不响了。我姐说，真是窘死了——不是他窘，是听的人坐在那里，心揪着，不知如何是好。名作家呀，怎么会是这样?!

在青云街是头次见到沈先生，真是容易害羞的样子。他笑眯眯的，一口湖南话很绵软，说话声音很轻，不害羞也是有点害羞的样子。问了我些话，大概知道我的情况后称赞、勉励了我一通：刚满十九岁的女孩子有勇气离开富有舒适的家，心甘情愿吃苦，好啊! 生活是本大书，现在生活跟过去不同了，不习惯吧? 想家吗? 莫想! 莫想! 这是抗战的年月，到底是跟日本鬼子打仗了，以后上了大学要好好读书，年轻人不拼命学习终不成! ……

他和颜悦色，轻声细语的，我还是紧张，只会傻傻地望着他，低声说了句：反正我要像觉慧! 没头没脑，有点"文不对题"吧? 也不知是对他说，还是对自己说。

怎样就算是"像觉慧"呢? 其实我也没个谱。沈先生鼓励我埋头读书，我也没做到，成天看小说、唱歌、写长信，要不就是在麻布上绣我想出来的花样。我还买了把乐锯，亮闪闪的，没事就吱吱呀呀地拉，幻想着能在上面拉出托赛里的小夜曲。离开了家，一下子所有的管束都没了，我的兴奋还没结束，那情形有点像现在的年轻人结束了高考进大学，自由得不知怎么挥霍时间，就忙着兴奋了。

我和沈先生很快熟起来。他的客人多，因为知道我喜欢文学、喜欢写作，作家、诗人来访，他会让我也过去见见。我的房间隔着院子与沈先生的屋子相望，从后窗可以看见他那儿。院里通常都是黑洞洞、静悄悄的，有个晚上，忽听到清脆的女声喊"从文"，就见到对面沈先生的身影立起来，拿着灯往下走，灯在楼梯上移动，人就像飘下来似的。而后就听见沈先生大笑，原来是冰心从呈贡来看他。院子里立时欢声笑语，笑语未毕，他就朝我的窗户喊：杨小姐，下楼来见见冰心女士！我匆忙下楼去拜见，这是第二次见到，上一次是在我姐的毕业典礼上，但我根本不会寒暄，扯扯当时的情形什么的，只鞠了个躬，马上就溜掉了。

没过几天，又是个月夜，沈先生又大声叫我：杨小姐，下楼来见见徐芳！哈哈，你这个小女诗人快来看看大女诗人，好漂亮哩！徐芳是北大高才生，好像还是"校花"，不像冰心的清秀，像玫瑰的热烈。她哇啦哇啦滔滔不绝说个不停，沈先生只是微笑着听，我嘛，当然更没话了。之前没听说过徐芳，后来也没读过她的诗，因为沈先生，这一幕还记得。四十七年后，沈先生大病初愈，口齿已不大清楚了，我和杜运燮去看他，他喜欢听我们"摆龙门阵"，在他那间明亮的书房里，我和杜运燮海阔天空地聊，他坐在一把半圆形的藤椅上笑眯眯地听。我说起当今女作家抽烟的不少，不是逢场作戏抽着玩，是真抽，他忽然笑眯眯一个字一个字地说：徐芳，也抽烟。

沈先生对我的不够用功当然是清楚的，有机会就劝诫我。没人比他更有资格这样教导学生了，他自己是很用功的，几乎每个晚上，我都看到他在糊纸的窗后伏案写作，直到深夜才站起身来举着灯走进卧室。昆明那时用的都是煤油灯，昏黄微明——那个情景我印象太深刻了！有一天我懒散得很，懒得看，懒得写，早早吹熄了灯，躺在床上胡思乱想，盘算明天找谁去玩，到哪儿逛逛，吃焖鸡米线还是吃饵块……第二天一早沈先生上楼到外间来工作，笑着对我说，昨晚写了什么了？看了什么书？才十八九岁不要那样贪睡，要睡懒的哟！我羞得无地自容。之前他就对我说过：要用功哩！我去睡觉，你方可休息。睡迟些怕什么？不要犯懒贪玩！像平时说话一样，他都是笑着说的，但其实都是认真的教诲，只是我总是做不到。

复学生

沈先生到昆明，是在西南联大任教，我从他那里得到的教益却不是在课堂上。说来有意思，我并没有听过他的课。他在联大教的是写作，算选修课，不像"大一国文"，那是我们的必修课。虽然如此，沈先生对我的影响很大，不说别的，我上联大念的是外文系，就是沈先生帮我拿的主意。我在天津时开始写诗，喜欢文学，本来一门心思想进中文系，信里面问巴金先生，他说进哪个系都可以。沈先生的意思倒是很明确，他不懂外语，对外语却很看重，说我原来在教会中学那么多年，学中文的话，扔了外语太可惜，进中文系，就一天到晚跟线装书打交道了。

其实，我考南开考的就是中文系。到了昆明，我还心思活泛了一阵。那时候杭州艺专搬过来了，在云南大学。我有点心旌摇荡，想去考，堂弟纮武马上向我母亲汇报了，走之前母亲叮嘱过的，让他"监视"我。流亡学生大多数当然都想考联大，有人就告诉我，联大里面有南开，我说我不能考，一考数学就露馅了。为此他们都笑我。

我以为保送了还是要考的，觉得自己考过中文英文已经录取了的，真是冤。后来又听说保送生是不用考的，我就去问。报到的地方是一个大教室，放着好几张桌子，清华、北大、南开分开的，我找到南开的人，问去年保送的事，那人在一个册子上查，发现保送的取了三个，其中一个是中西的，考的是中文系，杨静如——全对上号了，他马上就从桌子后面站起来和我热情握手，连说欢迎欢迎。这样我就成了联大的学生。

像我这样没再考试进了联大的，叫"复学生"，就是说，虽然还没报到，我们已经算是联大的人了，因为日本人侵略，中断了学业，那是"失学"，现在重新开学，我们就算"复学"了。之前我们分别参加的是北大、清华、南开的考试，学生证上就还留着痕迹，学号分别以首字母T（清华）、P（北大）、N（南开）开头，我们叫作"T字号""P字号""N字号"。清华的考分最高，北大次之，南开要低一些，后来同学中会拿这开玩笑，穆旦就在我面前打趣说，T字香，P字好，N字头的没人要。

三所学校分别在北平、天津，所以进校前，我们的身份是"平津流亡学生"，其实这个叫法范围还要大些，还有其他学校的，不过这三所学校的是主体。有些是中学刚毕业的，像纮武，就还要参加考试，这是联大的考试了，他们的学生证上是"联"字开头，就称为"联字号"了。

其实在"联字号"之外，也不仅仅是清华、北大、南开三校的学生，赵瑞蕻就是从青岛的山东大学转到联大读二年级的，不过他入校时学校还在长沙，叫作"国立长沙临时大学"，到昆明以后还有没有三校以外转入的情形，我就不知道了。他的学生证上又不一样，是"转"字开头的，称作"转学生"。

跑警报

联大开学的时间，原来定在十月，可就在快开学时，日本飞机轰炸昆明，学校那一带炸得一塌糊涂。

日本飞机第一次轰炸昆明是九月二十八日。在那之前，昆明已经开始有警报了。是预防警报，城门楼上挂起一只红色的气球。头一回有这事，新鲜得很，好多当地人跑到外面来看，嘴里还叨叨："挂灯笼喽，哪里真的会有敌机哟！"云南是大后方，到那时为止，除了外地人多起来以外，生活很平静，好像没什么战争的氛围，的确很难想象这地方会打起仗来。

预防警报也没让人紧张起来，好多人甚至都没想到要躲一下，有人说该出城去躲一躲，也只是说说而已，根本就没有跑警报的概念。我们年轻人就更不知害怕了。我和纮武（他是和我一起搬到青云街的）看见大家跑到外面，议论纷纷的，只觉得好玩，穿过圆通公园到北门城墙外，坐在菜地上东张西望，看天空看城门楼，等着看会不会有第二只红色警报球挂起来。来的路上我们买了些胡萝卜，昆明的胡萝卜又大又脆，水分多，特别好吃，我们一边看野景似的看着，一边啃得津津有味。这时昆明空军基地的飞机纷纷出动了，不是迎战敌机，是和我们一样"跑警报"（否则在机场上待着，敌机一轰炸就完蛋了）。等我们的胡萝卜吃完，警报也解除了。我们溜达着回到青云街，都说下次再不"跑"了。

九二八大轰炸那天，我们也真的没跑。那天是个大晴天，天上一丝云彩都不见，真的是碧空如洗，蓝得让人心醉。我们一帮年轻学生喜欢把昆明这样的晴爽的蓝天说成"蓝得像马德里"，这是从一首诗里引来的，其实谁也没去过马德里，想象中西班牙阳光灿烂，马德里的天空极蓝极美就是了。联大还没开学，两个年轻人过来闲聊，我和纮武便合计着该去哪儿玩。这时外面忽然就乱起来，就听到有人嚷："挂灯笼喽！"朝城门楼望去，果然有一个球挂出来。我们原来就没打算"跑"，后院和最后一进房里的人也没动静，只是一个个不紧不慢地踱到天井里，三三两两站着聊天。杨振声、沈从文、郑颖荪几位先生都放下手头的事出来，望着天空，施剑翘姐弟也出来了。

这时候传来了很响的飞机的声音，我们还以为又是我们的飞机，忽然发现不对了，有三架涂着太阳旗的敌机就从头顶上飞过去，几乎是同时，紧急警报响起来。就听到一种十分刺耳的声音，让人本能地捂住耳朵，没容我们分辨那是什么声音，前前后后就都是震动耳膜的爆炸声了。炸弹一颗颗落下来，地动山摇，我们站在那里怔住了，好像在做梦，不知发生了什么事。沈先生是最镇静的，他根据爆炸声分析炸弹可能会落在什么地方。从湖南那边迁过来的联大师生刚刚安顿下来，他担心他们那边会不会有损失。他还有心思开玩笑，爆炸声一起，施剑翘吓着了，用天津话说了句"我的妈呀！"，抱着头就往外跑，沈先生笑话说："女侠也害怕嘛。"

真像沈先生担心的那样，联大那一片那天挨炸了。轰炸停止后我们跑出去看，翠湖周围炸得一塌糊涂。到处是倒塌的房屋，玻璃的碎片，街上许多联大的师生，满身的灰土。在人流里我看到了闻一多，乱乱的头发上全是灰土。在中西时，高玉爽老师领我们读新诗，闻一多的《死水》我会背，没想到第一次见到闻先生，是这样的情形。

有个同学叫吴锦天，和我们同船来的，整个行李给炸没了，天冷下来快到冬天时，我和纮武特地跑到裁缝店给他做了件棉袍过冬。几十年后，吴说起这事，说这事他永远忘不了，当时还照了张相片给我们。若不是他说起，我完全记不得这事，那相片也早没了，我清清楚楚记得的，就是那天轰炸的情形，还有那个日子，九月二十八日。

从那天开始，整个昆明进入另一种节奏，跑警报成了大家生活的重要内容。早上起来，头一件事就是往城门楼上看，看警报球是怎样的情况。敌机都是白天来，跑警报就是要把白天避过去。往往天刚亮人们便扛着箱笼衣物，出城到郊外山沟里，下午四五点钟再回来忙着做晚饭。一整天就这么没了。

跑警报总是伴着对日本鬼子的愤怒和诅咒。有一次，城防的高射炮打下了一架日本飞机。我们看着那飞机拖着黑烟栽下去，高兴得又叫又跳。后来这架飞机的残骸被弄到大成殿供老百姓参观，我也跑了去看，参观的人一边看一边咒骂，骂了才更解气。回来之后我写了一首诗，题目叫《破碎的铁鸟》，发表在云南文艺抗敌协会的刊物《战歌》上。

我到昆明不久就开始向《战歌》投稿，加入了文协，跟穆木天、罗铁鹰、雷石榆等诗人一起开座谈会，吃小馆子。这在天津是不可想象的，想想家里不让我像刘嘉蓁那样去游行、参加集会，现在可以"我行我素"，我尤其有一种成了大人的感觉。我记得几首诗之外,我还写过一篇文章,题目是《纪念"九一八"》,最后写道,这是我们最后一次纪念"九一八"了,意思是不要一年,我们就胜利了——仗已经打了两年了,还不够我们赢吗?真是天真乐观得很。那时候发表作品,都是用笔名"晓黛"。

在《战歌》上发表的诗文,应该是给沈从文先生看过。他虽然鼓励我要用功,多写,但这样的抗战诗他是不赞成的。我还记得,就在他因为我们过于喧哗责备我的那天晚上,他跟我谈话,不是为白天的事说我,是耐心地劝我以后少写那些净是口号的抗战诗,说那样的诗即使发表了,也不见得有多少价值。他给我抱来一大堆世界名著,叫我做读书笔记。这也是他一向的立场。

关于抗战与文学,文坛上一直有争论的,沈先生坚持文学是文学,抗战是抗战,文学是不该用来当工具的。当时全国上下,都是浓浓的抗战氛围,他坚持这种立场,压力不小。别看沈先生平时低声细语,动不动就脸红,他有他倔强的那一面。像他对抗战文学的不屑,可能别人私下里也有同样的态度,却不一定公开说,他就要写文章公开说出来。

关于跑警报,他的看法也与众不同。他和杨振声先生有过一次不愉快,就与此有关。

我们几个都是在外面包伙的,每天到吃饭时候小馆子就送过来。杨先生他们雇了个人烧饭,开饭时坐一桌人。沈先生在杨家搭伙,跟他们一起吃。有一次吃午饭,杨先生的女儿跑到我屋里说,沈先生在饭桌上突然大哭,她吓死了。原来是他和杨先生就跑警报的事争起来。之前他在报纸上写文章,批评那些跑警报的人。说大家从各地聚集到这里,整天忙着跑警报,开不了学,书也不念了,成个什么事?文章出来后许多人认为他说得不对,写文章驳他,他挺委屈的。那天他在饭桌上又说这事,还是他那些理由。杨先生就说,你可以不跑,我拖家带口的,孩子还小,不跑等着日本飞机炸死?沈先生说不出话来，大概还有那时的压力，一下就哭起来。（后来接触多了，我发现沈先生挺容易哭的。）从那以后，两位先生之间就有些别扭了。

我们的课

联大原来是要在十月初开学的，因为轰炸炸坏了校舍，开学推迟了，我们跟着李抱忱忙了好长时间准备的百人大合唱，也因轰炸炸没了。

联大是在轰炸中开学的，印象中好像并没有开学典礼。新生入校时也许有吧，我不太清楚。新生是通过联大的考试考进来的。开学了，有面墙上贴着课程表，分必修课和选修课，必修课是必须上的，选修课按照自己的情况选，不过指定必须自然科学选一门，社会科学选一门。社会科学我选的是"社会学"，自然科学我选的是"地质学"。

我们去上课就是了。校舍分散在几个地方，都是借来的，工学院是一处（挨着航校），农校那儿是一处，还有就是昆明师范学院，后来新校区建起来，就是现在当作西南联大旧址的那排房子，我们称作"新教室"。我们女生开始住在农校的小楼里，每天早上起来，急急忙忙跑到师范学院那边去上课。经常是上完两节课，急急忙忙往农校那边跑，两头跑。农校在小西门里，新教室在小西门外，中间隔着翠湖，要走一段路，第一二节课和第三四节课之间有二十分钟，真挺赶的。

给我们上课的老师都是名人。讲"西洋通史"的是皮名举，讲"社会学"的是陈序经。印象最深的是"大一国文"，许多老师合教的，每人讲一两周，给我们上这课的有陈梦家、朱自清、刘文典、闻一多……没有教材，他们各人讲各人的。我们许多女生期待的是闻一多、陈梦家，他们是有名的新文学家，他们的一些名诗我们会背的，没想到他们根本不讲新诗，都是讲他们的研究，关于古代文学的，陈好像还讲一点甲骨文。不过他们的课我不大逃，毕竟是我崇拜的，陈梦家还长那么帅。女生逃得多的，是刘文典的课，我是最不喜欢的，去了一次，把听课证交上去就完了。好像只有朱自清是讲新文学，讲白话散文，但他课讲得不好，拘谨得很，我也不爱听。有人以为沈从文也教"大一国文"，那是弄错了，"大一国文"都是教授才有资格上的，沈先生是名作家，但在联大排不上号，只是一位讲师。

还有一门"逻辑"，最头疼的，是必修。我完全不懂，忘了是谁教的，只记得他左一个logic，右一个logic，不晓得他在讲什么，我们背后开玩笑，什么logic，就是"垃圾"吧？考试怎么办呢？我连笔记都记不下来，只觉得和数学有关系。后来因为认识赵瑞蕻，他的同乡把笔记塞给我，让到时候抄抄呗。条件是我把一年的英语作文借给他们。

外文系的英文作文，大概是每周交一篇，负责批改和讲评的是廖福，他是留校当助教的。大一的国文课，也要写作文。作文要批改，每个学期还要面批一次，这些都是助教的事。管我们作文的是余冠英，他当时还是年轻的助教。跟我面谈时，他就我的作文评说了一通，鼓励我说，以后我是可以写作的，我听了很得意。记得英语作文也一样是有面批的，廖福也跟我说，将来我可以成作家。我的英语作文成绩不错，不过英语作文得高分恐怕也没那么高兴——我原先就是考中文系的。解放后我找工作也一直想到中文系教书，没想到最后还是在外语系。

外文系给我们上课的老师就多了，陈嘉讲莎士比亚，谢文通讲英诗，陈福田讲英国小说，莫泮芹讲英国散文。印象比较深的是陈福田的课，Western Novels，讲小说之外，他还给我们开过一门Reading。不管讲小说还是上阅读课，他选的材料都是当代的东西，我记得让我们读过毛姆的《人性的枷锁》。他不是只管自己讲那种，他会指定我们去读，还让写读书心得。我比较习惯这样的讲课方式。我印象深，还有个原因是他英语说得漂亮，举手投足也比较洋气。

外文系不等于英语系，还有其他的语种，比如法语。第二外语大家几乎都选法语，教法语的是吴达元和林文铮。赵瑞蕻是跟吴达元学的，吴对学生特别严格，赵瑞蕻学得很用功，他后来译《红与黑》，虽是从英文译，还是参照了法文本，底子就是在联大打下的。比起来林文铮要松得多，我对法语没下多少功夫，总认为，把英语学学好就行了。

英语加法语，联大外文系的重头戏就在这儿了，德语也有，很边缘的，俄语、日语都是没有的，穆旦后来从俄语翻译俄国文学，那是他自学的。

当时钱锺书也在联大，但没教过我们。印象中选他课的人并不多，至少不像陈嘉的课。陈嘉讲莎士比亚，教室里坐不下，窗台上都坐着人。大概还是慕"名"吧，陈嘉是拿了耶鲁的博士的，学生教喊他Dr. Chen（要不就是喊Carl）。当时外文系的系主任是叶公超，我们喊他George，他都还拿过博士学位哩。叶公超也没给我上过课，但是带我们新生去郊游过。要不是在许渊冲的回忆录里看到郊游的合影照片，上面有我，这事我早忘了。我只记得叶公超很洋派，英语说得特别流利，发音也很地道。

吴宓先生

那时候不大明白教授水平的高低不全在口语好不好，发音是否纯正——学问常在这之外的——我们对英语说得地道的就佩服，对说得不地道的就觉得奇怪。比如，吴宓英语发音很糟糕，普通话也说不好，很重的方言腔，说英语、说普通话都带那个味，我们就奇怪，这么有名的教授，怎么发音还不如我们中学老师？

我们女生对吴宓印象不好，还有一条就是他土。吴宓身材偏瘦小，脑袋却蛮大，听说是四十多岁，看上去却是老学究的模样。他是穿西装的，还拿一根手杖，走起路直挺挺的，目不斜视。他拿手杖跟别人不一样，不住地在地下点，跟盲人行路似的。昆明尽是石板路，手杖点在石板上，嘀嘀笃笃地响。照说西装手杖的，应该洋派，但在他身上就是显得土。有的老师，学生是有点怕的，吴宓名气很大，表情又严肃，女生倒没有谁怕他的。

吴宓给我们上过"欧洲文学史"，这是联大外文系二年级的必修课，高年级没修过的人也可选修。到现在我还能想起他上课时的样子：左手抱几本洋装书，右手是手杖，嘀嘀笃笃走进教室。上课喜欢做手势，讲但丁的《神曲》，比画着天堂与地狱，一会儿拊掌仰首向天，一会儿低着头蹲下，让我们笑了又笑。说到但丁对贝阿特丽斯那段恋情，更是对着空中大呼"Oh! Beatrice!"。显然动了感情。不知他这样深情呼唤时，是否想到了毛彦文，我想下面的学生大概都有联想，他的那段恋情，联大学生中几乎是无人不知的。

我是还在天津时就知道了，因为家里有他的书。大开本，书皮是灰色的，上面写着"吴宓诗集"几个大字。这书是我哥买的，出国留学时就留给了我。旧体诗，我不大看得懂，只大概翻了翻，留意的是书中的许多照片，还有就是情诗。有些句子像大白话，比如"吴宓苦恋毛彦文，三洲人士共惊闻"，没什么懂不懂的，一下就记住了。还有，他的追求没结果，就奉劝世人莫恋爱，"此事百害无一利"。我容易记住，还因为毛彦文后来嫁了国民党元老熊希龄，一九三四年我哥出国前我们全家到香山度假，住的就是熊希龄家的别墅。没准当时还议论过——这事在北方知识界真是传得"沸沸扬扬"。

不光是毛彦文，联大师生中还流传他的其他恋爱故事，包括师生恋。他对漂亮女生格外注意，倒也不全是因为恋爱，大概是爱美之心吧。上课点名，点到金丽珠，金应了，他一见就直直地看着她说"Beautiful! Beautiful!!"。我们直想笑又不敢笑，使劲忍着。又说他对女生特别照顾，很讲究绅士风度。大概是这样吧。但许渊冲说吴宓因为赵瑞蕻追我，就在课上安排赵和我坐一起，那是瞎扯。赵瑞蕻高我两班，因之前没上过"欧洲文学史"，的确是选修了，但联大的教室都是随便坐的，通常女生坐在前排，我都是和金丽珠一起坐的，赵瑞蕻、许渊冲他们都坐在后面。

说起来吴宓先生倒是和我们有过一次课外接触，那已经是我和赵瑞蕻结婚以后了。是我们住在凤翥街的时候。他由杨周翰陪着，到我们家是来搜书的，他听人说，赵瑞蕻拿了图书馆的书总不还。赵瑞蕻是有不少书借了不去还，我说他，他不高兴，说，书嘛，又不是偷。当时西南联大图书馆书不多，你占着别人就看不了，所以吴宓听说了很生气。

我远远看见他们来了，吴宓拿着手杖，嘀嘀笃笃，杨周翰在一边直跟我使眼色，也不知什么意思。我就对里面的赵瑞蕻说，吴先生来了。吴宓气呼呼的，我迎他进屋，发现书架上有些书没了，都是图书馆的书，当然是赵瑞蕻刚才拿下藏起来了。吴宓没搜出什么来，气鼓鼓的，也不说话，就走了。后来我又跟赵瑞蕻说，书还是应该还回去，这样霸着算什么？他不爱听，不过后来还是还回去了。要面子，找没人的时候，往柜台上一放就走了。

女生宿舍

跑警报还在继续。不像九二八大轰炸时的惊慌，后来我们渐渐地都习以为常了。警报经常响，分三级，但是往往预防警报响一阵，后面就是解除警报了。升级为紧急警报的时候并不多。事实上空袭的规模也并不很大，多数时候是三架飞机，最多的一次是六架。警报响起了，我们就一起出城，带上书——多数是我们的油印讲义——不慌不忙的。巴金先生那时在广西，信里说敌机来袭好比"强迫我们游山",我们也是,等于游山玩水。天气好的时候,尤其像郊游。

联大开学后,我从青云街搬到了联大宿舍。联大的女生最初是住在农校外面的一座西式的小楼里,房子不错,看上去比青云街条件好不少,只是人多,楼下的大间里要住十几人,睡双层木床,可以自己添置油灯,晚上一盏盏油灯亮起来,开始我还觉得挺有诗意的。谁料一下就被臭虫给搅了。

想不到木床的缝里躲着那么多臭虫!有天夜里,一个四川女生忽然大声尖叫起来,我们不知出了什么事,赶忙爬起来点上油灯。她大哭大叫,说是有臭虫爬进她耳朵里去了。我们中间有个似乎有点经验的,不知用了什么法子,居然把虫子引了出来。大哭的那个是个富家小姐,仍是惊魂未定,哭着喊想妈妈,大家都是离乡背井来念书的,被她这一哭勾起心事,全体想家,大半夜的,宿舍里哭成一片。

第二天夜里又有谁被臭虫咬了,我们十几个人都爬起来捉臭虫,一共捉了四十多只,称得上战果辉煌。但臭虫是捉不尽的,还是我们那位燕京毕业的舍监有魄力,她把我们一股脑儿搬到农校的上课的教室里住了三天,所有的木床都用烧开的水浇烫,这样宿舍的臭虫事件才算告一段落。

还有其他的"水土不服"。我们发现昆明也不是传说中的那样"四季如春",冬天还是要冷的。北方冷得多,但冬天是取暖的,我们这些北方来的,在家时都习惯了大火炉、暖气汀,这边没有取暖一说,到晚上冷得很,又不像白天有上课的忙碌,种种活动的兴奋,于是就想家了,尤其是快到过年的时候,一个个躲在棉被里流泪。这时候念的都是家里的好处:在家里过年多好,有那么多好吃的;一个星期还能看一次电影……我离开天津时称得上"义无反顾",这时候也加入了想家的队伍。

但这也只是一时,多愁善感的年纪,忧愁也可以转化成诗意,也可以是美丽的。甚至昆明美丽的月色也像是来陪衬我们的乡愁的。我的上铺是我上中西时低我一级的金丽珠（丹尼的妹妹），我们之间有说不完的话题，包括爱情。有月亮的晚上，我们喜欢从宿舍里搬两把椅子到农校空旷的大操场上，坐那儿傻看月亮和各种形状白色的云飘过去。月亮下面什么都显得美，要是我们在月亮旁边发现了星星更是感到欣喜，提醒对方快看。星星伴着月亮对我们有特殊的含义，月亮代表着爱的人，星星是我们的自况，我们都希望自己是颗星，依傍心中的月亮，虽然月亮朦朦胧胧，在虚无缥缈之间。看着想着，忽然间眼眶就开始湿漉漉的，有一种莫名其妙的揪心的感觉。

金丽珠那时跟我好得不得了，在联大我们是上下铺，总是在一起。我们有很多悄悄话：她喜欢赵先生，是她的表兄，说起来她都是称"二哥"，就是赵晚屏。赵已经结婚了，太太是柳无垢，柳亚子的女儿，柳无忌的妹妹，长得不好看，夫妻关系不好。听说是柳主动的，有次喝醉了酒发生了关系，就结婚了。金喜欢"二哥"，我喜欢大李先生，都是老师辈，比我们大好多，我们莫名有一种同病相怜的感觉，就互相诉说。"二哥"对她特别好，她生病时照顾她，无微不至，但从来都是彬彬有礼的，绝对没有动手动脚的事。他是想过离婚的，但怎么可能呢？

说"同病相怜"，是因为我很想念大李先生。

我一直不承认对李尧林的感情是love。我崇拜他，都把他当太阳了，怎么说得上恋爱？父亲很早就去世，等于一直没父亲。我最崇拜的是我哥，比对上帝还崇拜，可他去留学了，按心理学的说法，我大概也要找什么人来填补吧？我给巴金写信，就有这方面的原因。巴金给李尧林写信，也是托他把我当小妹妹照顾。但在昆明，我老是在想念他。

女生在一起，最容易形成现在叫"闺密"的那种关系。宿舍里还有一个福建籍的女生，叫陈樨，和我也走得很近，再加上王树藏（那时已和萧乾结婚，要上联大社会学系），我们三人会一起谈心。我说大李先生，王树藏说萧乾，陈樾说她堂哥，各自有各自想念的人。有天晚饭后，王树藏在屋里写信，我和陈樾洗了头发，坐在操场边，一边梳理湿湿的头发一边说话。陈樾和她的堂哥青梅竹马，特别要好，他们相爱了，这却是世俗社会绝不允许的。她说这些，忽然问我：你说我该怎么办？我该怎么办，静如？我没有她这样的烦恼，我只是日夜等待着大李先生有一天突然出现。到老了我还记得当时的情景：叫着我名字她轻声叹息，我流泪了，梳子梳着额前的刘海，也不知梳下的是水滴还是泪滴，我说，我不知道，我好想家！我想回去！

陈樾当然并不是真以为我能给她出什么主意，我的话听上去也不像对她的回答，我们说出来的，就是那时的心情。我们各自掏出小手绢擦擦眼泪，叹口气搬椅子回宿舍。王树藏还在写她的情书，她几乎每天晚上都在写。陈樾又在写信给她堂哥，我没什么情书可写，大李先生在沦陷区，音信不通，我只能写给巴金先生，诉说我的怀乡病，抱怨这里生活太苦，吃也吃不饱。

三人行

除了陈樾，在昆明那段时间，我还交了很多朋友，特别是王树藏和陈蕴珍（就是后来巴金的夫人萧珊），虽然不在一个系（王树藏念的是政治系，陈蕴珍先在外文系，后来转到历史系），因为都和巴金、沈从文熟，我们三个经常在一起。

我和王树藏是在青云街认识的。她那时的身份已经是萧乾的女朋友了。萧乾在《大公报》编副刊，是沈从文提拔的。沈从文租住在青云街8号，王树藏到昆明考联大，大概是萧乾托付过沈从文，也住到这院里来了。

我第一次见到萧乾，是他到昆明为《大公报》组稿。大概是在一家茶馆里吧，长条桌，陈蕴珍、王树藏和我几个女生坐一边，穆旦、林蒲、赵瑞蕻几个男生（大都是高原社的）坐另一边。沈先生给萧乾撑场子，说了不少话，说的内容记不得了，只记得桌上放了点糖果零食，老有苍蝇在上面飞。他一面说，一面挥手赶，一挥手，袖子那儿就有棉絮往下掉，塞回去又掉出来（他穿的棉袍太破旧了，张兆和不在，破了也没人给缝补），我看了只想笑又不敢笑。

我和萧珊是巴金信上介绍认识的。萧珊也是巴金的读者，跟巴金通信相识。那时我和巴金还没见过面。因为我到昆明已有一段时间，萧珊到联大读书，初来乍到，人生地不熟的，巴金就让我照顾她。他在信中还说，萧珊和我有些像，大概是说我们都天真又有些任性吧。我和萧珊见面后很快成了好朋友，但其实我们俩有些地方不大一样。我比她封建保守得多。

萧珊是宁波人，特别开朗活泼，爱热闹，爱交朋友。因她比我低一级，很长一段时间我都以为她小我一岁，后来才知道她其实比我大。她是那种外向型的性格。有段时间，联大的一些学生在金碧街那儿合租了房子，一起住，萧珊、王树藏、刘北汜、汪曾祺他们都住那里，搭伙吃饭，同学没事就跑那儿去玩，热闹得很。就跟男生宿舍女生宿舍似的，晚上回不去或是不想走了，就在那儿挤一挤。男的就往男生那边挤，女的就往女生这边挤。陈蕴珍住楼上，和王树藏、"毛儿妈"（缪景瑚，因演过话剧里一个角色，就成了"毛儿妈"）三人住一间，我从岗头村进城看电影什么的，在她们那儿挤过好几回。巴金在昆明也是住在那儿，虽然已是成名作家，照样挤男生宿舍。

照彭小莲的说法，金鸡巷要当成巴金向陈蕴珍求爱之地了。彭小莲是彭柏山的女儿，上影的导演，曾经想拍一部巴金的传记片，恋爱当然是重头戏。她到南京来采访过我，我挺喜欢她（她那本写她父亲一辈人经历的书太好了），不过她对我的话加了好多想象。我跟她是说过，有次去那里，也没敲门就进去了，就见陈蕴珍躺在床上，巴金蹲在地下，就着陈蕴珍在说话。我说了声"对不起"，挺窘的。巴金也挺窘，陈蕴珍倒没什么，直招呼我。看上去他们俩已经比较亲密了——也就这样吧？到彭小莲那里，我见到的那一幕变成了巴金跪在地下向陈蕴珍求婚。李小林跟我打电话说起，说彭小莲说的，就是从我嘴里听来的——这是哪跟哪呀？就像李小林说的，她爸爸那么拘谨的人，哪会跪地求婚，一直是她妈追她爸的。

后来陆陆续续，各种原因，都搬走了，最后只剩下萧珊和刘北汜两人。他们一起去买菜回去做饭，一男一女的，就有人议论。萧珊不管，朋友嘛，坦然得很。其实刘北汜对她是有意思的，"文革"后我见到刘北汜，说起往事，又说到"文革"中萧珊的遭遇，他还有些伤心，眼睛红红的。大概他是向萧珊表白过的。我跟他讲，这事可不要对人说啊。我当然是怕影响不好。他说，我们是老熟人老朋友，这事我怎么会对别人说呢？谁又知道这些旧事？

那段时间我们和沈先生接触很多——他和巴金是老朋友，又和萧乾熟，对我们这些年轻人，总想着照顾着点。请我们吃小馆子就有好多回。记得有一回，去一家羊杂碎小馆，很简陋的那种，门上挂着羊头，血淋淋的，看着挺吓人。他要了羊眼羊腰口条什么的，别的还罢了，羊眼（当地说法叫"灯笼"）我和陈蕴珍碰都不敢碰。沈先生看我们一脸惊恐的表情哈哈大笑，连说，勇敢些，勇敢些！结果我和陈蕴珍还是不敢，只有王树藏吃了。

三姐（张兆和）来了之后，沈先生住到了大西门内的北门街。要从城外学校女生宿舍去看他，进出城门得花不少时间，但陈蕴珍、王树藏和我还是相约去看沈先生的新居。北门街比离翠湖不远的青云街更僻静，他们的新家在一栋旧式小楼的楼上，窗明几净，比原来的住所温馨舒适多了。这当然是三姐的功劳。我还记得三姐让我们吃大肉包子，说是联大有位师母为了补贴开了一个小吃店，林徽因先生来看他们，就带了些过来。那包子是什锦肉馅的，果然有些特别，和我们在当地吃到的不一样，我们贪嘴，吃了一个又一个。沈先生对我们大谈林徽因的才气，说她才是真正的女诗人。

沈先生是有机会就要鼓励我们努力上进的，他说要读的书太多了，还有生活这本大书。他也关心我们的生活，让我们想家了就到他这儿来。那天正好是除夕，我们和沈先生、三姐一起守岁，在昏黄的油灯和烛光里聊了吃，吃了又聊，特别开心尽兴，把还要赶回宿舍这茬子事忘得一干二净。等到忽然想起，已是午夜时分了。我们恋恋不舍地起身告辞，三姐说太迟了，不让走，怕我们遇上"强盗"。我们嘻嘻哈哈满不在乎，说我们有三个人，三人一起，对付一个坏人不成问题，不怕! 沈先生笑眯眯，夸我们是"三个勇敢的少女"。就像他给我们打气，让我们"勇敢些"对付羊杂碎一样，"勇敢些"一样是他给我们开的方子。他还给我们甘蔗，开玩笑说可以用来防身。三姐到我们起身时还在不停地说"不行，不行，我实在不放心"，我们还是辞了行，当真舞着两三尺长的甘蔗往回走了。

那时昆明郊外的公路没有路灯，漆黑一片，真的是伸手不见五指。我们说是不怕，心里还是怕，萧珊紧紧挽着我，也不大说大笑了，彼此好像都能感觉到彼此的心跳。偶尔听到有脚步声，就更是紧张，赶紧把手中的"明子"（点着的火把）晃一晃，给自己壮胆。只有树藏是真的不在乎。后来她提议啃甘蔗，我们便吃起来，一路只听到我们撕啃甘蔗皮的声音，王树藏吃着嚼着，不住地"呸呸"吐着，在夜里特别响亮，让我们一时忘了害怕，大笑起来。笑过了继续害怕。萧珊忽然说，要是树底下忽然跳出个人来怎么办? 树藏一边继续"呸呸"不停，一边说："打! 拿甘蔗打!"其实甘蔗已被啃掉老大一截了。

树下跳出人来会是个什么情形我们想象不出来，我能联想到的都是电影里的情景，好莱坞片里的蒙面大盗。当然，除了联大男生在后面赶路，脚步声让我们虚惊之外，没什么事情发生。等到终于看见女生宿舍的灯光，我们算彻底放松了，忽然就大声唱抗日歌曲。

虚惊一场

那一次我们只是回宿舍晚了点，另外一次我和金丽珠整个夜不归宿，更是吓得不轻。现在大学里对住校生的管理不知是怎样的情形，我们在西南联大时，晚上不回来都是要请假的。我和金丽珠没回来，闹得满宿舍都知道了。

那次其实是个意外。我们在学校里碰到了中西时的学姐胡淑贞。她高我三个年级，是我姐最好的朋友之一，把我当小妹妹看——我们对高年级的学生都是叫姐姐的。她是龙云的大儿媳妇，在中西时就订了婚。碰到时她在联大念大四，我们念大一。这时她已经结婚了，见面时怀孕都好久了。见到我们两个天津过去的学妹她很高兴，一定邀我们去她家做客，日子也定下了。

到了那一天我们等着，原是说好来车接的，左等不来，右等不来，后来出现一个女孩，是她表妹（也在联大念书），说胡生病了，托她带我们去玩。我们就跟了她上车走了。到了一个深宅大院，挺漂亮讲究的房子，西式的，有两条大狗。后来才弄明白，这儿是龙云内弟的宅子，云南的财政厅厅长，留学回来的。我们就被领着楼上楼下地转。一边转金丽珠一边小声跟我说，比我们天津的家好，阔气。我家虽是租界的房子，已经败了，金丽珠家是做买办的，有钱，还是觉得不如。我们觉得这家特好，还因为昆明和天津比是小地方，房子破破烂烂的，没想到财政厅厅长家这么气派，还挺洋气。

吃饭时一桌菜，汽锅鸡、宣威火腿什么的，我们觉得好吃极了——到了昆明好久了，我们就没吃过什么像样的饭菜。这时天已全黑了，我就犯嘀咕：得赶紧回去呀，这要吃到什么时候？金丽珠小声说：管他呢，先吃了再说。她比我低一级，倒比我大一岁，胆子大，比我有主张。

吃饭时有好几个人，厅长夫妇俩，我们俩，接我们来的那个女生，还有两个男青年作陪，一个是厅长的儿子，个高，留美的，没什么话，一个是矮个的，留法的，他们家的什么亲戚，话多，特别热络、殷勤。吃完饭厅长夫妇和胡淑贞的表妹离开了，其他人就到客厅里。他们在留声机上放唱片，后来就邀我们跳舞。我们家的规矩是不让随便跳舞的，比如有舞女的场合绝对不许跳。但会跳，学跳舞家里也让的。就四个人在那里，两男两女的，有点窘。其实前面吃饭就有点不自在，因为原来都不认识，跟那些很正经的大人也不知说什么好。我才十九岁，金丽珠也就大一岁，没跟人打过交道。

跳了几支舞，我们又说要走。之前就下雨了，正好是雨季，昆明的雨说下就下，还下得特别大。他们家的小车开出去了，怎么走呢？我们执意要走，坐黄包车。后来是矮个的送我们回去，叫了黄包车，放下帘子。但没多久又停下了，进了个大院子，中式的，是矮个他家。原来车夫不肯走了，说天黑雨大，路太远了，也不好走。联大在小西门外，要出城的。矮个说，只好住一晚上，第二天早上再走。这情况，我们虽急着回去，却也没办法，只好听他安排。

他把我们领到一间客房，说他有客人就住这儿，而后就让我们休息。他走后我们突然害怕起来，互相问，不会是遇到坏人吧？越想就越怕，越想就越像。我们人生地不熟的，出来玩全是因为胡淑贞，她从上次约定起就再没联系过，也没想到联系，又没电话。谁知道今天这些是什么人呢？金丽珠给自己壮胆说，不怕，反正我们身上没钱，有什么可抢？！后来人家笑话我们这些教会女校出来的女生，什么都不懂，动辄说没什么可抢，不怕抢人吗？金丽珠长得挺漂亮的。

说不怕，心里还是怕。我们就把房间里的桌子抬过去，抵着门，又把椅子也拿过去，架到桌子上面。其实从见面起，那些人都挺礼貌挺绅士的。过一阵那矮个男士来敲门，问冷不冷，还需要什么。我们都不好去开门，因为门堵着呢，要搬就有响动，人家问起来怎么解释？就这么挨到天亮。他来喊起床，我们吃了早点才又坐上黄包车回到学校。

一夜未归，宿舍的人都跑过来问。我们到舍监那儿去说明情况。舍监叫陈仪，燕京毕业的。后来当然也没把我们怎么样，她向胡淑贞核实过了。胡不是生病，是小孩出生了。她埋怨表妹，把事情弄成这样。舍监对我们俩说，以后再不准有这样的事了。我们惊吓不小，哪还会有下一次？

金丽珠后来是和邓构结婚的。邓是工学院的学生，后来去美国留学。金丽珠抗战胜利后到了南京，在中央大学附中教书。有次让赵瑞蕻替她代一周的课。后来赵居然没去上课。她后来到我们家，气得说赵，你怎么这么拆烂污?! 到那时我才知道她请赵代课的事，之前他没跟我说。我后来分析，赵没去代课，恐怕是怕见到附中的校长，校长之前要他办事他没办成，怕碰见。

这事以后我和金丽珠就没什么来往了。她也许还认为是我让赵瑞蕻不替她代课，谁知道呢? 反正我们也不再通信了。

联大的伙食

金丽珠在那陌生人家不管三七二十一，说"吃了再说"，是她胆子大，同时也因为那么多好吃的，真想饱餐一顿。学校的伙食很糟糕，我们经常是饥肠辘辘的状态。我和陈蕴珍、王树藏去看沈先生，他总想着招待我们，让我们打牙祭。他当然知道，学生的生活很艰苦的。

流亡学生在学校吃饭由政府管，不要钱的，叫作"贷金饭"。说是"贷"，其实并不要求还。这样的情况下，也不能对伙食有什么要求了，何况不光学生，教授的生活都很苦。我们早上的一顿是稀饭——真是稀，能照出人影，而且没有干粮。一大桶放那儿，大家用大勺往自己碗里舀。男生饭量大吃得又快，女生要舀第二碗时，桶里早没了。这么一顿，不到中午，已经饿得不行了。课间我们就会买烧饼吃。

中午、晚上两顿是干的，我们用学校发的洋铁盒子打饭菜，那盒子中间是隔开的，一边装饭，一边装菜。现在的盒饭，一荤两素、两荤两素什么的，还分大荤小荤，按这标准，我们一荤也没有，基本上不见荤腥，颠来倒去，就是萝卜、白菜、土豆这几样，我印象里吃得最多的是胡萝卜。就说米饭，也是跟现在的完全不能比的，小石子、稗子什么的杂在里面，有时还吃出老鼠屎，男生起哄，说我们吃的是"八宝饭"。

这样的饭食，不要说男生，就是我们女生，也很难撑着上一天课。上午的课，课间经常买点烧饼、糍粑、包子、油条什么的。这样撑到中午，午饭虽然吃的是干饭，没油水，到下午三点来钟又饿了。晚上大家会到茶馆里看书到很迟，看见人家买点心什么的，肚子里越发咕咕直叫，有时也会叫一碗米线吃。那时我还是有钱的，每个月母亲给我五十元，当时绝对不是小数了。起初还奇怪，饿了就买吃的呀，怎么同学大都不买呢？事实上很多同学真的很穷，吃不起。但我也不常买外面的东西吃，不是吃不起，是不想特殊，要跟大家一样。如果买了吃，往往是和同学一起，大都是我掏钱，似乎是当然的。这是受母亲的影响，她总说不能花别人的钱，应该请别人。

改善伙食，我们也会买教授太太们做的食物。很有些太太做出吃食来卖，补贴家用。有的把租的房子拿出一间来，有的就在门口生炉子，架上笼屉，蒸包子，起初吃的人是拿着就走，后来弄几条凳子坐那儿吃。我印象深的是菜饭，上面铺几片火腿，就是火腿菜饭，真是香。

高原社

说实在的，我读书是不太用功的，母亲老是说我，就知道玩——是和我哥我姐比，也不算是冤枉我。从中西开始就是这样，喜欢的课，喜欢的老师，我就爱听，不喜欢的，即使坐在教室里，我也不大听得进去，不是在下面写诗，就是写信。联大气氛特别宽松，学生是很自由的，去不去上课，根本没人管，上哪门课，头一次去的时候，把听课证交给讲课的老师就完了。有的同学整个学期都不露面，也没事。有个同学，交了听课证没影了，后来才知道，他是到缅甸跑单帮去了。总之，在联大，大体上你爱怎么着就怎么着，就是这么自由，我特别喜欢联大自由的氛围。

与上课相比，我更喜欢课外的活动。联大的学生社团很多，也很活跃。墙上常能看见社团的启事。我就是看见高原社的海报，说他们在哪个教室有活动，自己找上门去的。高原社是联大学生成立的文学社团，有写诗的，有写散文的，以写诗的为多。我看过他们出的壁报，上面林蒲、穆旦、向长青的诗我都是喜欢的，就想加入。一个人找到了启事上说的那个教室，推了门进去，见几个人坐着在说话，我表示想参加，他们很热情地说，欢迎欢迎，就算加入了。赵瑞蕻、穆旦，都是那次认识的。他们高我两个年级，都是外文系的。

他们大概是轮流当主席，那次应该是轮到赵瑞蕻，偏偏他迟迟不来。在座的人都在怨他，说他一向不守时，做事不靠谱，说时称他"young poet"，带点嘲讽的意思（后来知道原先是他这么称自己，大家就开他玩笑，这么叫起来了）。过一阵他来了，进来就说英语，大家拦住他，让别说英语了。我想这人怎么这样啊，英语说得又不好，还带点口吃，偏偏自顾自说得起劲。

高原社的活动并不多，我记得的是出墙报。也没什么安排，谁有空谁就去帮忙。从小母亲一直要我干这干那，手工好，还喜欢画画，就常去参与。慢慢和穆旦他们就熟起来。我喜欢穆旦的诗，常拿自己写的诗请他提意见，他挺认真，一条一条写下来，夹在我写诗的本子里。那是他因为失恋最痛苦的时候，总是很忧郁的样子。他不像赵瑞蕻自来熟，我和他接触也不多。

说起来我应该还在天津时就听说过穆旦。是听我姐她们提起，她们提起又是因为他的初恋对象万卫芳。现在许多抄来抄去的文章都说穆旦和万卫芳是在长沙临时大学相识的，说念燕京的万卫芳从天津到昆明，在联大借读，这样有了那段恋情。我知道的不是这样——二人在北平读书时已经恋爱了。万是天津人，和妹妹都是中西毕业的，毕业后到北平读燕京大学，这时候穆旦已经考上清华外文系了。两人究竟是怎么认识的，不清楚。当时穆旦写诗已经小有名气，在女生当中，诗人是很被仰慕的，何况他还是清华的（清华最难考），长得又帅。燕京女生里都传，那个诗人在追万卫芳，每个星期都骑自行车来找万卫芳。从清华到燕京，蛮远，那时路也不大好走。其实也不用传，经常会看见他大老远用力蹬车过来。

有次我姐回天津度假，几个中西同学在我家书房里聊天聊得很热闹，我在旁边听，热议的就是穆旦和万卫芳，因她从湖南回来了，是家里拍电报说父亲病危把她诓回来的。她是家里给订过婚的，家里当然反对她和穆旦好——她未婚夫姓余，书香门第，家里有钱，穆旦虽然出身大家族，但早已败落，穷困潦倒的，门不当户不对呀。我姐她们议论起来，都站在穆旦一边，同情他，觉得他太倒霉，让女朋友给甩了。还都讨厌万家的家长：不就嫌人家穷吗？有钱有什么了不起?! 回到天津，万也只能顺从家长了，她跟人解释，她的soul已经随了穆旦，进余家门的只是她的body而已。教会学校，soul and body常说的，我姐她们对万的说法都表示不以为然。她们议论起来挺激动的，声音好大，后来母亲问我，她们哇啦哇啦说些什么？我就跟她学说一通，母亲说，订了婚怎么还能跟别人跑呢？

有意思的是，万卫芳嫁的那位余家少爷，是燕京中文系的，和我姐是同学，趣味相近，还挺谈得来，似乎还追过杨敏如，但他订过婚了，我姐肯定是不能接受的，更关键的是，她早就有了罗沛霖了。这倒说明余对家里的包办也是不满的。

在高原社第一次见到穆旦，他穿着破旧的校服，一介绍之后，过去听到的那些一下子都冒出来，对上号了——原来这就是那个被抛弃的诗人！也不知是不是因为先入为主的印象，我觉得穆旦的表情是有点忧郁的，后来一直就是那感觉。现在流传的好些穆旦照片，看上去都很阳光，其实和他平常的状态很有差距的。

我视为老大哥的叶柽告诉我，在南岳时，万卫芳接到家里电报要回天津，穆旦是极力反对的，说病危什么的肯定是骗局，并且说，回去的话，他们的关系就断了，回去就分手。当时叶柽他们的宿舍在楼上，听到二人在楼下过道里争吵，说他从来没听到过穆旦那么大声说话，等于大叫了。我说，那是痛苦的声音啊。

到了"肃反"的时候，原本是穆旦初恋失败这么一件事，居然也成为他的一桩罪状。说万卫芳到大后方，是穆旦拐跑的。周一良的夫人邓懿，对穆旦说来是大嫂的身份了，她"左"得很，她居然说，穆旦是个流氓。

我说了，在联大时和穆旦接触并不多，起初和赵瑞蕻也不熟。熟起来是从堂姐杨苡平订婚那次开始的。现在好像已经没有订婚一说了，过去有的，还相当正式，等于对外正式宣布关系。杨苡平是三叔的二女儿，她和后来的堂姐夫颜锡嘏都是北大外文系的。那时她已经未婚先孕了（抗战时"奉子成婚"的人实在不少），赶紧搞个仪式。那天请了外文系好多人，记得杨周翰还有谁谁，好多人都去的，也请了赵瑞蕻。他主动接近我，和我说了不少话。那以后我和他来往就多了，要说"追"的话，那就是开始追了吧。

我对他的印象并不好。当然，我们都喜欢诗，不过他的诗我并不认为有多高明，就诗而论，我喜欢穆旦的。我和赵瑞蕻会把写的诗给对方看，他看了会给我改，可改的地方我不以为然。他读书很用功，我是爱玩的，又觉得他的英文发音很可笑。（我是教会学校出身，十年中西上下来，也不是有意挑剔，自然而然就会注意到这些。外文系的人，英语说得好顶让人佩服的，是杨周翰。）

我爱看电影，爱音乐，喜欢话剧，京戏也爱听，这些他都不感兴趣，我就觉得这人挺无趣的。还有，我觉得他很喜欢炫耀，挺虚荣的。比如我因云南风景太美，有天雨后看见彩虹，漂亮极了，就写了一首诗。赵瑞蕻名字里的"蕻"有时也作成"虹"，他就自说自话，硬说那是写他，到处跟人说。

他追我的方式也特别，我到哪儿他跟到哪儿，吃饭他也跟着，母亲教我，不能吃人家的，结果都是我付钱。有一次在城门那儿小馆里吃饭，正好姚念华（《上海生死劫》作者郑念，原名姚念媛，姚念华是她的妹妹）和人从那儿过，挺大声说，这个男同学专吃女同学的。他不在乎，我却是很窘。

学生遇到兵

赵瑞蕻一直在追我。一个系的，方便。他语音学和我一个班。他非常注意发音，而我觉得无所谓。国际音标他学得认真，念起英文来一个音一个音地死抠，我不当回事，到临了也不会。他高我两个年级，照说同上课的时候不多，但我上什么课他就去。比如我上吴宓的"欧洲文学史"，他也跑来听。

吴宓长得难看，英语发音很难听，普通话也说不好，很重的方言腔，说英语、说普通话都带那个味。后来许渊冲回忆吴宓，说他课上关照女同学，知道赵瑞蕻在追我，就留着位子让赵坐我旁边。——那是瞎说，联大上课都是随便坐的，通常是女生坐在前面。赵瑞蕻和我都是各坐各的。但我到哪他跟到哪，的确是事实。教室之外，他又会追到宿舍。女生宿舍男生不让进，有舍监管着，要找谁，通过舍监，把人叫出来。赵瑞蕻老来，女生都知道了，他一来，她们就会开玩笑，说：那个young poet又来找你了。

现在我当然知道赵瑞蕻在追我，当时真是搞不清这是不是就是谈恋爱。

赵瑞蕻没心没肺的，什么都跟我说。我母亲说他"没眼力见"，就是不识眉眼高低，人情世故一点不懂。有个学姐，叫陈福英，高我两级，有段时间和我住一个宿舍，对我特别好。她应该比赵瑞蕻还大——她会叫他弟弟嘛。陈福英是联大的校花，长得漂亮，南方人的那种漂亮。杨周翰刚留校，在追她。两人常一起散步、吃饭，赵瑞蕻老跟在后面，弄得两人没法单独在一起。杨周翰很生气，忍无可忍了，就写了个条给赵瑞蕻，很不客气，前面也没称呼，直通通地说，"Do you know how to be a man?"，赵瑞蕻连这也拿给我看。我觉得挺尴尬的，他则很生气，说，岂有此理! 岂有此理!!——其实真是在追我，这也能跟我说?

他很愿意给我补课。我上课总是心不在焉，不是写信，就是写诗，一堂课下来，常不知老师讲了些什么。有人愿意给我再讲一遍，当然不反对。而且我对高年级生总是仰视的，这是在中西就养成的，当他们是大哥哥大姐姐。

二年级，莫泮芹给我们讲英国散文，他自己选的文章印出来，黄黄的土纸本。我听不进去: 他选的文章里没有写景，也没有抒情，尽是essay一类的，比如培根的 *Of Studies*，我听不进去，有一次赵就给我讲这个，一句一句讲。

就是这样追。多半夹着书，一起看书，到图书馆占位置。我不愿去图书馆，去过一次就不去了。我不习惯男生女生坐一起。男生找我聊天可以，但是要坐在一起念书就不习惯，我觉得那就是谈恋爱，就别扭了。我也不知是哪来的概念，过去在天津，和大李先生一起散步，有次走了很长的路，经过一家咖啡馆，他说去喝杯咖啡吧，我拒绝了，要是进去，一男一女坐在那儿，我就窘了。

那次就是赵瑞蕻叫我一块儿去农校后门那里。农校后面有个莲花池（"文革"时李广田就在那里死的），莲花池再往那边去有片坟地，算比较偏僻的地方了。赵瑞蕻和我坐在一座坟堆前面的草地上，靠着坟讲课文，他说我听。正讲着，有个穿长衫戴礼帽，拿着折扇的人走过去。大白天的有人经过很正常，我们也没在意。这时忽然从坟后面跳出一个云南兵来，对着我们就骂，狗男女什么的，坏了他家的风水，还说要白刀子进红刀子出什么的。样子很凶，我却听不明白："狗男女"是什么意思？"坏了风水"是怎么回事？啥叫"白刀子进红刀子出"？那兵是带着枪的，像是要把我们抓起来，我很害怕，赵瑞蕻也吓得要死。这时，刚才走过去的那个穿长衫的人又出现了，问怎么回事。云南兵就对他说了一大通，他们都说云南话，说得快，听不懂。穿长衫的就对我们说，你们外家人不懂，败人家风水的事是不能做的，伤风败俗啊。后来我才明白是说男女之事坏风水。其实我们手都没拉，但见了这样的人我都不会说话了，根本就不知怎么分辩。穿长衫的就和云南兵商量，要我们破财消灾。

我们靠着的坟是当兵的他们家的吗？搞不清楚，反正穿长衫的做好做歹的，说了个数，让拿钱。我没带钱，跟赵瑞蕻要，他哪有钱？我有个中国银行的折子，说我们到银行去取，他们不让两人都去，结果赵瑞蕻去取了，我留那儿当人质。这太荒唐了，说实在的，我是什么都不懂的小姐，赵瑞蕻居然跑开了。

而且他还没直奔银行拿钱，跑去找同乡叶柽说，让他帮着拿主意，叶柽是北大毕业留校的，老大哥式的人物，说赵瑞蕻，你怎么让静如当人质，你要负责！大骂了他一通，让他赶紧去。

银行离坟地并不远，几分钟就走到的，他老也没影子。开始我不知害怕，后来就有点怕了。赵瑞蕻来了就问我，他们把你怎么样了？我说没怎么样。于是赶紧给了钱，而后我们就回宿舍了。怕叶柽不放心，晚上我们就去告诉他一声。这时当然想明白穿长衫的和云南兵是一伙的，一个唱红脸一个唱白脸。想想真有点后怕。叶柽还生赵瑞蕻的气，说他把你一个人丢那儿，跑来找我，居然还坐在那儿不急不忙地说。我心里当然也气，可以说，这事我一直是不原谅他的。

赵问我"他们把你怎么样了"时，是真的紧张了，我特别记得。"把你怎么样"是有特别的意思的，不是其他，是特指有没有把你强暴什么的。这是常识，我当时一点不懂，就像在香港时卞家人因我一个人走到红灯区很晚不归，着急上火说"出了事怎么向你家里交代"，我弄不懂"出事"指什么，浑然不觉。中西的教育完全没有这方面的内容，相反，都是回避的。要过一年多以后，我才明白了。

等待与误会

我和赵瑞蕻的交往，还有我的观感，我都在信里和大李先生说过。我还记得信里笑话过他太不musical。到昆明之后我和大李先生还是通信。那是天津书信来往的继续，像过去一样，什么事都跟他说，接触的人，遇到的事，看到的风景。离开家以后，对我来说，新鲜事太多了，有太多的话要跟他说。

真是什么都说，而且在哪里我都可以写信。有一次我对他说，给你写信的这会儿，劳元干等人就在旁边。他们都是从南开中学毕业的，我们在一起就会说到大李先生。在到昆明后的第一封信里，我就向他描述乘坐的太古公司的"云南号"轮船在海上航行的情形，把他说得心痒痒的。

路上走了一个多月，自然没法收信，到昆明后我收到的第一封信中，他说他已买了船票，就是我坐的那班船，太古公司的"云南号"。收到信我很兴奋，不能说是逢人便说，但的确跟我关系近的人都知道了：我在等大李先生。我甚至还说，我要跟大李先生一起去延安。

这话在天津时我是跟他说起过的，在当时年轻人心目中，延安是革命圣地嘛。向往延安一点不奇怪，陈蕴珍也有过去延安的打算的，巴金在《怀念萧珊》里说，如果不是他的缘故，她三七年、三八年那会儿很可能就到延安去了。在信中我也提过去延安的事，大李先生好像回答得有点犹豫，他说他还是喜欢教书。他的确是喜欢教书这个职业，教英文在他是件很愉快的事。我根本没想到在延安是不是就不需要教英文，延安是什么样，到延安能干什么，一概没想过。在中西看过一部英文小说《消失的地平线》，里面写到几个主人公寻找人间仙境香格里拉，延安在我心目中模模糊糊就是那样的地方，很浪漫，当然不是想象风景多优美，是向往一种单纯的生活，一个纯洁的世界。那里与饭碗、谋生这些世俗的事是无关的。大李先生一直被生活的重担压着，自然会考虑现实的问题。其实我也只是想起来觉得新奇、刺激，并没有认真地想过，延安更像是一个梦、一个念想，说一说就过去了。

大家都知道我在等大李先生，这个"等"有各式各样的理解，周围的人都认定我是在和大李先生谈恋爱，我自己不往那上面想，直到现在有采访我的，盯着这事问，我也是否认的，说那不是爱情。我关于爱情的概念大体是从小说、电影来的，而且多半是外国电影，我曾经半开玩笑地说，爱情总要kiss过吧？我和大李先生手都没碰过。而且爱情是私密的（和闺密、特别要好的朋友谈心是另一回事），我和大李先生的交往，从来也没藏着掖着，差不多是"无事不可对人言"的。就像他的来信，我也是可以与人分享的。有一次给纮武弟看，他读出其中的几句，大嚷："这就是love！"我说："去去去！你懂什么?！"

杨纮武读到的是日本飞机轰炸昆明后我收到大李先生的第一封信。因为轰炸，书信往还一下变得困难了。大李先生很长时间没收到我的信，很着急。这封来信里说："这封信可把我等够了，现在知道你平安，我这才放心。我只希望有一天我们又能安安静静在一起听我们共同喜爱的唱片，我这一生也就心满意足了……"杨纮武就是指着这几句，一口咬定是love，我已经否认了，他还说，就是! 就是!!

我在大李先生面前虽然比较放松，不像在巴金面前那样拘谨，但也是仰视的，往男女之情上扯，我就觉得那样的友情不纯粹了。巴金写信提到我时，要他把我当小妹妹看待，他是不是仅仅把我当小妹妹看，我说不清，但我真是把他当大哥看的。毕竟他大我十几岁——虽然因为母亲比父亲小十几岁，我想象的婚姻中，模模糊糊的，觉得未来的丈夫就应该比我大很多。

也不光是我有那样的"洁癖"，陈蕴珍有段时间不承认和巴金的恋爱关系，同学开她的玩笑，她很生气地跟人辩，说那样讲是对巴先生的"亵渎"，急得都哭了。

我一直在"等"的状态：既然已买了船票，就有盼头了。没想到大李先生后来有封信里说，他把船票退了，退票的原因等见了面再说。我很不开心。为什么要把买好的票退掉呢? 我不免要猜，但也猜不出什么。

至于会不会是经济上的原因，当时压根没想到。我在昆明时和冯秀娥还有通信联系，她来信说了个笑话：有次大李先生和几个同学去溜冰，结束之后准备换了鞋回去。那时溜冰就是找个有冰面的地方，衣物还有换下的鞋子没有专门存放的地方，就放在一边，要自己看着。大李先生滑完了一看，皮鞋让人偷走了。没鞋怎么回家? 他也不让人去重买一双，就这么穿着溜冰鞋回去了。溜冰鞋下面是冰刀，没法走路的，他走在路上一探一探的，太滑稽了。这事冯秀娥信里是当笑话说的，我看了也直乐。再没想过，买双皮鞋的钱对他不是个随随便便的数。当然他要来昆明，路上的盘缠就更是个负担了，买了船票也还有其他的问题。这些都是到后来才想起的，当时根本想不到。

还有一件事，是到很迟很迟姑夫才告诉我的。有一次我母亲和池太太，还有我姑夫他们一拨人去看电影，散场出来时遇到了大李先生，他正好也看那场。池太太那时也在南开代课，和大李先生算同事，大概听到过什么传言（无非是说我和大李先生一起散步之类），可能还和我母亲议论过，这时就指给我母亲看，说那个就是小六的李先生。我母亲看后说了句：这么老?! 姑父说母亲这话说得蛮大声，距离很近，大李先生肯定听到了。他分析，肯定是池太太的多嘴坏了事。我想来想去，觉得很可能真是这样，母亲的话一定刺激到他了，而他又是自尊心极强的人。这事是在我离开天津以后，母亲他们来昆明之前。姑夫对我说时"文革"都过去了，我的"想来想去"都是后来的事，当时根本不知情。

大李先生说见了面再跟我解释，意味着昆明还要来的。但他迟迟不来，到后来也不大提起了。罗沛霖的表妹安继伦从天津到了昆明，她也是中西的，低我一班，原来就熟的，我说大李先生现在不大来信了，他情况怎么样，还抽不抽烟？问到抽烟是有前因的：还是刚认识不久，有一次在我和其他女生面前，他问可不可以抽烟。我因此知道他抽烟的。后来他答应我戒烟，有一次怎么听说他又抽了，他马上就在信里给我解释，说在教员休息室里，别人递烟给他，为了避免麻烦的解释，他就接了，只抽了半支。还说，我答应了你的，不会再抽了。安继伦回我说，他抽啊，怎么不抽?! 至于其他的情况，她知道得也不多，不过听说大李先生晚上常和冯秀娥一起去溜冰。

这话传来传去，就变成大李先生和她谈恋爱了。我说不上信，也说不上不信。猜测过，大李先生退了来昆明的船票，会不会是因为这个呢？假如是真的，为什么说还会来昆明？七十年代我到上海，去给大李先生扫墓，发现有人献过花，我还猜，那应该是冯秀娥献的花。

直到晚年，我和她相聚，还问过她，有没有和大李先生谈恋爱。她说，怎么可能?! 我说，有什么不可能？——你长得这么好看。她说，你傻呀？——我和文波是家里早就给订了婚的。翁文波是翁文灏（地质学家，当过国民政府行政院院长）的弟弟，中科院的院士。冯秀娥后来就是和翁文波结婚的。翁文波也是学地质的，解放后一直在西北。到晚年他们才回到北京。我和冯秀娥几十年没见面，"文革"后我们谈心那次，她已查出乳腺癌，我去看她，她让家人把饺子端进小客厅里，说我们就在这儿吃，关起门来聊，就我们俩。事先说好的，文波他们在那边吃。

关于大李先生，我从她那儿听到的，还有一事：他的学生到上海，都会去看他，陈荣芳去大后方路经上海，也去看他，问他，都说你和杨静如好，有这回事吗？大李先生笑着说，她和我赌气哩，一赌气就和别人结婚了。那天聊到很晚，她把我送到公共汽车站，一路上还不停说话。没想到这竟是我们最后的一面。

"颠三倒四派"

联大各种政治立场的人都有，我是不关心政治的，哪一派我都不是，哪一边都有朋友，不过还是和偏"左"的人关系更好。其实"左"、右也没分那么清，大多数人都比较讨厌国民党而已。

有一次联大剧团改选，张定华喊我和赵瑞蕻去参加，我对话剧一向是热心的，就跟了去。那一次好像是选剧团团长。我们到了就随便找个地方一坐，最后是表决，大家举手，前面有人看着举起的手计数。整个过程已经记不大清了，反正最后张定华这边失败了，她是地下党，选出来的是"三青团"的。

张后来对我说，你们坐错地方了。原来同样立场的人是坐一起的，这一片是"左"的，那一片是右的，我哪闹得清？起先一起唱歌的时候都挺起劲，唱抗日歌曲，那时有集会都这样，后来我就头昏了，没注意坐在哪边。我和赵瑞蕻离开得也早，回去的路上经过"新教室"（联大盖了两排铁皮屋顶的平房做教室，我们称为"新教室"，就是现在云南师大校园里的"西南联大遗址"），里面也有活动，我好奇，就凑到窗户跟前看，看到训导长查良钊领着一些人举着拳头在宣誓——是"三青团"在搞加入的仪式。里面有我认识的王祖德，他和赵瑞蕻熟，我也就认识了。

我这人是不严肃的，第二天遇到王祖德，我就开他玩笑，大嚷："你参加'三青团'了？昨天看见你们宣誓了！"周围都是人，弄得他不好意思。在联大，大多数人对国民党、"三青团"是没什么好感的，说起来都是取笑的口吻。训导长查良钊是国民党的人，其实也不怎么坏，因为经常代表国民党立场说话，就让人反感，被看成"党棍"。"党棍"是指搞党务的那些人，没本事、没学问，属于"吃党饭"的。查良钊和穆旦（查良铮）都是浙江海宁查家后人，有亲戚关系，查良钊是穆旦的堂兄，同学提到这层关系，穆旦就不高兴，一是他希望一切靠自己，二是查良钊在同学中被嘲笑，他不愿沾上。同学之间喜欢开玩笑，只要一提这个，他马上脸就一绷。

我的感觉，大多数同学都是中间派。联大不是有个民主墙吗？各种倾向的报和画都在墙报上贴出来。有一幅漫画，上面画了三个学生模样的人，左边一个说，我是"左派"，右边一个说，我是"右派"，中间一个表情最滑稽，说，我是"颠三倒四派"。画得很传神。不知谁画的，我觉得是黎锦扬。黎锦扬高我两班，和赵瑞蕻一个班的，他们在国立长沙临时大学就是同学，很熟。黎锦晖是他哥哥——黎锦晖三四十年代写过很多流行歌曲，《桃花江》《毛毛雨》什么的，到处都能听到。黎锦扬后来到美国，用英语写小说，《花鼓歌》成了畅销书，在联大时没听说过他写小说，倒是知道他调皮得很，喜欢画漫画。他在我的纪念册上留下的就是一幅漫画，填色的，墨笔勾的边，画得好极了。那时我已结婚了，他画的是带孩子的情景，一个穿着老式裙袄，梳个巴巴头，保姆模样的人在哄孩子，一个书生模样的人脸上架一副眼镜，在大哭，眼泪纷飞，喷射状飙出来，旁边还写了一行英文："I don't want you, I want my poetess, I want my poets!"。保姆模样的人是我，赵瑞蕻外号 young poet，书生模样的当然画的是他。大家看了都笑，赵瑞蕻认为讥讽他，很恼火。他有点小心眼，觉得丑化他了。缺少幽默感，这也是大家不大喜欢跟他玩的一个原因。

我估计民主墙上的画是黎锦扬画的，一是因他喜欢乱涂乱抹，一是他自己就是"颠三倒四派"。我也应该算是"颠三倒四派"。不过我和左派的同学比较接近，从联大到中大，都是这样。关系特别好的朋友，陈蕴珍、王树藏，都"左"倾，陶琴薰她们虽是国民党高官的子女，也都是进步的，有的还是地下党。在联大时，好朋友中李之楠、张定华都是C.P.，我当时就知道的。

C.P.朋友

张定华也是天津来的，在昆明参加联大的考试，考上了历史系，是"联字号"的。她是联大剧团的活跃分子，也是群社的，群社是中共的外围组织。她和赵瑞蕻走得很近，同学中曾有一种传言，说是穆旦追张定华，张定华追赵瑞蕻，赵瑞蕻追我，我追大李先生。当然没这回事，传说总是有不少编的成分，一多半也是玩笑。这里面只有赵瑞蕻追我是真的。我在联大谁也不追，只是喜欢穆旦的诗而已。所谓张定华追赵瑞蕻更是没影子的事。张定华和我九十多岁时在北京见面聊天，子女呀什么的都不在，就我们两人，可以说悄悄话，当年事都搬出来说，想想都可笑。

她接近赵瑞蕻是想做他的工作，发展他。赵瑞蕻在温州读中学时参加过读书会，是托派的组织，大概国民党要抓他们还是什么的，后来他大老远跑到青岛读山东大学，也与此有关。这些他从来没跟我说过，我是几十年后偶然知道的，知道了也没问过他。在联大时他已经不问政治了，就像《早春二月》里的肖涧秋。他的理想就是好好念书，以后想办法出去留学。张定华接近他，也没什么用。

我和张定华关系特别好，她倒是提醒过我，说和赵瑞蕻接触要小心点，不是说他有多坏，是要防着他"得寸进尺"。老年时聊天，她说，当年我就提醒过你，你不当回事呀。我说，我哪知道"得寸进尺"是什么意思？我以为只是不大懂礼貌嘛。

女生之间走得近，闹点小别扭也是有的，我和张定华有过误会，说起来真是鸡毛蒜皮的事。我有个珠子的皮包，我姐给我的，挺漂亮，我让张定华拿去用了。我姐和母亲她们到了昆明后，没见那包，就问起，我说在张定华那儿。我姐就不高兴，说我舍不得用，给你，你倒送人。连着几天，她老叨叨这事，我就说，那我拿回来就是了。那已经是在昆明大轰炸以后，国民党也开始加强控制，地下党同学一下都"失踪"了。我不知张定华到哪去了，有次碰到另一个地下党同学，我就托她遇到张定华说一声。后来听人说，张定华很生气，说，她倒不担心我被炸死，只惦记这包？包不是送给我的吗？送人了还兴再要回去的？我是说你喜欢就拿去，的确是送她的。不是我姐老说，没办法了吗？但说我不管她死活就惦着包，实在是冤枉我了，我其实是很替她担心的，说珠子皮包的事，其实有一方面也是希望见到她。

我怎么会不惦记她呢？赵苡出生以后，她冒着敌机轰炸来看我，她演《黑地狱》送我的一张相片我一直珍藏着。但是她那次消失以后，有好多年，不知她到哪去了，当然，地下党的活动原本就是有神秘色彩的。解放后我一直在打听她，后来总算知道了她在北京人艺，是焦菊隐的秘书。但是直到"文革"以后我们才又见面，她丈夫五七年被打成"右派"，从那时到"文革"结束，她吃了许多苦。见面时，我们已经是地地道道的老人了。

张定华"失踪"是大轰炸以后的事,那之前联大以至整个昆明,气氛还是挺宽松的。"国共合作,枪口对外,一致抗日",地下党的活动实际上是有点"地上"的,即使不能算"地上",也比较公开。没人公开说出身份,但大家都心知肚明。我不记得张定华有没有告诉我她是C.P.,我也没问过。她和我接触很多,但没有想到要发展我入党,想要发展我的,是李之楠(当时叫"李志强")。

李之楠是联大经济系的,高我两届。他和赵瑞蕻关系不错,这样也就和我认识了。他是天津人,家庭背景和我也有相似的地方,挺谈得来,到后来我跟他的来往比赵瑞蕻和他还多。就在那时候他大概想发展我,让我填过一个表格。那时在昆明,特别喜欢泡茶馆,我就在茶馆里拿这表格出来填,表格是刻钢板油印的。不是入党申请,就是个表格。前面姓名、性别什么的我都填了,后面还有"你怎么看三民主义和共产主义",我就烦了——这不像考试吗?我最烦考试了,就没再往下填。赵瑞蕻在旁边看见了,很紧张,东张西望的,怕被人发现。他跟我说,我们是来念书的,别搞这些东西啊。我说,没什么,我没兴趣的。

三民主义是和孙中山连在一起的,但后来三民主义又是国民党、蒋介石的了,学校里念祷告似的,老是背"三民主义,吾党所宗",也够烦人的。给我表格前,李之楠和我谈过好几次话,就在农校宿舍后面的操场上。晚上黑漆漆的,绕着操场走了一圈又一圈。我不记得他给我讲过共产主义是怎么回事。只记得他问我,如果被敌人抓住了你怎么办?我那时十八九岁,什么也不懂,只是说,反正我不会当叛徒。他还说,如果要你牺牲呢?我说那不就是上断头台吗,那又怎样?当时脑子里联想到的都是一些书上写到的安那其主义者。巴金是安那其主义者,他的文化生活出版社出过这方面的书,我都看,年轻嘛,很容易受影响。好多安那其主义者都是被处死的,在美国,在意大利……都是上断头台,或者是绞刑,他一说到"牺牲",我就想起这些。

游行队伍里的陈蕴珍

　　说起来王树藏也是地下党，但我不知她是什么时候入党的，我估计在联大时她还不是，所以当时还不能算C.P.朋友。四二年在重庆，她突然出现找到我，问可不可以住到我那儿。那时我在南开中学代课，一个人带着赵苕住在学校临时安排的一间仓库里。我在学校代课，还是我姐他们的关系，王树藏要住我这儿，其实是要躲国民党特务，我也不知道我这儿是否安全，再说也得跟我姐他们打招呼。我就问罗沛霖可不可以，他脸一绷说，那怎么行？！我当时心里还想，你也是C.P.，对自家同志，怎么那么没人情味呢？不知道地下党都是单线联系，不许有横的联系，纪律很严的。

　　陈蕴珍我是知道的，不是地下党。但她参加了群社，群社是C.P.的外围组织，大家心里都有数。群社里有我很多朋友，他们最有声色的活动是搞话剧，这是我特别起劲的，但是我没加入。那时赵瑞蕻整天追着我，好多朋友都因此疏远了。

　　有件事我印象很深，大概是四〇年春天我母亲来昆明那段时间，有一次我们家人在金鸡坊附近的一家酒楼上吃饭。是在二楼一个包间，吃着饭，就听到喊口号的声音，到窗口一看，有游行队伍过来了。正义路一带是昆明的市中心，闹市区，游行总是要到那里的。队伍一过来，街两边都出来看，二楼的人都跑到窗口。我一眼就看到陈蕴珍，还有闻一多，他们都走在队伍前面，陈蕴珍挺着胸，和旁边的人挽着胳膊，喊着团结抗日一致对外的口号，激动又兴奋。那时昆明没多少路灯，他们又是从城郊过来，还打着火把，火光里游行的人，还有陈蕴珍的表情，真像电影里的画面。街道窄，离得很近，在二楼看得清清楚楚。我兴奋地大叫她的名字，她就在下面跟我招手。也不光是我兴奋，沿街的人都鼓掌，给他们加油，二楼还有人扔钞票下去，捐钱，我也拿钞票往下扔。大家都恨日本鬼子，齐心抗日的场面，没有不开心、不激动的。

我对这事记忆犹新，还有个缘故：八十年代初，有个联大的老同学来南京出差，我们一起吃饭话旧时辩过这事。他当年是地下党，反右时倒霉了，一直在昆明。他一口咬定根本没这事，要是有这事，他怎么会不知道？他的意思是，昆明的民主运动，都是地下党幕后组织，如果有这事，而且闻一多都参加了，规模还不小，那一定是地下党发动的，他应该知道。我听了就不高兴：凭什么他就什么都知道？！虽然倒过霉，他还是有一种优越感，好像只有他们才掌握机密似的。关键是，那是我亲眼所见，而且因为有陈蕴珍在队伍里面，我再不会记错的。时间也不会错——我母亲在昆明，只有那段时间嘛。

母亲来昆明

四〇年春天，我母亲和我姐，还有七叔一家、姑姑一家到了昆明。他们是跟着中国银行的大队人马来的。中国银行早就开始有计划地从敌占区撤出，一年前，我属于头一批，那时租界还没落在日本人手里，这时日本人进租界，更是非走不可了。担心日本人觉察，家里都没怎么动，房间基本保持原样，帐子都没撤。

悄悄走的，我母亲跟亲戚都没打招呼。辞行也是件麻烦事，因姨太太身份的尴尬，母亲和有些亲戚已不大来往，但按礼数，就该一一辞行。母亲也没想到一走就是好几年，回来时，有些亲戚已经不在了，像大姑妈、四姑妈，活活饿死了。

母亲他们走的还是我走的那条线，坐船从天津到香港，从香港到越南的海防，再坐火车到昆明，只是他们最后的目的地是重庆。昆明是个中转的地方，中国银行的人在那等着，由上面安排一拨一拨地飞过去。在昆明，母亲和我姐待了一个月，住在金碧别墅。金碧别墅是宋子文的公馆，宋子文那时是中国银行的董事长，非常时期，别墅也用来接待中国银行的人了，跟招待所似的。到饭点时，一桌一桌地开出饭来，杨家的人多，自己坐了一桌。我去看母亲，会留下来吃饭，当然，比我在学校食堂吃的不知好哪去了。我还记得吃饭时围着大圆桌，上面有转盘的，之前没见过，所以有印象。

到了昆明，母亲自然也要看看我在学校怎么样。有天我姐陪着母亲到宿舍来看看，这时我们女生已从农校小楼里搬到了一个大宿舍，像船上的统舱，就几十张上下铺，没别的，连把椅子也没有，母亲进来没地方坐，只能坐在我床上。她没想到条件那么差，坐在那儿掉泪，跟我姐说，这比下人住的还不如啊，早知这样，她再不肯让我一个人来上学。

在昆明那段时间，母亲还请我的同学吃了顿饭。她让我自己找好朋友来见见。离开天津后她就一直不放心，老让纮武汇报我的情况，现在算是亲自考察了。我找了些同学，女生找了张定华、金丽珠，她们都是天津的，好朋友，又好和母亲说话；男生找了穆旦、叶桱、赵瑞蕻，他们是男生里我比较熟的。不想跟叶桱一提，他就半真半假地说：这是阔太太相女婿吧？结果他和穆旦都没来，男生就来了一个赵瑞蕻。

之前母亲已经从纮武那里知道，赵瑞蕻在追我，这时对上号了，自然会特别留意。问赵家里做什么的，他说做生意的。母亲一下没明白，听我解释了（赵的父亲开一间杂货铺）之后说，噢，就是做小买卖的。言下有点看不起。赵瑞蕻的父亲原先是茶叶店学徒出身，后来自己开了店，当然不算大买卖。其实就算生意做得大，以杨家人的眼光，也不大瞧得上——说起来银行也是做生意，但银行的人有优越感，总觉得和"生意人"是两回事似的。

杨纮武汇报给她的印象都是负面的，说赵瑞蕻口吃，甚至说他瘸腿（口吃是有点，他走路也有点一脚高一脚低的，但说瘸腿就太夸张了）。这次见到人，也不知是不是先入为主，反正印象不大好，嫌他不会说话，还有，门不当户不对。后来她一直对这个女婿就是不满意的。

绝交

我记不得那次请客是在赵瑞蕻和穆旦绝交之前还是之后——应该是之前，不然两人到一起（要是穆旦来的话）太尴尬了。他们绝交，不是为什么大事，就是赵瑞蕻好激动。

赵瑞蕻和穆旦原本关系很好，他们在国立长沙临时大学时就认识了，在长沙、在蒙自，他们一起写诗，办诗社。在联大睡上下铺，好得跟兄弟似的，西装都会换着穿。当时的学生，顶多也就两套西装吧，一套白的，一套深灰的，没太多的变化，需要时，他们就你穿我的，我穿你的。联大的校服，是一种黄布的，不是所有的学生都有。赵瑞蕻因为是转学来的，就没有，他觉得联大的学生很光荣，就借了穆旦的穿，穆旦就穿了他的旧西装。

我保存复印的一些纸片里还有穆旦抄在一本书扉页上的一首诗，叫《怀恋》，底下有一行注：

> 阿虹非要让我在这本送给你的好书上写下这篇脸红的东西，我遵命，于是玷污了这本书。

我已经记不得事情的来龙去脉了，应该是杨宪益送我的一本英文诗集，赵瑞蕻让穆旦抄自己的诗在上面的。后面写的日期是一九四〇年一月，可见那时候他们关系还很亲密。

绝交是因赵瑞蕻听到穆旦在跟人说他的不是。穆旦知道我和大李先生的关系，知道我一直在等着大李先生，认为在这种情况下，赵瑞蕻追求我就不对。他说他就不会追，要是他追的话，一定能追到，但他不追，因为不应该。那天晚上赵回宿舍很迟，宿舍里一群人在议论他，穆旦说了上面那番话。这话让赵瑞蕻听到了，大怒，就和穆旦吵起来，吵架嘛就是那样的，又是要当场把衣服换回来，又是要和穆旦决斗。他那种性格，不可能决斗的，也没打架，到宿舍后面小山上大吵了一通，就绝交了。

　　同学之间，闹矛盾、吵架之类是常有的。有段时间，张寰和和我也因为一点误会弄得不愉快。张寰和是张兆和的弟弟，因为我们跟沈从文夫妇熟，就跟他熟了，他在联大读工科，要不就是经济系，我们都叫他"小五哥"（张兆和行三，他行五），常在一起玩的。有次一帮人在一起议论曹禺的《日出》里的人物，自说自话在那儿分派角色，说陈福英可以演陈白露，谁演小翠，谁演顾八奶奶……乔治张满口英语，外文系随便找个人就能演，说到胡四，大家都不知谁扮好，我忽然说，小五哥可以演！胡四在《日出》里是个小白脸，不男不女的，有脂粉气，跟顾八奶奶在一起混，吃软饭。我想到小五哥，只是因为他长得清秀，嘴唇鲜红的，有点像女孩子。没别的意思。黎锦扬当时在场，起哄说，我去告诉他。没想到这话传到他耳朵里，变成杨静如说你长得像胡四。他挺生气，后来碰到也不愿搭理我。当然一阵就过去了，后来我们关系还是很好。赵瑞蕻与穆旦很长时间当真是"绝交"的，直到几年后在重庆相遇，才算是和解了。

　　母亲和我姐她们在昆明那阵，我常去金碧别墅。有天晚上在她们那儿吃了饭回宿舍，经过生活书店的一家门店，就进去翻翻书，没想到遇到了穆旦，他也在那儿看书。赵瑞蕻和他绝交以后，两人碰上也不打招呼了，弄得我也觉得别扭。尤其是，他同宿舍的人说，他对赵瑞蕻不管我在等大李先生，对我穷追不舍表示不屑之外，还说过，如果他追我，一定追得上。这是打比方，

"如果"而已，并不存在的，但知道有过这话，还是让人不自在。书店很小，碰上了想躲开也躲不了，当然也没想躲。我们互相打了招呼，但也没什么话说，他问我走哪条路回宿舍。回宿舍有两条路，一条是从翠湖边上走，一条是从青云街过去。他说他要从翠湖边上走，本来我也可以和他一起走的，可我窘得慌，就说，我走青云街。于是各走各的路。要是一起走，也许就把事情说开了。

之后穆旦还曾托张定华带了一封信给我。信里写了什么，我不知道，不是张定华没带到，是我没打开看。我连信封都没拆就交还给张定华，她还奇怪，看都不看啊？我说，不看了。当时的心理说不清，模模糊糊的，可能是猜他会劝我和赵瑞蕻谈恋爱要慎重。事实是，那时我已经和赵瑞蕻好了，木已成舟，再说什么也没意思了。

"害毛毛"

暑假里我开始呕吐，吃不下饭，我意识到是"害毛毛"了。"害毛毛"是天津的说法，就是指妊娠反应。到医院去检查，果然是。赵瑞蕻第一反应就是把孩子打掉。我当时也没其他考虑。太突然了，不舍什么的都说不上，有了孩子我怎么上学？好像一辈子都要改变了。

我当然知道母亲知道这事会是什么反应，但只能硬着头皮写信告诉她。我姐后来告诉我，母亲看了信，觉得天都要塌了，急火攻心，支气管破裂，吐了好多血，和我姐一起大哭。她和我姐都是特别要强的，我出了这样的事，让她在杨家抬不起头，也让外人说闲话。母亲给我的回信里说，她死的心都有了。又一想，她不能死，死了我们兄妹怎么办？她有好多牵挂，要照顾我们。信写得挺抒情，她觉得我出了这样的事太丢人，应该去死，但是"你是我的孩子，我怎么舍得你没了呢"，起先她是要我把孩子打掉的，后来变了主意，让生下来。赵苡生下来，我们到重庆以后，主要还是她帮我带大的。

这时候帮了我大忙的是邵士珊。她在中西和我同班的，大我一岁多，像姐姐一样。她是家里给订的亲，丈夫是清华毕业的，这时已在昆明市政府里做事，是市政建设方面的一个科长。我和邵士珊一直有通信联系，到昆明后更是来往多起来。是她帮我联系了一个私人诊所，一个挂牌的医生，正规学校里出来的——要是江湖郎中，肯定不管三七二十一就给我做掉了，要赚钱嘛——她拒绝给我做手术，骂了我一顿。说，你们这些学生，好不容易上了大学，不好好念书，做出这种事！做出来了就要负责任。凶得很，总之是不让打掉孩子。

孩子就这么留下来了。妊娠反应厉害，不能住在宿舍里了，我住到了邵士珊家里，他们有两间房间，给我搭了个床。对联大同学来说，我突然失踪了，他们不知道我去了哪儿，我也躲着他们，还好在放暑假，见不着也不算太奇怪。我只有偶尔因为要取东西什么的，才会去宿舍一趟。

巧的是，有一次在宿舍附近的路上，正好遇见了巴金。陈蕴珍和他在一起。陈蕴珍一见到我就喊：这就是巴先生！我跟巴金通信已经很久了，他信中还让我照顾陈蕴珍，像是已经很熟了，但一直没见过面，纸上是熟的。信里面什么都对他说，许多对别人不说的也对他说，见了面就变成了生人。我不知说什么，巴金也是见到生人就窘。我们不握手，也没互相问候，只拘谨地点了个头，而后就没话了。

陈蕴珍大嚷：你跑哪去了?! 的确有段时间我们没见面了，之前我们老在一起谈心的。我不知道怎么解释。我记得我说的第一句话是"我要结婚了"，没头没尾的。他们俩都觉得很突然。再没想到，第一次见到巴先生，居然是这样的。

他们觉得突然是自然的：陈蕴珍知道赵瑞蕻一直在追我，但怎么一点征兆没有，突然就宣布要结婚了呢？何况他们也会想到大李先生。巴金应该会猜到，我和大李先生的关系是有点特别的。事实上我一直在跟大李先生通信，赵瑞蕻怎么追我，我都对他说的。有封信里我问他为什么还不来，还说了赵瑞蕻"纠缠不休"（信里就是用的"纠缠"这个词），问他我该怎么办，他回信中的话，我一直到现在都记得很清楚："我一向关心你的幸福，希望你早日得到它。既然young poet这样追求，你为什么不接受他的爱呢？"

我希望从他那里得到什么答复我自己也不清楚，但收到信以后我有点生气。我一直在等着他来昆明，退掉订好船票的事，他说见面后他再解释的，意思是，他还是会来昆明，但后来信中就再不提这事了。究竟是怎么回事，我不免要瞎猜。

大李先生从来没对我表白过他喜欢我，我不管对别人还是对自己，都没承认过那是爱情，我就是崇拜他，一边说我在等大李先生，一边否认这里面有男女之情——的确，和他在一起时，人家说的那种触电似的感觉，我也没有。同时从小时候起我就是个挺自卑的人，听人说冯秀娥和他常在一起，我就疑惑大李先生是不是爱上她了。有时也会猜，他不来昆明会不会就是因为这个？不过都是一阵胡思乱想，一会儿这么想，一会儿那么想，没有结论。

那时候年轻，只顾自己自卑了，没想到过大李先生也有可能有他的自卑和不自信，同时他又是个会替别人着想，可以为别人牺牲自己的人。我姑父说的那次在电影院门口大李先生听到我母亲说"这么老"，肯定对他是个刺激。他会不会觉得他年纪大，身体又不好，还穷，对我来说不合适？或者，他以为我是什么也不懂的娇小姐，不能跟他一起过清贫的生活？八十年代，有次去看望巴金，难得的就我和他两个人说话，我问大李先生究竟有没有爱上过什么人，巴金说，是有一个的，是个富家小姐，大李先生多半是因为自己的情况，没有接受。(那个小姐后来结婚时给他发了请柬,他也去参加了,这些事情上面,他是很绅士的。)可见他在爱情上是往后退缩的。

这些我那时想不到的。我只是想,好吧,你让我接受赵瑞蕻,我就接受吧。他后来跟人说,我结婚是跟他赌气,虽是半开玩笑,也许却是说中了。当然,写信问他是在我发现怀孕之前,若是在之后,也没什么好问的了。

结婚

我的婚事家里是不乐意的,母亲不用说了,我哥我姐也都反对。事实上母亲到了重庆不久就写信让我过去,这里面有她觉得昆明条件太艰苦,还有希望全家人在一起(我哥要回国了)的因素,但更重要的,是想让我和赵瑞蕻分开。在昆明时杨家好多人都跟她嘀咕,他们拐弯抹角听说了赵瑞蕻在追我,我又老是有心事的样子。此外她见了赵瑞蕻,印象不好。所以急着催我,希望我到成都华西坝继续念书。抗战后,一些教会学校内迁,金陵大学、金陵女子大学、燕京大学这些教会大学都迁到了华西坝。我和我姐原先读中西,我姐后来读燕京,母亲心目中,还是教会学校好,条件好,也规矩。

我哥我姐也是不乐意的。即使结了婚,他们认为这婚姻也是长不了的。但我姐是坚定地要我结婚的,她挺封建的,奉子成婚得成啊。我哥一直在国外,想得最简单:结就结,结了再离呗。孩子还没出生,名字他已经给想好了,说就叫"苡",我叫杨苡嘛,叫"苡"表示从"苡",以后就跟我。

那时结婚是没有结婚证的。只有婚书,婚书上有介绍人、证婚人盖的印,这就比较正式了。还有就是登报。我和赵瑞蕻就是在报上登个启事,很简单,说"赵瑞蕻、杨静如,兹订于一九四○年八月十三日在西山饭店结婚。国难当头,一切从简,特此敬告亲友"。一般婚启都有"情投意合"之类的套话,我也没有。那天好记,"八一三",几年前日本进攻上海的日子。我们在饭店住了一星期,没举行婚礼。我母亲本是主张要办的,证婚人准备请中国银行在昆明的行长,姓高的——证婚人是要在婚礼上出现的。但后来并没有办婚礼。

母亲虽然不高兴,但觉得结婚没个婚礼怎么行?赵瑞蕻也希望有个婚礼的,没确定不办之前,他甚至已经写信跟家里说,中国银行什么人会主持婚礼,谁当证婚人,又是谁谁谁会来。但我坚持不要有婚礼。当时结婚启事上通常都有"情投意合"这样的套话,我也不让有——因为怀孕,那段时间我一直心烦意乱的。

真的是"一切从简",除了登报,就是在西山订了个旅馆,我们就算结婚了。有意思的是,我的同学三三两两,你今天我明天地到西山来贺,杨周翰他们都来过。他们是好奇,因大家都还没有谈婚论嫁嘛。我们就请他们吃客饭,没婚礼也就没婚宴,那时请客倒请得不少,跟流水席似的。

巴金那时还没去重庆,也到西山来看过我。巴先生是一个人来的,陈蕴珍大概是有课还是有事,没一起来。那天赵瑞蕻正好不在,我们坐在房间里,巴金一向是没什么话的,我也拘谨,要是陈蕴珍在还好些,这时都没话,结果就这么干坐着,后来也没吃饭,就走了。隔段时间巴金、陈蕴珍他们倒是请我和赵瑞蕻吃过顿饭,席上还有巴金的四川老乡。吃饭时他们没宣布什么,事后我才悟过来,那顿饭是表示他和陈蕴珍订婚了。

在西山住了大概有十几天吧,那个旅馆,下面就是滇池。风景很好,但我心情坏极了。同学、朋友来看我的时候热热闹闹,不觉得什么,到他们一走,静下来了,就很难过。学业没了,还有了孩子,母亲不高兴……有一次甚至想,不如跳下去算完,什么也不用烦了。推开窗子跳下去很容易的。但又想到死了漂上来会很难看。这上面我大概是受我母亲影响。她不止一次说到曾经想寻死(父亲去世后她有过好几个坎),结果都罢了,除了想到死了孩子怎么办之外，还想到死的样子太难看：投水吧，人最后涨成那样，要是不被捞上来倒好，谁也看不到，但肯定是要捞上来的；上吊吧，舌头拖那么长……割腕我是不敢的，我特别怕疼。

当然，就是一念，也没真想死。只是有时忍不住会这么想想，好像这么想想也好受点似的。

玉龙堆

关于昆明，关于联大，我的记忆分成了很不同的两个部分，前面像云南的天，碧蓝如洗，就是下雨，也是透明的；到后面就黯淡下来。一半是因为轰炸，一半是因为个人生活的不如意。它们又都搅在一起的。这些年西南联大成了热门话题，不断有媒体来采访，我不是什么名人，只是联大当年的学生在世的已经没几个了。说实话，有时候我是不大愿意接受采访的。人家在联大发奋读书，我是因为结婚生孩子中断了学业，到了报道里面，只说"收获了爱情"。可能那样符合联大的主旋律吧？

说联大好也没错，我是很喜欢联大自由、宽松的氛围的，联大的学生有一股朝气，我在昆明的头两年，特别是头一年，也是那氛围的一部分，但怀孕结婚以后就是另一回事，我与联大不是一体的了。所以回忆往事，我特别想把在中西的十年写出来，甚至书名都想好了，叫《翡翠年华》，那段时间从头到尾，想起来都是很愉快的，在联大，有些事情就不那么愉快了，也就不愿回想。

在西山旅馆相当于现在人说的度蜜月，接下来就要过日子。我们在玉龙堆租了房子，算是我们的新房吧。家具是沈从文先生送的二十多个美孚汽油的包装箱——他认识公司的什么人，靠关系弄来的。用这些箱子（我另外还买了些）搭了写字桌，一个搁东西的长条案，还有床。七八十年代开始时兴组合家具，我还想，我早"组合"过了。搭积木似的，上面铺上绿色的布就完了，那种布叫"标准布"，全棉的。绿色让我觉得亲切熟悉，上中西时我们班的班服就是绿色的。长条案上我还摆了只花瓶。

在玉龙堆，是自己做饭，生炭炉子，一种特别的炭，没有烟的，用纸一引就着。我没做过饭，在中西倒是学过家政，喜欢，初中二时学过做面包，烘蛋糕，做冰激凌什么的，挺好玩的，回了家就不让做了。在昆明哪有烤箱和西式厨具？学着做炒鸡蛋、做葱油饼什么的，尽瞎对付。赵瑞蕻还抱怨：你怎么就只会炒鸡蛋？他大概觉得，结了婚的女人天生就该什么都会的。他自己是什么也不会做，也不会学着做的。虽然家境不算好，他在"原生家庭"（现在是这么说吧）是绝对的惯宝贝，家里就出了他那么一个大学生，也只供得起他念大学，当然特别宠着，他也特别用功，成绩很好，这样家里就当他是个"读书种子"，除了读书，什么都不是他该干的，他自己也觉得理所当然。我的情况正好相反，有我哥我姐比着，母亲从来看我不是读书的料，她不会让我姐多学做家务什么的，我哥就更不用说，对我就不同，总要让我学着点。但说是要学，家里有用人，也轮不到我干什么，现在乍一开始自己过日子，还要从头开始。

邻居家有个用人，看我可怜，会给我带菜回来，有次给我带了块板油，我当然吃过猪油，但不知罐里白白的冻猪油是板油炼出来的，面对板油不知怎么办，后来还是她教我怎么炼。

住了没多久，有一天，日本飞机轰炸，我们看着小西门城门楼上的警报升起来就躲到城外去，回来发现房子一塌糊涂：我们那一带落了炸弹，我们那排房子顶头的一间被炸了，我们家没直接炸着，是震的，房顶往下掉，倾斜了，东西都震掉在地上，包装箱拼的家具震塌了，乱七八糟，热水瓶倒在地下，奇的是碗里煮好的鸡蛋倒没翻出来，连碗掉在地下，碗没破，居然不偏不倚好好坐在地上。

玉龙堆住不了了，就搬到凤翥街。房子是我们在玉龙堆认识的邻居王碧岑找的。他太太姓范，两人都是河南人，一说话就是河南口音，夫妇俩都很热情，愿意帮忙，烧菜做饭就教了我不少。王碧岑好像是在一个中学教书，同时还编一个小小的随笔杂志。他在凤翥街找到了一个大杂院，里面有一处，一间堂屋，两边是厢房，他们住不了也租不起，就找我们合租。

我对玉龙堆还是有几分留恋的，虽然怀孕以后心情一直就不太好，但是有一个自己的新家，虽说条件那么差，忙着布置起来，我还是有点兴奋，也算是开始一种新的生活吧。谁知很快就不能住了。

王碧岑、范梦兰

搬家我们两家是一起搬的，其实也就是雇挑夫挑了两挑子铺盖卷什么的。没想到还闹了不愉快。我和王太太都是怀孕的人，挺着大肚子，只能自己顾自己，他们两个男的，一人跟一个挑夫一起走。赵瑞蕻不管走哪儿都抱一本书，有时也不是看，就是显示他是读书人。那天也不知是不是走着看书，反正后来居然把挑夫给跟丢了。那一挑子主要是王碧岑的家当，赵瑞蕻本来没什么东西，就一条破破的薄被，我的东西都在王碧岑跟的挑子里，没丢。他们丢的东西虽不贵重，但是兵荒马乱的年头，就是一个铺盖卷，置办起来也不易。赵瑞蕻倒跟没事人一样，他是自己的东西丢了不心疼，也不大管别人的。王碧岑就很生气。我们赔不起，当然即使我们要赔，他们也不会要。

后来我们住在一起，关系却很不错。两间厢房，他们住一间，我们住一间，中间的堂屋合用，主要是当厨房，一家一个小炉子。凤翥街和玉龙堆不一样，玉龙堆的房子比较新，应该就是那两年才盖起来的平房，一间一间的，像宿舍，凤翥街这边是云南式的老院落，里面住的大多是联大的人，我记得余冠英就住那儿。也因为联大好多人住那儿，吴宓先生要找赵瑞蕻，一路就能找过来。

两家住一块儿，我和王碧岑、范梦兰他们关系就密切起来。和范梦兰走得很近：两个人都是孕妇，白天王碧岑、赵瑞蕻他们出去了，就我们两人，一起做饭，一处说话，一起担惊受怕。担惊受怕还是因为轰炸。我们跑警报不方便，怕影响肚里的孩子，不敢跑快。有个早上，大晴天，七点来钟敌机就来了，范梦兰躲在一个坑里，听着机枪一路扫射过去，感觉就像"死"贴着身走过，等敌机走远了，惊魂初定，才发现坑里有好些毛毛虫，还有个骷髅头！担心敌机兜回头来，又还不敢马上出来。后来往回走，因走得慢，我又和赵瑞蕻走散了，一直到下午五点才找到他。慌慌乱乱，那天真是狼狈极了。

另一方面，男的不在，也不知他们在哪里躲着，会有各种不好的猜测。有一次赵瑞蕻到很迟还没回家，一整天我都在担心，原来是警报一响，他被堵在城门洞里了。

大着肚子跑警报，日子过得艰难，根本谈不上未来有什么希望，我的情绪落到了最低点，经常陷入胡思乱想，我才二十一岁，也许会在分娩中死去，也许明天就会有一颗炸弹落在我头上……在极糟糕的情绪中我写了一封很长很长的信，向大李先生倾诉我的苦闷，发泄我的情绪，所有的委屈、抑郁，还有恐惧，全都吐出来了。我说我最听你的话。听上去是把我眼下的处境和他劝我接受赵瑞蕻的追求联系起来了，好像有直接的关系。这封无理的信，我一想起就后悔，直到晚年都是如此。它肯定把大李先生惹怒了，他没有回信，而且从那以后就杳无音讯，连明信片也不来了。

那段时间，得亏有范梦兰。联大的同学、朋友忙着读书，基本不来往了，我特别寂寞孤单，她成了那几个月里和我说话最多的人。有开心的时候，比如做饭做菜，我们洗菜切肉，做上许多，恨不得把堂屋里的一张大圆桌堆满。好多个晚上，两个人坐在小木箱上，围着小火炉谈心，周围有好多报纸（王碧岑办杂志，报纸杂志多），随意翻看，看到好玩的地方、字眼，一起笑起来，周围很安静，笑声传好远。

但更多的时候还是寂寞郁闷，特别想说话。范梦兰就像个大姐姐一样听我说——我什么都跟她说。我们搬到岗头村以后，范梦兰还来看过我，待我到重庆以后，直到上中大三年级，和她还通信的。我给她的一封信，王碧岑拿去发表在他办的杂志《大观楼》上，用信里的话，题目就叫《我在记忆的国土里漫游》，标明了"一封信——给范兰"。"范兰"就是范梦兰。

一辈子经历的人与事太多了，如果不是有人找到这封信复印给我，好多事我都忘了，年纪大了，记忆衰退，甚至很熟的人，名字都想不起来。

看标题就知道，我在信里回忆的是我们的友情，提到"共患难"的许多事，包括赵苡七个月时梦兰给她织的一双小袜子，信上说，我们"永远不会忘记这一切，友谊联系了我们，将来总有一天我们会再遇见的"。会不会忘呢？事实上至少有几十年，我没想到过范梦兰了。读那封信，我都有点发蒙，就算标着我用过的笔名"晓黛"，我一时也疑惑那是不是我写的。"范兰"这名字有点陌生，一直使劲想，终于想起她叫范梦兰。但是要说真忘了，也不是。有些记忆其实一直在那里，有机会就会醒过来。凤翥街的那些日子，还没等想起梦兰的名字，就已经全回来了，真真切切，范梦兰的样子，那个院落，堂屋里的大圆桌，我们围炉说话时的情景，好多好多的细节……

"总有一天我们会再遇见"却只能是一个愿望了。我"不告而别"（因为走得匆忙）去重庆之后，再没见到过她。通信也中断了，之后连她的消息也没有了。后来她怎么样，解放后她的情况如何，她还在吗，一概不知。

金碧医院

我给范梦兰信里写的那些内容，背景就是轰炸，轰炸像是没完没了的，不知道什么时候是头。在凤翥街，我得了肺炎，后面紧接着又是生孩子，这样前后在金碧医院住了一个多月，好像比在玉龙堆住的时间还长点。

金碧医院是天主教会的医院，当时在昆明算是最好的了。赵瑞蕻是只有人照顾他，他不会照顾人的，经常来看我、照顾我的，是邵士珊。说来也巧，她先生得了白喉，也在住院，她到医院，看先生，也看我，有次用酱油瓶装了两瓶子鸡汤，一瓶给我，一瓶给她先生。

生赵苡的时候还有件滑稽的事。我快生的时候，赵瑞蕻跑到外面小馆子里吃饭，结果让鸡骨头卡着了，卡在嗓子里出不来。他吓得不轻，跑到医院请医生帮他弄出来。这时我就要生了，医生忙着呢，气不打一处来，就熊他，说什么时候了，你还到处乱跑?! 还吓唬他，说就不给你弄。后来当然还是弄出来了。作为惩罚，命令他进产房，看着我生，要他知道妇女生孩子有多不容易。赵瑞蕻只好乖乖进来。在过去，这几乎是不可能的事，生孩子是"血光之灾"，特别忌讳，男人都躲得远远的，就是几十年以后，产房也是禁地，男性不许进去的。那医生让赵瑞蕻进去，一来是生气，二来恐怕也是因为金碧是教会医院，西式的，没那些忌讳。赵苡生下来以后，我的身体还是很弱，原本可能还会在医院住一阵，但这时轰炸得厉害，医院在市中心，容易挨炸，太危险了，而且人都跑了，整个医院空荡荡不见人影，这样不得不匆匆出了院。

正字学校

带着刚出生的赵苡，我们住到了郊外的正字学校。赵瑞蕻毕业后，原本是指望留校的，没成，他们班留校的是王佐良、周珏良。联大在外人看起来是一体，其实还是有亲疏远近的，王佐良他们都是清华的，赵瑞蕻是转学生，要留当然留他们，何况人家学问好。于是就要找事做，最后是水天同办的正字学校要他。正字学校是一家英文专修学校，特别重视国际音标，赵瑞蕻学这个特别认真（换了我就不行），正合适。学校在乡下，出了城要走不少路，还要坐船。日本飞机轰炸最厉害的时候，他去上课我也跟着去，因为挺着大肚子跑警报太难了。很快正字学校给了一间教室让我们住——是教室，不是宿舍。什么家具也没有，就是借一张床，还有张课桌搁搁东西。这边我在带孩子，那边就在上着课。

这是在城外，和城里比起来，风险要小得多，但敌机来了，还是紧张。行动太不便了，我们就躲到楼梯肚子里。抱着赵苡，听着敌机扔炸弹的声音，还是很紧张。赵瑞蕻一向是很胆小的，有一次却给我壮胆，说，你看我们小孩长得这么漂亮，我们怎么可能被炸死？炸不到我们的！——他就这样，有时会莫名其妙地"浪漫"起来。这话现在说起来挺可笑的，敌机轰炸哪管这些？当时这样不合逻辑的话对我却真有一种安慰作用。

在正字学校，我们还有个"老外"邻居，就是清华师生回忆里常提到的老温德（Robert Winter），他大概是在这边兼课，学校就给他安排了一间房，和我们分的那间教室挨着，要小一些，我们是三口之家，他是单身嘛，虽然他是教授，赵瑞蕻是刚毕业的大学生，资历差得远，大家也是临时栖身，倒是"按需分配"，温德也不抱怨。虽是单身，温德那间小屋里经常却是两个人。他有个女友，常来看他，也不回避，挺坦然的。我忘了名字了，只记得称呼她"X小姐"。有次用麻纱做件旗袍，她还帮过我的忙。

从玉龙堆开始，我差不多就是现在所谓的"全职太太"了，赵苡出生后，当然更是。我完全没有育儿的经验，在别处至少有邻居可以请教，或是出出主意，正字学校一放学就没人了，我想问问都没处问。小孩怎么带呢？我仗的就是外国人写的育儿小册子，已翻成中文的，上面怎么说，我就照着做。上面讲到的还好，有些是没讲的，比如怎么让婴儿活动四肢之类，我就没做。赵苡不是抱着，就是躺着，不知道要让她练习坐起、站立，所以她到两岁还不会站立、走路。她倒是特别乖，不大哭闹，也不乱动，要不我也不敢把她一人留在家里，跑去看电影。那次是去看《绝代艳后》，去之前还托温德的女友照看一下（那天她正好在），却没留下钥匙。《绝代艳后》片子很长，我很晚才到家。赵苡醒了后找不到人，哭起来。温德他们赶过来看，门却锁着，进不去。我回来后温德很生气地大声说我，说在美国这样搁下孩子一人在家是犯法的。赵苡那时还不会翻身，要是再大点……想起来都后怕。

"大逸乐"和南屏大戏院

看《绝代艳后》那次是前面说到过的那位刘太太请我去看的——就是我初到昆明时对我特别好，还曾想让我和她小女儿一起去法国留学的那位。我们还有联系，她知道我特别喜欢看电影，让人送了电影票过来。在天津时，隔几天我就会看场电影，到昆明后看得少了，有了赵苡之后更是绝迹电影院。所以拿到电影票很开心，何况《绝代艳后》还是瑙玛·希拉主演的，前面说过的，她是我特别喜欢的好莱坞女星，还给她写过信。把赵苡一个人留在家里跑出去，也是因为憋在家里很长时间，太想看电影了。

提到看电影，又想起昆明"大逸乐"倒塌的事，当时报纸上都报道过，算得上当地很轰动的一个事件。昆明原来只有一个看电影的地方，叫"大逸乐"。流亡学生都是要看电影的，起先就跑那儿去，结果发现他们放好莱坞片太搞笑了。在天津看外国片，是给说明书，中英文的都有，上面有简单的剧情说明，"大逸乐"是现场翻译。过去影剧院前面都有个包厢似的地方，像个小阳台，也像教堂里的布道台。"大逸乐"这边，要放好莱坞片了，从小包厢那儿就走出个人来，拿把折扇，端杯茶，像说书人似的。他跟着剧情翻译，不光译对白，还介绍剧情。好莱坞好多电影都是言情片，少不了"我爱你""我也爱你"的，他就一句一句跟着译，一口云南腔，银幕上男女kiss，他还要加一句"他们接吻了"。那时大都是默片，他就要不住地跟着说：他们到院子里去了；她哭了；他生气了……云南腔说出来，让人直想笑，我们女生多半强忍着，不笑出声来，因为受的教育，要讲礼貌，男生不管这些，不仅大笑，而且还要起哄，拖着腔夸张地模仿云南话，几条嗓子一起嚷："我爱你！""我爱死你喽！"看的人哪还hold得住，哄堂大笑，悲剧都给弄成喜剧了。

后来就有了南屏大戏院，老板就是开南屏大旅社的刘太太。流亡学生来，都是先住她那里，她常跟学生聊天，什么都聊，在"大逸乐"看外国片也当笑话讲。刘太太就起了意，后来建起的南屏大戏院条件比"大逸乐"好得多，称得上金碧辉煌，完全洋味儿的，而且她也不搞那种好笑的现场翻译，改成字幕。我们都到那儿看电影去了。当然后来也非去那儿不可，因为"大逸乐"出事了。

有一次，联大的几个理工科学生去"大逸乐"看电影，里面有施剑翘的弟弟。是看国产片，袁美云主演的。好莱坞片比国产片好看，几个人看时不免挑剔，看一半就都说没意思，还说袁美云长得不好看，皱纹都清清楚楚了。几个人就不看了，出了电影院没走多远，就听身后一声巨响，回头一看，"大逸乐"没了！先还以为是日本飞机轰炸，但天上根本看不见飞机呀。后来知道是剧院好好的自己塌了，整个屋顶掉下来。听说死了好几百人，那几个学生中途退场，不然也没命了。事后当然有调查，"大逸乐"不久前刚翻修过，是个豆腐渣工程，还赶着快快投入使用，云南潮湿，为让墙壁快快干燥，生了好多炭炉子烤它。这事我印象很深，不单是报上看到过新闻，听过联大学生绘声绘色的描述，还知道一点"内情"，因为邵士珊的丈夫在市政府当科长，管的就是工程一类的事情，大的工程他们要验收，"大逸乐"他们去检查过的，当时看到沿墙一排炭炉子就急了，说这怎么行?! 开电影院的只想着快赚钱，表面应付他们，背过身还是那么干，结果就出事了。这事轰动一时，还留下后遗症。就是那次去看《绝代艳后》，散场时我从楼上往下走，看见凤子和郑颖荪，凤子正在评价：这电影艺术性是不错的，思想性弱了点。她是演话剧惯了的，声音响亮，几个人我都认识，搁在过去我会上前打个招呼，但那段时间我因为忽然有了孩子自卑得很，怕见人，就躲开了。我记得那场电影，倒不全是因为这个，还因为众人看完起身时座椅噼啪响成一片，有人一惊，说是不是又要塌了? 过去电影院里椅子都是翻起来的，起身时你不用手压着马上就弹起，闹出动静。也是"大逸乐"事件给人印象太深了，才会椅子响一下就会联想到出事。

岗头村

　　我不确切记得在正字学校里住了多久，应该时间不太长。因为轰炸，学校很快就办不下去了，这样赵瑞蕻又得另找饭碗。水天同把他介绍到南菁中学教英语，他接受了，这样我们又搬到了岗头村。算起来在昆明不到三年，我搬了好多次家，宿舍、旅馆不算，租房子的地方就有五六处：蒲草田，青云街，玉龙堆，凤翥街，正字学校，最后是岗头村。正字学校远离市区，毕竟还算城郊，岗头村就是地道的乡下了。刚开始宿舍没盖好，我们住在一个已经不用的灶披间里，跟个窝棚差不多。

南菁中学是龙云和云南的一些头面人物办的，要算昆明的一所贵族学校。梅贻琦的儿子、刘太太的大女儿刘自强，都在那个学校，两人就是在那儿相识、恋爱，后来结婚的。（梅贻琦的夫人八十年代回国后当政协委员，在三里河，就住罗沛霖、我姐他们楼上。）南菁中学原来是在市区的，要躲轰炸，就搬到乡下。跑警报在当时成了生活里的重要内容。乡下人有很多迷信，有人一到敌机来了就撑起一把黑伞，说那样就炸不着。我那时常咳嗽，跑警报时忍不住，咳得更凶，就会有人说，别咳了，都让敌机听见了。

　　我是好奇心重的，敌机来了，常往来的方向看，想看清它怎么过来的，赵瑞蕻就说，这时候了，还看什么看?! 他自己是特别害怕的，都是撅着屁股躲。有一次，警报响了，他正往家走，正走到离家不远的一家面馆（我有时会在那儿吃米粉的），就躲进去，里面人都跑空了，他回来很得意地说他如何急中生智，钻到一张桌子下面。我听了就生气，心里想，你就不管我们母女，锁在屋里，真要炸弹下来，跑都没法跑。他那时不愿意我和人接触（南菁中学我熟人多），最忌讳我和别人谈得来，去上课时就把门锁上，让我在里面带孩子，看书。有一次一个朋友来看我，进不来，说，怎么能把门锁起来呢? 我就在里面哭。

　　在岗头村时，沈从文先生来看过我。从联大那边过来，要走好远的路，有一段还要坐船。沈先生到了，在山坡下面就喊，一见到就拍着手说，我来看"狼狈的小母亲"了! 他是和别人一起来的。他对我这样结婚是不满意的，不过结婚时还是送东西给我，来探望时还叮嘱我，不能有了孩子就什么都放弃了，还是要做事。

告别昆明

母亲一直不放心我，让我到重庆去。我经历了一连串的事情，怀孕，出麻疹，得肺炎，生赵苡……不是说走就能走的。这事我也在信里问过巴金，巴金是觉得我不应去重庆的：既然上了联大，就该好好把书念完。我本人也不是没有犹豫，一方面还想着怎么完成学业，一方面想换个环境，不想老和赵瑞蕻在一起。母亲催我快去，先是寄了一千元钱来，让买机票。钱我是不管的，都到赵瑞蕻手里，他没告诉我母亲寄钱来，也不知怎么花的，就没了。他也不是乱花，并不是挥霍的人，就是好显摆，家里面拿他当宝贝，就出了他一个大学生，他也要给家里挣脸面的。

那时我姐已和罗沛霖结婚了，罗的朋友孙友余的妹妹在中航公司工作，中航在昆明有个办事处，她就在那里。母亲见我一直不到重庆，干脆就转托她买好了机票，有天她就径直到岗头村，把机票送到了我手里。不记得怎么到机场的了，应该也是航空公司的车，当年坐飞机是稀罕事，没固定的机场线之类的定点班车。那天赵瑞蕻有课，或是别的什么原因，没送我到机场，送我上飞机的是张洛英。张洛英前面提到过的，就是《诗讯月报》的副主编，告诉我邵冠祥被日本人抓走，让我快跑的那位。他后来也被日本人抓去，不知怎的又被放出来，到了昆明。他的身份是教师，在中学教书，这时改名叫张煌了。现在已想不起来他是怎么找到我的，也许是看到我发表的诗歌，就和我联系上了。从他那儿我知道邵冠祥被日本人杀害了，他还说，被抓去挺可怕的。在昆明时他常跟我通信。我到重庆后还遇到过他，在北碚时还收到过他的信，他给我寄相片应该是更后来的事，是结婚后照的，一家三口。再往后就是快解放时了，在报纸上看到太平轮遇难的消息，密密麻麻的遇难者名单里，有张煌，那时他已结过婚，有孩子，全家罹难。我看了很震动。之前我有时会怀疑他有什么背景,不然怎么邵冠祥叫日本人抓去后被杀,他被捕了就好好的? 还有, 他为什么要改名呢? 改名还弄个那么难听的名字(张煌, 听上去让人想到仓皇逃窜), 又神出鬼没的。看到这消息, 我又猜他在昆明、重庆是干特务的, 总之是国民党的人, 不然干吗去台湾, 还有机会在太平轮上? 我很讨厌国民党, 更讨厌特务, 不过还是很震动。

●● 在香港十来天，应该不止这两张照片，但能找到的好像就这两张了，地点在铜锣湾，卞白眉家的别墅"湾景楼"附近。

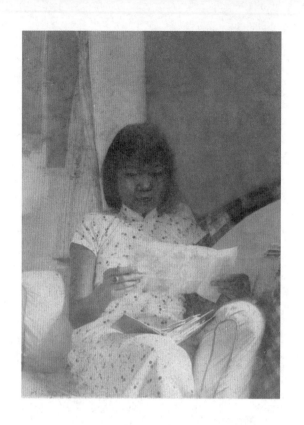

● ● 在蒲草田房间里。住的时间不长，在昆明，这里是我住过的几个地方里条件最好的，房间里还有沙发，比起后来住的几个地方，简直称得上奢侈。

●● 在昆明西山。联大还没开学，最轻松的时候。在昆明的亲戚要在西山的一座庙里搞什么活动，那天把整个庙包下了。我们就跟了去玩。是杨纮武拉我去的，说是"去吃他一顿"。虽然不像后来那么艰苦，但生活和在天津自然不能比了，他馋啊。照片上我穿的工装裤是在香港逛街时买的，在天津母亲再不会让我穿成这样的，现在想怎样就可以怎样了。这样式是不分男女的，后来和赵瑞蕻谈恋爱，他看了新奇，也穿过。

●● 杨纮武和我在联大附近。Henry是纮武的英文名，我的英文名是Lucy，我不喜欢，Lucy在法语里是Lucille，我有段时间就喜欢变花样这么署名。

●● 一九三八年，昆明正义路万籁鸣兄弟开的照相馆。正义路在闹市区，像南京的新街口，联大开学前那段时间，常去逛。在昆明，凡在照相馆里拍的，都是他家。

●●一九三八年在昆明。昆明本地产的花布和别处不一样，我做了件旗袍，有段时间特别爱穿。

●● 联大开学前在昆明大观楼，大观楼前有唐继尧的铜像，唐是云南都督，袁世凯称帝时他和蔡锷起兵讨伐，是"护国三杰"之一。我对这些历史不太清楚也不太关心，就当是一处风景而已。听说那座铜像一九五八年大炼钢铁时被弄去炼钢了，也不知现在大观楼还有没有。

●● 八十年代，杨绛武在昆明青云街。身后就是我们初到昆明时住过的地方。并排的两个小门分别是我和杨绛武住的屋，原先都是板门。圆的门洞进去就是一进一进的院子。门洞上面是沈从文、朱自清编教材的屋子，挨着门洞的二楼（墙是木板的）是郑颖荪住的，他走后我搬上去住到联大开学，有了宿舍。照片上从外面还能一眼看出来当年的样子，比如门洞和二层以上的部分，当然也有了变化，我和杨绛武住处的门、窗都是改造过的，原来没窗户，都是门板。

●● 我和纮武的住处是临街的，从门洞里进到内院，一进一进的，二进大概就是这样，杨振声一家和沈从文经常就在院里摆桌吃饭。

●● 朱自清

●● 沈从文

●● 一九三八年秋天，在昆明莲花池。莲花池原先好像是一处私人园林，没人管理，荒了，破败的样
子。联大当时借用了小西门那儿的云南农业专科学校的校舍，女生宿舍是一栋小楼。出了农校的后
门，就是莲花池，课余时间，联大学生常会到那儿散步。

●● 闻一多

●● 昆明遭遇空袭，联大宿舍被炸。

●● 刘文典

●● 陈梦家

●● 陈序经

●● 陈福田

●● 这张照片出自许渊冲的书，模糊不清。原片要清晰一点。我知道，因为照片原先是在我手里的。赵瑞蕻和许渊冲一直有通信联系，是他把照片寄给许的，后来一直也没还，为此我还埋怨过他。到叶公超家聚会事，许渊冲记得很清楚，那么多人，他居然能记得，还对得上号，我虽手里一直有相片，上面的人大多是对不上号的。许渊冲和我同届，照他的说法，叶公超邀的是外文系同事和三八年入学的同学，赵瑞蕻缺席也就好解释了（他高我两级）。虽是同班，我和许渊冲一直没来往，印象中他在班上并不活跃，女生之间议论起来，也很少提到他。

●● 西南联大的课堂

●● 一九三九年在昆明。具体是什么地方想不起来了。靠近镜头的可能是金丽珠，她那时的发型就是这样的，可是样子又有点不像。

●● 年轻时的王树藏，前一张大概摄于一九三六年。

●● 年轻时的陈蕴珍（萧珊）。我初见她时，她就是这样子，很明显的一个酒窝。

　　我手里没有和陈蕴珍、王树藏在昆明时的照片了。其实我们仁有过合影，是有次一起去呈贡看沈从文先生。呈贡是附近的一个小城，虽不是很远，也有几十里地，来去一趟得大半天，我们是骑一种小马去的（出城可以雇，有人跟着）。事先没有约定，当时也没电话什么的，结果他家里没人，我们跑老远扑了个空。但也没觉得扫兴，一路上骑着小马，说说笑笑的，像一次郊游。照片就是骑着马照的。可惜烧掉了。

●● 陈蕴珍送给巴金先生的相片。按照片上的时间，是一九三六年八月。我给巴先生写信是同一年，我的同学刘嘉蓁差不多也是那时候给他写信。那个年代，巴金绝对是年轻人心目中的偶像，给他写信的读者不计其数，他给很多读者都回过信，但大多数从没见过面，刘嘉蓁就没见过。直到二十世纪八十年代我才知道她和巴金通过信，我们中学时就是好友的，因为这一层，两个人又莫名激动。第四次文代会期间，巴金住在京西宾馆，刘嘉蓁通过我约好了去拜访他，几十年前的偶像与读者终于见了面。事后她写了很长的信给我描述会面的情形，还寄了与巴金的合影给我，真的很激动。抗战时她到延安后已改名叫"林林"，解放后在新华社，"文革"后好像是对外部门的负责人。中学以后的经历她跟我说过，那是另外一个故事了。

●● 陈蕴珍

●● 西南联大高原社社员游海源寺合影

●● 和赵瑞蕻在昆明

●● 大李先生摄于天津英租界花园。我到昆明后他在一封信里寄来的。信中说，地点是我们一起去过的地方，他是特地在那儿拍的。原来的相片在"文革"中毁了，后来是李斧（巴金大哥李尧枚——《家》中觉新的原型——的孙子）在巴金遗物中发现后放大了寄给我。几十年的友谊让我和李家成员都非常熟，就像家人一样。李斧虽在美国大学当教授，和我却联系很多，有意思的是，他正好和我是同一天生日，前几年还一起过过生日。我是怕热闹的，别人要给我过寿我大多是反对，但那个生日我过得很开心。

● ● 西南联大学生下课，走出教室。

● ● 大学一年级的时候，在翠湖公园的入口处。从左到右依次为金丽珠、余泽爱、我、赵瑞蕻、黎锦扬，我们都在联大外文系。同行的还有一人，拍照片的，怎么也想不起是谁了。

● ● "我们三个人一块儿照的相，在联大新校舍一教室外摄。

纮为静如的弟弟（七房弟弟）杨纮武，联大化学系二年级，其父为北平中行总经理，现赴西安长中国银行。

怀哥、璧姊全存　虹赠"

●● 我和赵瑞蕻在《中央日报》上登的结婚启事，西南联大博物馆居然给找出来了。婚启是我拟的，报上登的与我记忆有出入，也许是我拟稿字数多了些，登出时图简省，或是有固定格式，删改过，反正都知道，就是走个形式。那上面赵瑞蕻写作"赵瑞霡"，其实是对的——是他的原名。"蕻"是后来他自己改的。他对名作家端木蕻良有点崇拜，就以"蕻"替换了"霡"。

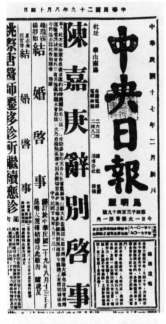

●● 一九四〇年摄于昆明。应该算是我们的结婚照了。

314

● ● 结婚住在昆明西山的酒店那一阵照的。赵瑞蕻有个同学杨立达，是印尼华侨，有照相机，到西山看我们，拍了好些。我看上去有点忧郁。

● ● 在西山时因为有身孕了，照相时会有意无意膀子上搭件衣服挡着肚子。

●● 赵瑞蕻和我，抱着的是刚出生的赵苡。这时已住在岗头村了，包裹婴儿是跟乡下女人学的，她们会扎得很紧，跟捆柴火似的，干活时就背在身后。我只会抱着，到医院去做产后检查，医生见了把我训一通，说太紧了，你不是个合格的母亲。

第四章

从联大到中大（下）

到了重庆

从昆明到重庆，我是头一次坐飞机，倒也没觉得害怕。就是上升和下降的时候头晕，赵苡不大哭的，突然哭起来。小飞机，里面像个不大的房间，也就坐了十几二十个人吧，各自坐着，都不说话，也没有服务员来端茶送水什么的。我从窗户看下面的云，觉得真是好看，没觉得很长时间，也就到了。

重庆机场那边接我的，是罗沛霖派来的一个下属。罗一直倾向进步，交大毕业后就辗转去了延安，后来上面又觉得在国统区更能发挥作用，这样他就到了重庆，在国民政府资源委员会工作，当时是个科长。因为去过延安，要避免国民党方面的怀疑，就改了名，叫"罗荣思"。抗战时资源委员会权力很大，好像有罗沛霖好几个交大同学在里面。

当时没有现在的通信条件，几时的飞机都是之前说好的，准点之类，根本谈不上，也不知那人在机场等了多久。机场没多大，人就直接进机场接送人，在昆明张洛英送我，也是送到飞机跟前，和现在在候机大厅外接送完全两回事，就像长途车送站接站似的。出了机场没走多远，罗沛霖派来接我的人就叫了一乘滑竿，那是在昆明没见过的，两根长竹竿，一前一后两人抬着，中间一个兜，像简易的轿子。我抱着赵苡坐里面，刚上去有点怕，特别是下坡，抬的人走得飞快。之前巴金在信里就描述过，昆明是平地，重庆是山地，净是坡，滑竿还好些，黄包车下坡时，车夫猴在车把上，两只脚悬在空中，他说我会害怕的。黄包车后来我也坐过，的确有点吓人。

因为太迟，天黑前肯定是赶不到小龙坎丁家花园了，那人就带我们在途中一个地方借住了一晚，好像是他认识的什么人的宿舍。那边我母亲、姐姐、姐夫他们一直等着，我们老也不到，不知出了什么事，急坏了。第二天到了一见面，罗沛霖就冲接我的那个下属发火。那人说天太晚，赶不回了，太晚也不安全。罗沛霖气未消，责问为何不打电话说明一下。他们还怪我，说我怎么也不问问清楚，就跟人家走了，出了事怎么办?! 我心想这还错得了? 不是你们安排好的吗? 但我也没吱声。

就这样，我到重庆后，先在小龙坎丁家花园我母亲、姐姐那儿住下了。丁家花园是地名，还是专指那个小院，我已记不清了，总之小院里是一栋两层的小楼。小楼是罗家伦租下的，他那时是中央大学校长。原先也不是他一家住: 他有个舅子叫张沅长，留美的博士，回国到中央大学任教，一家人也住那儿，罗家伦一家住楼上，他们住楼下。后来中大在柏溪办了分校，张沅长任分校的校长，住到柏溪去了。杨宪益、戴乃迭回国后原打算到联大任教，母亲不许，罗家伦就邀他到中大，对他挺器重。这时杨宪益和母亲、姐姐他们都还没找到合适的房子，既然楼下空出来，罗家伦就让我们一大家子住楼下了。罗家相当于二房东。

说起来丁家花园还要算杨宪益、戴乃迭和杨敏如、罗沛霖两对新人的新房，我哥一回来母亲就催他赶快结婚，他和戴乃迭，我姐和罗沛霖的婚事是一起办的，两对新人，证婚人是罗家伦和张伯苓，罗算男方证婚人，张则是女方的证婚人。

婚礼挺热闹，请了十二桌。照规矩是要男穿燕尾服女穿婚纱的。我哥和罗沛霖都不肯，说是中式的吧，他们又不肯穿马褂戴瓜皮帽，结果是穿丝绵的棉袍。戴乃迭和我姐当然就不穿婚纱了，都穿旗袍。乃迭不肯穿红色的，结果是白缎子旗袍，上面绣金色的凤凰。她说凤凰好看，原本她要用蓝色，我母亲坚决不答应，说哪有凤凰是蓝颜色? 后来是绣了金色的凤凰，四川的蜀绣是有名的，在成都定做了来。那天我姐也穿白缎子旗袍，上面绣红梅，真的很好看。戴乃迭的头发有点长了，杨宪益喜欢她剪短发，就自己给她铰，结果不光剪得不好，而且一边耳朵后面剪了，一边忘了没剪，结婚照上还能看出来。

那时候的教育，什么都不懂，结婚后好几天，罗沛霖碰都没碰过我姐。（巴先生也是一样的情况，几年后我知道的。）两个新娘子到一起，说到新婚之夜，乃迭跟我姐说："Marvelous! Marvelous!!"。我姐不知怎么答，后来对我说："这也好意思说！"

过去说住宅，都要分"上房"（或"正房"）、"下房"，主人住的是"上房"，用人住的是"下房"。丁家花园小院里，两层的小楼之外，还有下人住的平房（西式公寓房子里又叫"保姆房"），那就是下房了。母亲带着我哥我姐他们住进去，两对新人住在一楼，杨宪益、戴乃迭选的房间是原来的客厅加饭厅，母亲住下房，我来了，就带着赵苡和母亲住。母亲住下房，是因为她从来就把儿女看作第一位的，另一方面，说起来也和"阶级烙印"有关：她是姨太太出身，在家里地位不及"杨家的骨血"，而且她特别能吃苦。我就很难想象，如果是娘一个人的话，她会让自己住到下房去。

在丁家花园，发生过一个farce——捉奸细捉到这里来了。引出这事的是罗沛霖的表弟媳汪之敬。我对她印象很深，和在昆明参加他们订婚的宴席有关。现在好像没有订婚一说了，当年订婚是大事，很正式的，有时不下于现在的婚礼。那天他们就请了好多人，"门当户对"在这场合也有表现的，哪边请来的人少，面子上就不好看，我们一家三口过去，算是罗沛霖表弟这方面的亲戚。他们在一家酒店里包了不少房间，路远的人当晚就住下，我和赵瑞蕻抱着赵苡从岗头村过去，没法赶回的，也住了一晚。订婚很隆重，准新娘好一通打扮。不知用的什么进口的雪花膏过敏了，脸上长出红痘痘来，出场时穿着银色的礼服，从楼梯上下来，老是下意识地用手去捂住脸，我看了就觉得好笑。

后来准新娘也到了重庆，讲礼数，要走亲戚，有天就到丁家花园来看我们。她随身带着个小镜子，一路走来，拿出来照，整整头发什么的。镜子有反光，那一带有树林子，老远就能看见，一闪一闪的，当地人见了，怀疑是有特务在给日本人发信号，让飞机来轰炸，就报告了。国民党那时没有居委会之类，但重庆也有一层一层的组织的，结果根据报告人说的线索，一路就追到丁家花园。盘问起来，原来是镜子惹的祸。

这个汪之敬后来和安延浚离婚了，说起来是另一个farce，不过是后话了。

在丁家花园

到了重庆以后，跟着家人一起过，生活条件与在昆明时比起来，好得太多了。虽然和天津不能比，重庆比昆明还是现代一些。昆明都是用火油灯，重庆有电灯，不过有的地方有电，有的地方没电，晚上可以看到有电的人家亮一些，没电的地方就显得昏暗。后来在中大，大家都备着火油灯，每天只有一段时间是有电的。

虽然吃穿住行都好多了，我的情绪却很糟糕，住在丁家花园时，一直很压抑。这点外人都看得出来。罗家伦的女儿罗久芳好多年后写回忆文章，说到两家相处很好，她对我母亲印象尤其深。提到我，则说经常看到我哭泣。她记得没错，真是这样的。我的事虽然过去些时候了，家里总还觉得不光彩。我在昆明时寄过赵苡的照片给母亲，她说赵苡嘴角向下，一看就像赵瑞蕻，言下都是不高兴。等见到孩子了，却喜欢得不得了，那时杨宪益、杨敏如都还没孩子，孙辈的赵苡是头一个，她帮着我带，特别宠。但这是对孩子，对我就是另一回事了。我自己也觉得像家里的罪人。

母亲对赵瑞蕻印象不好，结婚又连个婚礼也没办，都让她觉得没面子。还有一条，是门不当户不对。在丁家花园那段时间，我整天在家里，她经常说着说着就数落我。有一次她绷着脸把一封信扔过来让我看，说，你看都写些什么?! ——是一个红色的信封，赵瑞蕻的父亲写的，毛笔字挺漂亮，大意是小儿三生有幸，高攀府上什么什么的，还说打完仗之后，再补送彩礼，金项链、金戒指……母亲一直觉得这门亲门不当户不对的，看到一一列出来就更生气，说，那些东西我们都是赏下人的。

我在丁家花园是真正当家庭妇女了，整天忙着带孩子，跟着母亲学做家务。洗衣服，之前我不会用搓衣板，母亲教我，蒸包子什么的，都是那时候学的。一直闷在家里，哪儿都不去，心情不好。罗家伦的女儿罗久芳回忆丁家花园的生活，写到当时的印象，说我不声不响的，神情忧郁不大见人，她还看到我暗自哭泣——的确是这样。罗久芳当时没多大，有这印象，也说明我的状况糟透了。

我不大见人，一是因为原本在家里我就是被忽略的，在天津一度被重视，是因为家里没别人，我姐在的话，家里的事都是她出面；二是我自惭形秽，羞于见人，整日就在下房里待着，不大露面。罗家伦当然见过，他太太更是常见，但我都是有点躲着的，没怎么说过话，以至于现在别人问起，我都说不出有什么印象。张沅长夫妇虽然搬到柏溪去了，周末、放假还是常到丁家花园来。记得有个中秋的晚上，我看院里放了桌子，上面有月饼什么的，原来是他们夫妇在拜月。

我是十一月到重庆的，大概过了两个月，赵瑞蕻来了。他是搭便车来的，当时交通不便，经常是通过熟人找到邮车、货车之类的，把人捎过来捎过去。他来之前并没有跟我商量好，急着辞了南菁中学的事赶过来，他是担心时间长了我们的关系会就此结束。

赵瑞蕻向我母亲提了一回出国留学的事，希望家里供他出去，他一直有这个想法。先是跟我说的，希望我跟母亲提。我不记得有没有提以及母亲有什么反应了，反正后来看没动静，他自己又提出来。母亲很不客气地拒绝了。赵瑞蕻对我母亲是有几分惧怕的，被拒绝了不敢有什么表示，跟我就不同了，气得直跳脚。他不在场时母亲跟我说，他要是出去念书，肯定就不要你了。我说，不要才好哩。其实即使愿意，这时家里也拿不出钱来了。

照父亲的遗嘱，我姐和我都有一万元钱作为嫁妆，这些钱，还有她自己的，母亲都交给了罗沛霖，让他拿去做地下党的活动经费了。倒不是她有多高的政治觉悟，国民党、共产党究竟是怎么回事她也不很清楚，她只是觉得罗沛霖他们人都挺好的，干的都是正事，要支持。罗沛霖的上级是孙友余，也是交大出身，解放后做过一机部的副部长，张洁短篇小说《爱，是不能忘记的》中男主人公的原型就是他。抗战胜利后，我母亲和我姐一家经香港、上海、南京回天津，就是他安排的。母亲，还有我姐，告诉我来龙去脉是后来的事，事先我并不知情，不过就算和我商量，我也不会反对——我和我哥一样，都是不要遗产的。

在南开代课

赵瑞蕻到重庆后先是到一所中学教书，后来到了中央大学柏溪分校当助教。我记不大清楚是怎么去的，想来应该还是通过罗家伦介绍的。在丁家花园两家处得挺好，杨宪益又在中大，荐赵瑞蕻去，也算是一种照应吧。后来我去了南开中学代课，则是因为我姐在那里教书的缘故。

杨敏如天津中西女校毕业后保送燕京大学，进了中文系，毕业后留校任教，不久又考了研究生。她一直对古典文学有兴趣（我从念中西开始，一直喜欢的是外国文学，想念中文系是想当作家，感兴趣的是新文学），尤其喜欢旧体诗词，她和叶嘉莹都是顾随的学生。在重庆她开始找工作，结果就到南开教书。

重庆的南开中学原来叫南渝中学，是张伯苓一九三六年办的，原先招的是本地学生，一九三八年后更名为南开中学，天津南开中学来渝的学生插到相应的年级继续念书。南开中学师资一直是很强的，那时又有不少中央大学的教师在那里兼课（都在沙坪坝，方便），就更强了。胡小石、唐圭璋、陶光，都在那里兼课。这种情况当时挺普遍，教师的收入太低了，不兼差简直没办法养家糊口。赵瑞蕻在中央大学当助教，范存忠也曾介绍他到中学去教英语。

南开中学在沙坪坝，学校分给杨敏如两间屋子。当时有个外语老师病休，需要教外语的人，我姐就把我介绍过去代课。杨敏如是编制内的教员，分了两间教工宿舍，母亲和她住一起，我是代课的，借给我一间仓库住着。这样我们一起搬离了小龙坎丁家花园，住到了津南村的南开宿舍。

因为是名校，师资力量强，许多名人的子女在这里就读。我代课的时候，冰心出现过好几次，她儿子是在南开念书的，担心学校的伙食不好，就在我母亲那儿搭伙，来接他回家时会在母亲屋里坐坐，说说话。因为看我带着小苡，她会告诉我该怎么育儿，很亲切的神态。八十年代我去看她，临走时她要送我一本书，签名时想了想，说，还是叫你"小友"吧。我都老太婆了，怎么"小友"？但当年在津南村的时候，我真是"小友"。那天聊了不少过去的事，她还记得。

也是在我代课的那段时间，王树藏又和我联系上了。我和陈蕴珍、王树藏"三人行"的那阵子，萧乾在香港《大公报》，他在那里追一个小姐，王树藏被搁在了一边。后来没追上，反正是树藏又要去香港和他会合了。树藏走的时候和我们告别，就像是要永别。按计划会合后她就要随萧乾去英国的。到处在打仗，谁知道会怎么样？但她去的时间不长又回来了，因为萧乾又有了人。回来后树藏人就有些变，不大爱说话。

她转去武汉大学读书，我送了条被子给她，她信中说是"重而不暖"。她是跟一个姓王的男生一起去的，我和萧珊都以为他们要成一对了，结果没有，她在武大与马钧武走到了一起。那时候他们可能已经是地下党了。毕业后他们就加入在重庆的中共新华社。皖南事变后形势紧张，她找到了我，问能不能住我那儿一阵。上面说过的，这时学校借了间空的仓库给我带着赵苡住。王树藏要来住，我当然愿意，我们又可以谈心了嘛。但这事得通过姐姐他们的，毕竟我是他们介绍来的，而且虽说我单住，生活毕竟还是在一起，我又知道，王树藏和沛霖一样，是有点神秘性的，我就去问姐夫罗沛霖，没想到他绷着脸说，那怎么行?! 一口就回绝了。我心里想，真是缺少人情味啊。王树藏是新华社的，当然是C.P.，罗沛霖老去曾家岩，他跟地下党有联系，我是知道的。后来想想，也许他们都是单线联系，只相信自己那条线上的人。大概也有纪律吧。

哥嫂

我到重庆很久以后，才见到杨宪益和戴乃迭。他们是在丁家花园结的婚，但在那里只住了很短一阵，很快他们就到了柏溪的中大分校，我到重庆时，他们已经去贵阳师范学院教书了。他们在中大待不下去，是因为口无遮拦，在学生面前批评国民党的专制，戴乃迭干脆就说"三青团"简直像纳粹盖世太保。中大是比较国民党化的，怀疑她是英国共产党间谍，新学期开始就不给她聘书了，杨宪益一怒干脆辞职。后来他们便去了贵阳教书，但很快戴乃迭怀孕，去了成都她母亲那里生孩子（她父亲戴乐仁是教会的，后来为工合组织工作，一直在中国，她母亲也来到中国，在成都教会学校教书），杨宪益待学期结束也去了成都。

在津南村，有天晚上他们突然出现了，那天下着雨，我还记得戴乃迭穿得破破烂烂的，抱着他们的头一个孩子杨烨，用自己的衣服裹着，很狼狈。那是杨宪益出国留学后我们兄妹头一次见面。母亲的高兴是不用说的，看他们那样子，心疼，我姐那段时间正在织毛衣，母亲让她熬夜给织出来，杨敏如就笑说，孙子来了，不得了了。那毛衣是红色的，套头的，从天津带过来的毛线，挺精贵的。母亲逗赵苡，说打好了就给她穿。结果赵苡发现穿杨烨身上了。恰好那晚上，她头一次一个人睡（原来都是跟母亲睡的），结果当天晚上就尿床了。我母亲说，看见毛衣没给她穿，生气了。这么点大，太有心眼了。大家都当笑话说。

一九三四年杨宪益出国，到这时已有八年了。我看他不觉得有多大变化，毕竟他走时已是大人，在我眼中更是如此，他应该看我变化比较大，那时我还是初中生，现在不光结了婚，还有了孩子。

戴乃迭和我同岁，性格比较内向，脾气特别好，很听话的。母亲还是老规矩，觉得儿媳就应该如何如何。比如他们结婚时，内衣裤要乃迭自己做，要做中式的小裤褂（母亲当时觉得奇怪，杨宪益出国时就有自己的睡衣，乃迭怎么会没有呢），乃迭就做。我们缝衣服都是从左向右，她是反着来的，看着别扭，母亲说，怎么这样呢？后来做出来，母亲看了觉得针脚太粗，又不匀，说不像话，让拆了重做。戴乃迭就乖乖重来，对我母亲真是蛮顺从的。母亲教她待人接物，有客来了端茶递水的，得两只手捧着递出去，客人落座了自己才能坐下来，她都照着做，虽然动作不那么熟练，有时显得笨拙。

戴乃迭人还特别朴素，穿着什么的一点不讲究，统共也没多少衣服。有张她和杨宪益的合影，她穿一件大衣，挺神气的，其实主要是她身材高挑，长得漂亮，那件大衣不是新的，已有点旧了，也就那么一件。婚礼后那阵子，不断有客上门道喜，杨敏如是这边的习惯，又讲究礼数，还要强（姨太太生的，不能让人比下去），不断地换衣服，换了一套又一套，这皮子的，那皮子的。两对新人，因为都以丁家花园为新房，自然一起出来见客，母亲说，戴乃迭也不换装，就那身旧呢子大衣。

来重庆后，杨宪益起初在国立中央图书馆工作，分给他们一间宿舍，图书馆和南开中学挨着，还借了南开中学的房子，母亲是希望他们在图书馆工作的，这样一家人就在一起了。有段时间的确是这样，晚上杨宪益他们就到母亲处来吃饭。但杨宪益有点不乐意，母亲规矩大，我姐脾气大，晚年我姐自己反省过，说当年对乃迭有点态度生硬。后来梁实秋拉杨宪益去国立编译馆，他就去了，当然是他更适合那里，但他自己过更自由多少也算个原因。

国立编译馆在北碚，离母亲、我姐她们就远了。一度母亲想帮我哥管家，保姆丁妈就是她找来的。母亲管家管惯了，觉得戴乃迭完全不会过日子，经常要指点她。有次她教丁妈怎么擦地板，大概是觉得戴乃迭教保姆的不对。乃迭不高兴了，说："It's my family."。意思是，这是我家。她在母亲那儿都听母亲的，现在是在自己家里，她是主人。她和母亲并没有起冲突，但就此有了隔阂。母亲总觉得这是乃迭下逐客令了。大概只过了一星期，她就让人捎话让我姐接她回去了。

做回了学生

我在南开代课，教的是初一的英语。我和学生相处得很好，他们挺喜欢我，还起了个外号"小白豆"，当面当然不这么叫，叫我"小杨先生"（我姐是"杨先生"）。只教了一个学期就停了，新学期开学，没再给我聘书。教务长跟我母亲解释：南开的教师都是有大学本科学历的，我在这里只能是代课，现在有正式教职的人来了，就得让人家上课。等我拿到了大学文凭，就可以正式聘我。

如果还能代课，我会不会再不念书了，真的很难说，我真的是无所谓的。那事对母亲却是个刺激，她让我回学校念书，给她争气（她最喜欢的说法是"做脸"），孩子她帮我带。我不可能回联大复学，重庆的学校，中央大学是最好的，于是就决定到那里借读。据说现在没这回事了，当时是可以的，各校的学分是互相承认的，在中大修满了学分，可以拿联大的文凭。

虽然是借读，也是要通过考试的，考试在一间不大的屋子里，并不对外，就十几个人，都是要借读的，考试很简单，是范存忠先生监考，他是中大外文系的系主任，我那时也是第一次见到他。这样在休学一年多以后，我又做回了学生。代课时我住在津南村，到中大借读后自然搬到学校去，重新过集体宿舍的生活。借读的两年，赵瑞蕻在柏溪，我住校，赵苡在津南村由母亲带着，中大和南开中学虽然都在沙坪坝，走路过去二十分钟的样子，但我一般是不回去的，除非周末，不然就是吃了晚饭再回去，所以仿佛一家人在三个地方。

沙坪坝就在嘉陵江边上，有个码头，叫"中渡口"，从那里坐船可以到柏溪，再往上还可以到北碚。我后来到北碚的兼善中学教过书（杨宪益工作的国立编译馆就在北碚），现在回想起来，在重庆五年，城里没去过几次，沙坪坝、柏溪、北碚都是郊外，而且都挨着嘉陵江。中大在沙坪坝，分校在柏溪，学校是有校船的，不然教师两边上课就太不方便了。中文系的罗根泽教授家在柏溪，要到沙坪坝来上课，就是坐船。校车好像是没有的，如果要从沙坪坝坐车去柏溪，得先坐长途车到城里，再转坐到柏溪的车，绕远，反而麻烦。

校船是木船，走得很慢，从柏溪下来是顺水，快一些，从沙坪坝过去是逆水，要两三个小时，有的地方行船艰难，岸上就有纤夫出现。他们待在岸边等活儿，船上有人招呼了，就把纤绳在船上绑定了，弓下身拉纤，身体几乎要贴到地上。到北碚就是机器的船了，沿着水有几个地方停靠，岸边很简陋的码头。校船是免费的，到北碚的船就要买票了。

虽然有校船，柏溪我是不大去的。津南村就在沙坪坝，虽然离中大所在的松林坡有点远，相对说来，我回去的还是比较多，基本是每个周末都回去看赵苣。毕业后除了短暂地住过北碚和柏溪中大赵瑞蕻的宿舍，我都是住在津南村，和我母亲在一起。算起来，就是宿舍和津南村住得久。

我姐家里很热闹，她好客，又有母亲帮着张罗，我回去时常遇见客人，大都是来唱昆曲的。常来的有胡小石、吴伯匋、陶光、陶强。他们当中，陶光是年轻的，三十来岁，长得有点像演电影的陶金。因为是平辈，我和他比较熟。他是清华出身，在西南联大当过助教、讲师，后来云南大学聘了他。他在重庆应该是在中大教书。陶光是单身，据说在追"四小姐"（张充和），也有说张喜欢他的。

他常来我姐家唱昆曲，据说得到过红豆馆主溥侗亲授，嗓子又亮，唱昆曲数一数二的，有些曲目，俞振飞都唱不过他。但我对这些都不感兴趣，只知他能唱，这几年才晓得圈内这么说他。我跟他熟，是那时经常一起散步，他替我抱着赵苣，边走边说话，什么都说。母亲是男女授受不亲的老观念，总觉得男女单独相处要不得，以为这下糟糕了，我要和陶光好了，我是结过婚的人，有婚外情怎么得了？只要与异性有单独接触，她就操心，怀疑来怀疑去的，真要像她想象的，我也不知和多少人好过了。

陶光后来娶了一个滇剧名伶，人称"滇剧皇后"的。到那时，"戏子"还是被人看不起的，他任教的学校将他解聘，多少也是因为这个原因，后来夫妻两人就到台湾去了。在那边还是教书，又被解聘了，生活没着落，据说最后是"冻饿而死"——台湾那边热，冻也冻不死人，但据说真的到最后粥也喝不上了，很惨。我想他要是不去台湾，恐怕不会那么惨。

新的生活

我进中大前后，有两个惨剧。在我进来的头一天，发生了一个枪击案。起因是有个男生爱上一个女同学，给她写情书，女生把信给同学看了，事情就传出去。男生起哄，笑话他，冲动之下他就杀人。行凶是在跑警报的时候，警报解除之前，谁也不能动，必须待在原地的，那女生躺在那儿，流着血，等敌机走了，同学急忙抬着送医院，因失血过多，已经救不过来了。那个男生行凶后就自杀，也被抬到医院抢救，倒救过来了。事情过去不久，我进校时老有人谈论。

另一个惨剧出在马一思身上。她是地质系的，即将毕业。我只见过她一面，就留下极好的印象。我刚搬进松林坡宿舍时，中大的女生还是各个系混着住的，马一思和外文系的文广莹是上下铺。我一时没床位，马一思第二天就要出发去做毕业前最后的地质考察，她就很热心地让我睡她的床，说话很亲切，像大姐姐一样。我还记得她的样子，戴一副眼镜，衣着非常朴素。

她是和未婚夫还有另外一个男同学一起去的贵州，采集了许多地质标本。去时带了两个空箱子，用来装运这些石头。太沉了，他们自己是弄不动的，就雇了几个挑夫。不想挑夫以为箱子里装着珠宝，起了歹念，走到花溪那一带打劫了他们。原来是要劫财，结果发现箱子里只是些石头。挑夫大怒，把她未婚夫捆在树上，轮奸了马一思。她未婚夫再没确切消息了，只知道死得很惨。另一个男生跑回来了，后来我们知道的，都是从他那里听来的。这事在学校里传开，大家都很震动，尤其是女生。我也很震惊，不由得想起在昆明那次和赵瑞蕻在坟地上被人敲诈的事，有点后怕。

隔了一年多，重新回课堂念书，据说有人会不适应，我一点都没有。重新过宿舍的集体生活，和很多同学在一起，我还有点兴奋，之前的压抑心情反而没了。再去吃"贷金饭",当然比家里苦,但这算什么呢?带孩子,做家务,加上母亲时常数落,真是憋闷得很。

复学不久,三年级同学从沙坪坝步行到柏溪分校去和一年级同学联欢,我也参加了,那么远的路,拉练似的,要走好几个钟头,同学马大任他们还在路上用粉笔留下标记,让后面的人不至于迷路。前面说过,沙坪坝到柏溪之间是有校船的,那次并没有坐。顺着嘉陵江边走,山间小径那样的路,都不能两人并行,高高低低的,挺累人,当天没回来,就住在了柏溪。我们和新生一起唱歌,晚饭我们是带了馒头去分享的,也是一种表示——当时馒头就算好东西了。走去又走回,人很乏,但我真的是有一种轻松感,像是又回到了我熟悉的生活。

当然,要完全回到初到昆明时那样的状态是不可能的,更不用说读中西时的无忧无虑。而且中大和联大也不大一样。

中大与联大

中央大学在当时也是国内最有名的大学之一了,虽然不像联大那样人才济济,地位也是很高的。我从联大过来,有意无意间就会对两校做个比较。最明显的差别不在师资(中大的名师也很多的),在不同的氛围。联大宽松自由,教师各说各的,没什么禁忌,学生自由散漫,基本上是想怎样就怎样。联大号称"民主堡垒",国民党那一套没什么市场,前面说过的,靠拢国民党、"三青团"的人,在同学间往往被嘲笑。中大有"党义课",必修的,不修就毕不了业,这在联大简直难以想象。

我后来就因为没"党义课"的成绩,差点毕不了业。是到快毕业的时候了,各门成绩统计出来,忽然发现"党义"那门没我的成绩。教务处的人把我叫了去问话，我说，联大没这课，他说，"党义"怎么能没有呢?! 好像这课是天经地义必须有的，联大是乱弹琴。他就说这是必修课，没修过不能毕业! 口气很凶。我一听急了，就去找系主任范存忠先生。他问我怎么回事。我说联大没这门课啊。在中大，这课大概不是一年级就是二年级上的，我过来借读，是从三年级上起，怎么会有成绩呢? 范先生一听就明白了，领着我一起去了教务处。教务处的人见范先生出面，态度当然不一样了。范先生让我在外面等着，他进去和教务处的人商量。一会儿出来，告诉我有了个变通的办法: 叫我修一门"契约法"，有个成绩，就算过关。

"契约法"是工学院开的一门必修课，大概是教人以后接工程怎么签合同之类，我哪有兴趣? 也听不懂啊。结果只是第一次上课把听课证交上去，算挂了号，以后就不去了，结束时是开卷考试，借个笔记抄抄就完了。老实说抄得对不对我心里都没数，好在任课老师知道我就是要个分数，也不跟我较真。后来毕业时我的成绩单上就有了"党义"一栏，把"契约法"的成绩填在了下面。

除了"党义课"，还有一样，也是联大没有的: 中大每天早上都要吹号，就像是部队的起床号。早上我们互相打趣，大声唱"太阳光光，喊猪起床，我来看猪，猪在床上"。

我在联大自在惯了，到中大不大习惯。比起来中大学生循规蹈矩多了，看上去也比联大学生更用功。我在联大养成的习惯，爱泡茶馆（去图书馆要占位子，麻烦），在茶馆里看书写作业聊天，这在联大学生当中挺普遍的，中大学生不这样。说起来重庆茶馆也挺多的，只是和昆明的有点不一样: 昆明茶馆里是凳子，重庆的经常是竹子做的躺椅，原本都是很随意的，重庆茶馆因里面会贴着"莫谈国事"的字样，气氛就有些不同。松林坡地方比较偏，茶馆不多，我常去的是中渡口的那家，就对着嘉陵江，经过的人多些，看我老坐那儿喝茶看书，写诗写信什么的，有点奇怪，似乎也不以为然，好像泡茶馆就不像个用功的样子。似乎还觉得，这样考试怎么能过呢？——对了，他们也比联大学生在乎成绩和考试。

关于考试，有件事对我刺激蛮大的。有段时间，同学中对我有些议论，觉得我老泡茶馆，考试是过不了关的，有一次甚至告到系主任范存忠先生那里去，怀疑打字员周佩珍把考试题泄露给我了，要不然怎么快考试了还优哉游哉的，还天天和周佩珍在一起？

周佩珍是我中西时的同学，低我一班，她没考大学，好像中西也没毕业，这时在中大外文系的打字室里做事。中西的同学在重庆遇上，自然格外地亲。（吴华英、桂慧君她们从成都华西坝毕业后到重庆工作，一到就跑到沙坪坝来看我，我跟她们坐车去城里玩，和她们一起住招待所，晚上把三张床拼一块儿，通铺似的，联床夜话，就像回到了少女时代。）我几乎每天下了课都会到周佩珍那儿去，等她下班了，就一起去喝茶（吃小馆吃不起），聊天，无非是聊中西的事，还有各自生活上的事。她那时正和段祺瑞家的公子谈恋爱，两人都是"左"倾的，约好了要去延安，分头去，在那儿会合——那时候说要去延安的年轻人真是不少，就算最后没去，也动过念头。

我们的考卷都是在打字室打印出来的，也许会经过她的手，但我根本就没想到过要利用这层关系——以我们在中西受的教育，这种事完全是不可想象的。有人告上去，范先生自然要过问，把我叫去，问我怎么回事，我说了和周之间的同学关系，泄题的事绝对没有。范先生最后的处理也有意思，他把原来的卷子废掉了，重新出了张卷。我没有什么可检讨的，倒是对中大的氛围添了点不满。要说有一份内疚的话，那就是对周佩珍：学校大概是要避嫌，图省事就把她辞了。我不知道她后来有没有去延安，她被辞以后，我们就失去联系了。

"高干子弟"

就连舍监，中大的与联大的似乎也不一样。我在一九三八年到联大时，我们的女舍监陈仪女士是燕京家政系（要不就是社会学系）毕业的，对女生嘘寒问暖，唯恐我们因为生活艰苦而想家。中大的女舍监姓王，是国民党党员，命令多，关心少，也许她重视的是女生的思想方面的事。有一次她指挥宿舍里的人搞大扫除，这当然属于生活的事了，却是因为蒋介石要来视察。

中大还有一样，是"党国要员"的子女多，有个词现在好像不大听说起了，叫"高干子弟"，指的是高级干部的子女——解放后不说"高官"，都说"高干"。照这说法，中大的高干子弟一抓一大把。和我一个宿舍的就有陈布雷的两个女儿（陈鲥儿和陈琏）、陶希圣的独女（陶琴薰）、国民政府财政部部长俞鸿钧的女儿（俞筱钧）、上海申新纱厂的荣德生家的荣墨珍，还有军界泰斗蒋百里的女儿蒋和（钱学森夫人蒋英的妹妹），等等。她们是地地道道的"官二代""富二代"，不过接触下来，都还平易近人，没有哪个是搞特殊的。

她们在学校的生活和我们大家一样，似乎比我更用功读书，也不张扬，丝毫不会给人"高人一等"的感觉。她们也得和我们一样，天天吃"贷金饭"，天天在洗脸水中转圈"打矾"。只有到了星期六她们才回家改善生活，那是她们自己的事，到了星期日下午或星期一大清早又匆匆回来按时上课了。陈琏有一两次用搪瓷盖杯带来家里炼好的放了盐的猪油，吃中饭时她用筷子不声不响地往我们每个人的饭碗里塞一筷子猪油，一下子就分光了。

还听说过一个趣闻，属于高层人物生活的花絮，是俞家女公子星期一从家里返校后晚上聊起的，其实她也是听家里人当笑话说。说是Madame（蒋介石夫人宋美龄）前几天和"委员长"闹别扭。有天晚上"委员长"刚要进卧室，夫人大概正在换鞋，赶上情绪不好，一气便把脱下的一只高跟鞋朝着"委员长"扔过去，把她的Darling（夫人习惯如此称呼她丈夫）吓了一跳，赶快向夫人赔不是，这一掷，夫人的气也消了。那时候闲聊这些也不犯法，只是觉得有趣而已。

中大和联大，有一点是一样的，就是生活一样的艰苦。我们的女生宿舍坐落在中大宿舍区松林坡上，有点像现在火车上的硬卧，两边上下铺。这是比方，当然是两码子事。只记得我住的那个宿舍在高坡上，远看有个窄窄的木门永远开着。进去只是用一道道糊纸的竹笆墙隔开没门的小间。每小间有四张上下铺的木床相对，中间一个拼起来的长条桌，上面放着各自的火油灯、梳洗用具和书本等。家具和联大的差不多，都没上过油漆，总的说来比联大宿舍条件好些，却更挤些，一个大宿舍可以住进好几十个女生。记得有一天碰上俞家和荣家的几个公子哥儿来看他们的亲戚，走进宿舍中间窄小的过道两边看看，用英语嘲笑道："Just like a stable!"。（就像个马厩！）我正好听到，心里大为反感，差一点骂出一句："Go to the devil!"。（见鬼去吧！）

我们的生活用水在今天不可想象。每个大宿舍外面都另外盖了一大间空屋，里面有几只马桶，还有两个极大的水缸。用水是校工从下面嘉陵江边挑上来的，水是浑的，那时大家也没有什么怕污染的环保意识，但我们必须用从小店里买来的明矾块每天早晚在洗脸水里转圈"打矾"，让泥沙沉淀，隔个时辰再把上面清水倒在另一只空脸盆里，这才能漱口洗脸，然后把那些泥沙往宿舍门外一泼，这是每天生活里必不可少的头等大事。

陈嘉先生

在联大我不是好学生，在中大也还是不用功。我只对我喜欢的课程感兴趣，不喜欢的课完全听不进去，只要能pass就行了。范存忠先生教我们语言史，一学期下来，我也没搞明白Linguistics说的是什么。有一次课上让我回答问题，我整个答不上来。他叫我Mrs. Zhao，当我是赵瑞蕻的太太，赵虽是学生辈，毕竟现在也是助教，算同事了，和学生不同，所以对我还是有点客气的。见我答不上来，摆摆手就让坐下。以后再没叫我回答过问题。范先生是我的恩师，对我很好，许多麻烦都是他帮我解决的，他也不是课讲得不好，没办法，我对语言学就是不感兴趣。

楼光来给我们上过名著选读课，论内容还是有意思的，但他的教法我不喜欢。他总是一句一句地讲解，虽是外文出身，他身上有夫子气，学生背后叫他"楼老夫子"，我觉得文章拆开了讲没意思。

我喜欢的是陈嘉的课。他讲课很生动，音色好，喜欢朗读，声情并茂的，一口流利的美式英语，讲课时往往自己就先陶醉了。印象里他和范先生课上都是只说英语的。

老师里我接触最多的就是陈嘉，这多少也和我是联大的借读生有点关系，他就是从联大转过来的，我们都对中大的一套不大适应。他是耶鲁的博士，回国后先是和黄友葵在浙大教书，后来到联大。黄友葵是他的太太，在美国学声乐，是中国第一位花腔女高音。后来她到重庆国立音乐院任声乐系主任，陈先生就转到中大来了，他们夫妇可以说是妇"唱"夫随。国立音乐院在青木关，他们的家就安在那里，陈先生周末回去，周一再赶到沙坪坝来上课。青木关离沙坪坝很远，要坐长途车，中间还要转车，走不少的路。来来去去，要赶时间，很辛苦。那时的车没法计算时间的，转来转去，就更没法保证，有好几回他都迟到了。

我还记得有天早上有课，陈先生又来迟了，马大任调皮，说陈先生肯定是赶不过来了，散了吧。我们正要走，看见陈先生急急忙忙来了。大冬天，挺冷的，他鼻子冻得红红的，一件薄呢长大衣，大概是乘汽车时让人踩到下摆，撕坏了，挂下一块，狼狈极了。曹惇、马大任大声嚷："You are late, Carl!"。他连声说："Sorry! Sorry!!"。

我们都叫他Carl，他挺随和，待学生很亲切，所以学生才敢和他开玩笑。换了楼老夫子或是范先生，恐怕就不敢这么随便。学生都爱往他那儿跑，像曹惇，就把自己写的英文诗拿给他看，我们有什么问题，也喜欢找他。他在石门村有一间宿舍，不是周末他都在那里，课后我们就找上门去，问问题，也聊天。有时候是几个人一起去，有时是一个人去，他都欢迎。我还记得有次我是一个人去的，正说着话，停电了，房间里一下变得漆黑，黑暗中见他摆摆手说，没关系，而后摸索着找出一支蜡烛点上，接着说话。

我去他那儿，多半都是拿翻译的诗向他请教，让他给我改。中大四年级有门课，陈嘉开的"维多利亚时期的诗歌与散文"，讲了一些诗人，比如勃朗宁、勃朗宁夫人。我喜欢上了，毕业论文写的就是勃朗宁（指导老师是柳无忌，也没怎么当面指导过，写完交上去他给个成绩就完了）。喜欢上他们的诗也和他们的故事有关——在天津时看过传记片《闺怨》，讲的就是他们的恋情，伊丽莎白原本是瘫痪在床的，勃朗宁欣赏她的诗，和她通信，有天突然登门拜访，二人一见如故，互生好感，爱上对方，伊丽莎白重新对生活有了希望，腿病居然好了，爱情创造的奇迹呀。当时看了很激动，好朋友之间谈论，现在读两人的诗，有特别的感觉。

因为喜欢，我就自己翻着玩儿。陈嘉并没让我们翻译，事实上他是不大赞成翻译诗歌的，说翻不好就成了literature persecution——这是他说到译诗时喜欢用的词。头次听到时我还怪不舒服：怎么这么说，难听死了。不过我拿自己翻的诗去向他请教，我说，陈先生，你在课上讲的，我给译出来了，他也和我讨论，帮我改。我的翻译他大概觉得还可以，说你这不算literature persecution。我就有点得意。

二〇一二年山东画报出版社出版了杨宪益和我译的一些短诗,书名叫《兄妹译诗》。里面我译的部分就是那段时间译的。那本集子就是把我们各自译的合到一起出一下,我们各人译各人的,并没有商量选什么、怎么译之类的问题,事实上那时我译诗,杨宪益都未必知道。倒是多少年后我们译的诗放到一起,挺有趣的,也算一种纪念。我译诗就像我写诗一样,纯粹是自娱自乐,没想到过发表的事,只有一首拜伦的《锡隆的囚徒》,在巴金、靳以编的一个杂志上登过,他们知道我的情况,也是让我挣点稿费吧,杂志的名字我也不记得了。

重逢

我的活动范围,基本上就在沙坪坝。不是在松林坡,就是到津南村去看孩子。城里太远了,去一趟不容易。真是难得一去。到重庆好长时间了,我也没见到巴金、陈蕴珍,和他们联系,都是通信。

我去看巴金、陈蕴珍,是到中大借读以后了。他们的住处是和文化生活出版社在一起的,其实一共也没多大,破旧的老楼,他们住楼上,楼下就算出版社办公的地方。我去了,巴金就到楼下,点着火油灯通宵写作,上面让给我和陈蕴珍,我们聊天到很迟。我还记得陈蕴珍那天穿旗袍给我们看,应该是她当新娘子的礼服,粉红色的,里面衬着纱,是从拍卖行里买来的,旗袍要配高跟鞋,她在楼上换好了下来,那样的房子,都是扶梯,穿着高跟鞋怎么走?只能倒着走。看她小心翼翼探着脚往下下,我们都乐坏了。

还有一次我和赵瑞蕖进城,当然去看他们,陈蕴珍告诉我,穆旦从缅甸回来,刚到重庆,在航空公司找了个工作。晚上约好了见面,到时候等好久了,他还不出现,陈蕴珍抱怨,这个穆旦,说好了的,怎么回事?而后就跑出去找,在一个小酒馆里找着了，领回来。我猜他还是因为在联大与赵瑞蕻绝交过，想避而不见。那天晚上赵瑞蕻有什么事不在，见面之后，他不说话，我也没话，挺尴尬的。大部分时间都是陈蕴珍在说。

第二天，陈蕴珍、穆旦，还有我和赵瑞蕻，约好了到冠生园吃点心、喝咖啡，现在也想不起聊什么了，反正坐到一起，穆旦和赵瑞蕻就算是和好了。有意思的是，结束之后要付钱了，穆旦发现外套落在办公室了，钱包在外套兜里。赵瑞蕻这个口袋掏到那个口袋，也没摸出钱来。陈蕴珍就嚷，真滑稽，你们两个男士怎么好意思让我们两个女的掏钱? 静如，我们不管，看他们怎么办! 后来还是穆旦跑回办公室取了钱来付账，好在他办公室就在附近。

More Than Friendship, Less Than Love

那次和好了之后，我们和穆旦就有了来往。我和穆旦在昆明时不算生疏，但来往是不多的，没想到在重庆那段时间关系近了很多，成了知己朋友。有次进城看戏，陶琴薰在国际文艺宣传处找了个宿舍，晚上住了一宿。当时穆旦正在那里受训，我想起了这茬子事，第二天早上离开时给他留了个条 "Good morning!"，是和他开玩笑，表示我到此一游，知道他在这里。

穆旦来过沙坪坝几次，说是找陆智常，其实也是为了找我聊天。陆智常是穆旦好朋友的弟弟，西南联大数学系的，毕业后在南开中学教书，南开中学在津南村，也属沙坪坝的，他对我就像老大哥一样，虽然我已结婚有孩子了，他还是像对待小妹妹一样对我。穆旦从城里来，交通不便，每次都是住陆智常那儿。在外面逛，或是坐茶馆，我们都是三人一道。三个人站在嘉陵江边，看日落，看江景，聊各种话题，从自然风景说到南方人北方人，随意地聊。我和赵瑞蕻之间是没有这样的聊天的。

只有最后一次，穆旦不在航空公司干，要到别处去了，来沙坪坝告个别，陆智常找个借口避开了，让穆旦一个人来找我。那天我是有课的，也并不知他要来，下了课就见他在松林坡下面，同行的同学有人就朝我使眼色，说有人在等你哩。那也是我和穆旦为数不多单独在一起说话。就坐在嘉陵江边上的小茶馆里，对面就是盘溪，我们看着对面的景，聊了很久。聊诗，我把我写的诗给他看的，请他提意见，他指出了一些毛病，但看我悲观兮兮的，还是鼓励的吧。那天是穆旦的生日，也聊个人生活上的问题，都有很多苦闷，就互相说。说到最后，发现两人之间有那么多的共同语言。那个时候，什么都说不准的，分手了，何时再能见面，谁也说不准，也许就再也见不着了。而且我已结婚有了孩子，我们之间是不可能的，连这些话都说开了。说开了倒也轻松，当然也有点难过，穆旦说，就当今天晚上是个梦吧。我们拥抱了一下，算最后的告别。以后就不再来往了。不是当面，就是在信里，穆旦半真半假地说过，我们的关系"More than friendship, less than love."。我也是这么觉得，他说得很对。

　　我在联大时似乎没跟穆旦通过信，只有他托张定华带给我，而我未看的一次是例外，在重庆我们倒开始通信了。我们都是很看重也特别需要友谊，需要倾谈的人，在信里什么都说，穆旦就说了他不少苦恼，包括爱情上的挫折。有一封信里就说到他的失败感，说最后都是女友主动离开他的。他那封信我手里已经没了，只记得里面说他失恋后一个人孤零零在房间里，扑倒在冰冷的床上。信上没说名字，但我想应该是指曾淑昭。他和曾淑昭的事很多人都知道。曾后来嫁给了胡适的儿子胡祖望。胡祖望我在昆明时遇到过，他也是联大的，好像学的是工科。那时候同学之间很容易遇到，因为经常互相串门。

　　九几年，有一天译林出版社在新华书店搞签名售书，文洁若签她和萧乾译的《尤利西斯》，我签《呼啸山庄》，还有一个人签《复活》，等我签名的队里有个年纪很大的，前面还有十几个人，赵蘅看见了过意不去，就过去和他说话，他说和我过去是朋友，叫陆智常。赵蘅赶紧引他过来，告诉我，我很激动，真想拥抱他。我离开重庆后就再也没见过他。

当即就约好了，第二天他到我家来。第二天我在北京西路11路车站等他，总也等不到，我等着他是想在外面找个地方坐坐，因说过去的事不免就会说到穆旦，我怕赵瑞蕻误会。等了足有半小时，只好回去了，那时倒是有电话了，但我们还没手机呀。没想到他已在我家里坐着，和赵瑞蕻说话哩。原来他是在鼓楼下的车，见不到我，就自己摸来了。后来我送他去车站，车站离我家很近，也没说上多少话，天已晚，总想着联系上了，以后话旧的时间有的是。他上车后我往家走，就想起沙坪坝的事。穆旦来，我们都是在街上会面，中央大学在郊外，我回去要经过没人的地方，荒得很，也没路灯，一片黑，每次都是他提着灯送我回去。没想到那次之后，我和陆智常再没见过面。通过电话的，每年也都接到贺年片。年纪大了，动一动都是大动干戈的事。到后来，贺年片也没有了。

换校长风波

我刚到中大借读时，校长是顾孟余，他是继罗家伦之后被派到中大当校长的，当了没几年，忽然提出要辞职。这是一九四三年的事，我刚开始读大四下学期，因迷上了维多利亚时期的诗歌，正跟柳无忌先生做勃朗宁的论文，有天听说学生罢课了，起因正是顾孟余辞职。学生发起挽留，也是反对派有国民党色彩的官员来当校长。顾孟余辞职，据说是蒋介石有次把重庆各大学的校长招去训话，其他校长恭恭敬敬去受训，唯独顾孟余仅派了训导长周鸿经出席，蒋很不满，指桑骂槐一顿斥责，顾听说了很生气，就以辞职表示不满。他是主张"学术思想自由，一切党派退出学校"的，而中大师生中早就传国民党想渗透到学校，要派CC派的人物来当校长。于是校园内掀起了一场"挽留校长风波"。由学生自治会发起，全体学生集体罢课，徒步往歌乐山林园，向时任国民政府主席的林森请愿，要求挽留顾校长，拒绝政府另派新校长。学生究竟对顾孟余有多少好感，其实难说，但他们认定顾是个读书人，要是派来一个有CC背景的，学校党化教育的味道就要浓重起来，是可忍，孰不可忍？他们呼喊的口号是"教授治校，学术自由，党派退出学校"。

政治上的事情我从来不懂，罢课游行请愿，我都没参加，虽然我对国民党一向是没好感的。远离这些事，多少也和陈嘉先生的叮嘱有关。中大学生罢课了，我就没法上课。开"维多利亚时期的诗歌与散文"课的陈嘉教授也是从西南联大聘请过来的，他在清华大学毕业后，到美国耶鲁大学学完文学博士返国，我没课可上，就找他"研究"我译的勃朗宁的诗。他提醒我别掺和政治之类，少说话。他说：别忘了咱们是联大的，这里和联大不一样，复杂得很。还忽然一声长叹"Politics is very dirty!"，他说这话时的厌恶表情，我记得特别清楚。

说中大复杂，说政治"肮脏"，是指中大不像联大那么自由，党化色彩重，有特务，他对搞党务的人当然是看不起的，得小心，不要惹麻烦。另一方面，他是参加过五四运动的，他觉得动机是好的，所以跟着一起游行，但到后来要烧房子什么的，就觉得不对了，他用了个英文词mob，就是暴民。到一半他就从胡同里溜走了。他跟我说罢课游行这类事，不要卷进去。我自己也有体会。一二·九运动那会儿，罢课游行，但领头的有些，我看到他们男男女女跑去滑冰了，这是什么事儿啊？后来我就不起劲了。

其实政治有多脏，我并没有多大体会。我是借读生，一向以"事不关己，高高挂起"的圈外人自许,学潮使我没法上课,却不影响我读书译诗。只是好奇心重,一天我偶然走过学校的大礼堂,看到里面一些学生在聚会,台上有人讲话,台下稀稀拉拉的似乎都有点激动,就从边门进去听(那里是随便进出的),台上讲话的好像是学生会的领袖,说些什么,我也听不懂,总之是号召罢课,反对派新校长吧,只记得他慷慨激昂的神气。过了一天路过大礼堂,碰巧又看见这种聚会,我又进去了,又是那个学生会主席在讲话,宣布"蒋委员长"要亲自担任中大"校长"了。例行公事的口气,一点不兴奋,没精打采的。大概没想到罢课会是这样的结果。可能大家都没想到,居然没看到台下有人鼓掌,那时也不时兴台上讲话的人带头鼓掌以暗示下面必须要跟着掌声雷动那种方式。反正我没看出有什么欢欣鼓舞的气氛,大家心照不宣:换这个"校长"谁能反对?过了几天也没听说有什么欢迎大会,要召集全校师生大会不容易,毕竟中大不是什么党校、军校,师生能够招之即来,挥之即去的。

两见"蒋校长"

蒋介石就这么成了我们的"校长"。我知道南大文学院前些年排过一出戏,《蒋公的面子》,挺轰动的,背景就是这事儿。蒋介石之前当过黄埔军校的校长,那是他上台之前的事,之后还有没有出任过校长,我不知道。照说中央大学的人应该感到光荣了,实际上一点也不。我们真没觉得这是多有面子的事。学生中对国民党有好感的不多,连带着我们对蒋介石也没啥好感。同学间开玩笑,会自称"天子门生"——蒋是"校长",广义上中大的学生都可以算他的学生,不就成"天子门生"了吗?现代社会,哪来什么"天子"?把他比皇帝,不是什么好词,这么说是带有讽刺性的。

他当了"校长"之后,我们也没感觉和之前有多大不一样。"德政"还是有一些的，比如，我们不用自己"打矾"了。有天大清早起来，大家照例准备头一件大事，就是各自用矾在脸盆里把浑水澄清了用，忽然发现水缸里的水变清亮了。一问才知道，前几天新"校长"视察时问了情况，发话了：怎么能让爱国学生日子过得如此艰苦？太不像话了！于是下令校工替学生"打矾"，我们从此用上了清水。

这么一说我才想起，那天之前"蒋校长"是到我们宿舍来过。当时我从宿舍出来，打算下松林坡去教室上课，正遇到这位新"校长"往坡上来，没戴帽子，穿黑披风，拿着手杖，面带笑容，后面跟着几个中大领导人，什么教务长、训导长之类，我没怎么停留，只顾忙着上课去了。我没太当回事，恐怕跟学校没把这事搞得多隆重有点关系，毕竟是民国了，不像过去大人物出行要"净街"，有一种如临大敌的紧张。再者同学中不少要员的子女，他们口中的蒋介石就是个平常人，没什么神秘感，见到了实在是无所谓的。

谁都知道这个"校长"是象征性的，不过蒋介石对中大真有那么点兴趣，至少他到过中大好多次，我知道的，单是宿舍食堂，就不下三四次。

"委员长"是号召搞"新生活运动"的，至于什么内容，似乎也没有强迫大家学习过，因此我也不清楚。当时流行"礼义廉耻，国之四维，四维不张，国乃灭亡"，念起来有节奏又押韵，就牢记到现在。这时"委员长"又变成了"校长"，有点"新生活"来临的意思。有两个有趣的内容，一个是宿舍里忽然搞起什么"卫生运动"来了。我因星期日总会到沙坪坝南开中学去看我的母亲、姐姐还有我的孩子，对于宿舍里的事从不关心。有天从那边回来，惊奇地发现我们宿舍大变样了，变得非常干净整洁，我们的脸盆、脚盆、漱口杯、饭碗等等被搬到阁楼上去了，挂在床头的衣服等都不见了，想来是女舍监指挥几个宿舍的同学帮忙整理打扫的。那时已分系合住了，俞筱钧和荣墨珍已搬到另一"房间"，我看到她们房间里长桌上铺上了白色带花的桌布，还摆个花瓶，真有点像闺房。一打听原来是搞"卫生运动"，"校长"也视察过了。没两天我们宿舍那个破门上面挂了个很大的花篮，说是已被评为最好的卫生奖。王舍监通知我们去新开的辅食部领小白馒头，每个人好像发四个，算是奖品吧。真是皆大欢喜。

只是好景不长，还没等到门口花篮里的鲜花完全枯萎，"校长"在一个星期日突然"微服私访"，没有惊动校方，听说带了一两个人就迈进了我们的宿舍。女生在里面三三两两坐在自带的小板凳上，洗衣服、袜子、鞋的，洗脚、洗头的，反正是趁礼拜天洗这洗那，阁楼上的衣物全搬下来了，堆得乱七八糟，"校长"突然进来，大家措手不及。他很窘，赶快退出。据说"校长大人生气了，从此不会再来"。我从南开回宿舍后听大家议论这事，只听一个女生道："活该！我们还说他随便进女生宿舍不讲文明呢！"

这两次我都没赶上，我在场而又不是一瞥而过的，是他有次视察食堂。大概是想真实体验一下学生的伙食吧，他亲自在我们大食堂吃了一顿。记不得是中午还是傍晚了——学校食堂开饭早，吃完晚饭天也还亮着——我从食堂出来，左手拿着我的搪瓷饭碗，右手拿着竹筷，优哉游哉地走过来，忽然看到蒋介石从食堂的另一个门出来了，这次没穿黑披风，只穿中山装。学校各方领导鞍前马后地跟着，估计是不得已陪着他来品尝我们的饮食。后来就看见他钻进食堂附近那个用破砖、竹笆糊起来的小破屋——男厕所。有几个男生在厕所外等着看热闹，嘻嘻哈哈地笑着，大声说："'委员长'吃我们的伙食拉肚子啦！"

蒋介石出来走上了土堤，吃过饭的学生远远地望着他，我也混在围观的人群中，时不时地拿着筷子敲着我的饭碗边，像在敲着小锣等大人物出场。没人清场，我们远远对他行"注目礼"，也算是礼貌吧。有个食堂的四川伙夫，蹲在地上双手托着腮在傻看，就是南京人说的"望呆"，蒋介石走过来了，他也不站起来。中大教务长在"校长"身后着急得又使眼色，又用手指往上一挑一挑，示意要他站起来，可他不懂。"蒋校长"过来了，走到他跟前，用手杖指着，平和地说："站起来！"可他根本不懂国语，何况蒋全是下江人口音，弄得伙夫不知所措，"校长"后面的侍从只好大声用四川话说："站起来嘛！"

"蒋校长"的手杖等一会儿又用了一次，那时没走多远，又有一个男生吊儿郎当地站在稀稀朗朗的人群前面，穿的学生制服领口敞开，上面的扣子没扣上，"校长"就用手杖指着这男生的衣领说："扣起来！"后来我们还以为那个伙夫和那个男生要倒霉了，但听说根本没事，只是留下个笑话而已。

这次食堂体验的结果之一，就是我们有了前面提到的辅食部，得卫生奖领小白馒头就是在那儿。辅食部就是改善伙食的地方，厨房设在食堂附近，富裕点的同学嫌伙食油水少，可以到厨房买个什么鱼香肉丝、菜脑壳炒回锅肉片、麻婆豆腐等等，这在四川就叫"打牙祭"，我们这些没吃饱的，偶尔也可以用馒头票到厨房买几个切面小馒头，那时真感觉这小馒头是天下最好吃的美味。看到男生用右手五个手指夹着三个，嘴里衔着一个，喜洋洋地从厨房走出来，左手还拿着一盆香喷喷的鱼香肉丝时，确实口水欲滴，因为我们属于吃"贷金饭"的流亡学生，"贷金饭"的钱国家从来没让还过，但那饭实在是吃不饱的，更不要说吃好了。

算起来两次见到"蒋校长"（事实上中大学生说到蒋介石，还是更习惯说"委员长"），都是非正式场合，特别是食堂那次，说起来还有点滑稽。本来还有次机会在正式场合听他讲话的——我指的是在毕业典礼上。我四四年毕业，蒋介石作为"校长"，恰好参加了那一届的毕业典礼。我在中大读了两年，拿到了学位，因为是借读，拿的学位还是联大的。就因为算联大的毕业生，中大的毕业典礼我也没去。那时我遇事就问陈嘉的意见，他说不用去，我就不去了。那一届的毕业典礼倒很隆重，因为蒋介石出席了——他作为中大的"校长"，挺当回事的。只是他当回事，学校的老师、学生似乎没当回事。蒋要来，学校当局肯定是郑重其事的，但教师、学生没人组织，爱去不去，结果去的人不多，稀稀拉拉的，害得蒋介石在台上等了半天。而且出席的人还在下面交头接耳，有说有笑的。仪式开始后，请蒋训话，我们外文系去的基本都是女生（男生都去给美军当翻译了），听他的方言腔国语就忍不住笑。蒋大概习惯了给部下训话，哪见过这样的？就很生气。他问台下："你们像老师的样子吗？"台下没人搭腔，他又说："我替你们回答——不像！"又问学生："你们像学生的样子吗？"然后自己回答："不像！"——显然是光火了。参加典礼的同学跟我描述当时的情形，模仿蒋的表情、口气，边说边笑，好玩死了。

顾诚之死

就在我毕业的那段时间，中大还出了件大事：化工系一个叫顾诚的学生，因为同学间玩枪走火，被打死了，结果就闹出了一场好大的风波。顾诚的姐姐孙致礼和我很熟（顾诚，要不就是孙致礼，跟母亲姓），出事前没几天她还请我和几个关系不错的同学到她家里吃饭，她家在郊区，母亲知识妇女的模样，温文尔雅的。我不记得顾诚是否在场，但肯定是见过的，大男孩的样子，很阳光。据说他成绩好，人品也好，老师同学都很喜欢他。

他同寝室的一个同学从军给美国人当翻译，复员时熟悉的一位美国军官送了一把勃朗宁手枪给他当作纪念。这把枪被他带到了中大宿舍，有次同室的另一个室友（好像是姓邱）摆弄这枪，正好顾诚从图书馆回来，准备拿了碗筷去食堂吃饭，邱吓唬他，举枪瞄准扣扳机，谁知里面是有子弹的，一声枪响，打中了顾诚的头部，当时人就没了。

这事是上法庭的，枪的主人和邱在法庭上都说，枪是顾自己要去玩而后出事的。有人说，邱原来没这么说，是枪的主人暗示他改口的。是不是自己玩枪走火判决就和邱走火不一样，我也不知道，反正我听说顾的家人原来也就算了，只因当事人强调顾诚是自己玩枪走火，像是想逃避责任，被激怒了。对这事同学间自然议论纷纷，但没什么人愿意上法庭做证，因为碍于同学的情面，那两人平时与顾诚关系不错的，大家都觉得一个已经不在了，就别让活着的同学太倒霉了。当时究竟怎么个情形，谁也说不清了。枪的主人和姓邱的总是有过失的，后来都被判了。我是后来有了赵苏之后，见他老是玩枪，想起这事，一下好像就能想象当时的情况：不就是男孩喜欢武器，枪的主人爱显摆，要炫耀，同学间玩来玩去的吗？至于最后是在谁手里走的火，事后想想，也没那么重要。最难接受的是，一个很有前途的年轻人，好好的就没了。

不记得事情最后是怎么平息的，只记得顾诚的棺材堵在学校门口好几天，我偶尔去学校，就看见停放在那里，这么显眼，进出不可能不注意。大家对学校的不作为很不满。学校肯定要大事化小小事化无的，更愿意接受顾诚自己玩枪走火的说法，那样学校担的责任就小吧？人死为大，我们也觉得除了法院判决之外，学校不给任何处分说不过去。所以也有怀疑邱同学和枪主是不是有什么特别的背景（就像现在说的"李刚他爸"，这是最让人反感的）。民主墙上还有传单，指责学校当局允许枪支在校园里出现，绝对失职。从这点又说到学校有些身份特殊的人，为什么让他们出现？——我们都知道，这是指特务，国民党搞这一套，很不得人心。借这事，这种愤怒就发泄出来了。

活到百岁，见闻的人与事太多了，如果不是几年前老同学送我一本《纪念顾诚》的小册子，可能再不会想起这桩旧案。这小册子是顾诚的家人朋友编的，从那里面我才知道，那个姓邱的同学解放后到了东北，是从四川被招聘去的鞍钢，"镇反"时被逮捕，罪名是在中大读书时枪杀中共地下党员，判了三年。"中共地下党员"指的当然就是顾诚。顾诚是地下党的事,同学私下议论过,他姐姐孙致礼是地下党,我们是心里有数的,不过谁也没有把这事和地下党的身份联系起来,说姓邱的同学是在杀"中共地下党员"。不管站在哪一边,大家都认为那是个意外的事故,哪来的"枪杀"?真要是"枪杀",也不会只判三年了。话说回来,邱姓同学要算运气不错了。最可惜的还是顾诚,那么年轻,莫名其妙就死了。

同学少年(一):陶琴薰

前面说过,我在中大受过刺激,因为有同学告我的状。此外有联大在那儿比着,我对中大的氛围也不是很适应。但这也只是比较而言,现在回想起来,还是有很多值得忆念的人和事,特别是很多同学。

告状的事是个例外,我和同学相处大都是挺好的,不少人还走得挺近。多少年过去,很多人已不在世,我活到这个年纪,知道许多人的后来的情况,就像故事知道结局一样。但是很多时候,脑子里会出现的,还是他们那时的模样。那时候我们二十来岁,真是年轻。

和我关系最好的是陶琴薰,她是陶希圣的女儿。虽然和我不同班(她比我低一班,小我两岁),我们倒经常在一起,无话不谈,我叫她"陶陶",后来我女儿喊她"陶陶姨",我们的子女之间现在还有来往,前些年她儿子沈宁到南京来看过我,据他说,他母亲跟他们说起过她和"静如阿姨"不少当年事。我和她,真是可以称为"闺密"的。

在中大,晚上她常拉我去吃碗湖北米粉,"贷金饭"吃不饱嘛。现在想来可笑,就是因为吃米粉的事,两人一度还生分了。同学许丽霞有次问我,你们吃来吃去的,都是谁给钱?我说多半是她。这是事实,我身上没钱的,和在昆明时完全两回事了。往往是陶琴薰自然而然就把钱付了。许丽霞又跑去问陶琴薰，陶说，谁付钱还不一样，分什么彼此，不过是我给的多些。许丽霞就跟我说，以后你别老跟陶琴薰出去吃了，她老向家里要钱也不好。许家里是教育部的，日子过得比较紧，她想象陶琴薰家也那样，其实陶希圣就一个女儿，很宠她的。但我从此心里就有点别扭。她再拉我，我就不肯去了。老是不肯去，她觉得奇怪，后来调整宿舍，不住一个屋，慢慢也就疏远了。不过有事她还经常想着我。

有一次她请我去城里看话剧《戏剧春秋》，顺便领我去中央日报社见见她爸爸。陶希圣我早就知道，其一，蒋介石的《中国之命运》是他执笔，其二，他是"高陶事件"的要角之一，后来脱离了汪精卫回到蒋这一边。我在联大时他曾在学校做报告，讲时事，听的人很多，据说会场挤满了人，我没去听，因为对政治不感兴趣。陶琴薰领我到他办公室，他穿件长袍，没官架子，像个读书人。他说我毕业后可以到中央日报社工作。可能陶琴薰和我要好，知道我毕业后要找饭碗，之前跟她爸爸说过。

四五年我生赵蘅的时候，她跑到医院来找我帮她出主意：那时沈苏儒（沈钧儒的堂弟）开始追她，同时有个叫陈志竞的，已经追她有一阵了，追得很厉害。她犯愁，问我该怎么办。沈苏儒在中大读外文系，姓陈的已经工作了，在陶希圣手底下做事。我说，姓陈的绝对不行。其实我也没见过，听她说是个老实巴交的人。我只是因为他给国民党做事，在我看来，那就是"吃党饭"的。

后来她和沈苏儒结婚了。第一个孩子满月时，他们从上海到南京，给孩子办满月酒。那天她也请了我。他们住在破布营，请客是在新街口一带的一家饭店，请了五六桌，席上什么人都有，我只记得我那桌有当过"西康省政府主席"的刘文辉的女儿。饭店有一间休息室，保姆、小孩待在那儿，到时就从那儿抱出来，来到各个房间，一桌桌地让大家看，大家就敬酒。印象深的是吃过饭，陶希圣坐到休息室的沙发上，好多人围着他，问他对时局的看法，应该如何"应变"。一九四八年，国民党大势已去了，亲国民党的人很焦虑，我们那时想的却是，"天就要亮了"。记不得陶希圣说了些什么。

陶希圣后来被宣布为"战犯"，就这样陶琴薰还是留在了大陆。陶希圣当然是想全家人一起走的，甚至恳请蒋介石让军舰等了一段时间才开，为的就是带走她。但她拒绝了，选择和沈苏儒在一起，沈苏儒的堂兄沈钧儒是著名的民主人士，反国民党的，他显然是受堂兄的影响。解放后陶琴薰在总工会工作，家搬到了北京，我只有去东德教书前在北京集训那次，向中大老同学辞行，请何如、曹惇，还有琴薰几对夫妇吃饭，见过她一面，虽然他们生活和工作不是很顺，情绪倒还不错，等我从东德回来，就知道陶琴薰成了"右派"，沈苏儒本来也很危险的，因为深刻检查，逃过一劫。虽然通信不多，我们还保持了联系，"文革"一来就彻底中断了。七二年我哥哥杨宪益从监狱里放出来，我也被"解放"，到北京去探亲，向我哥打听沈苏儒，他刚从牢里出来，哪里知道？只是说，说不定已经死了。直到八几年我才打听到他们的情况，那时陶琴薰已经不在人世了。

同学少年（二）：陈琏

中央大学有不少国民党要人的子女，除了陶琴薰之外，我比较熟悉的，还有陈布雷的女儿陈琏。陈琏小名叫"怜儿"，"琏"是从"怜"来的。她出生后母亲产褥热去世，陈布雷很痛心，迁怒到她，发狠要把她从楼上窗户扔下去摔死。是她姑妈拦着的，也不敢明着阻拦，只说周围都是官邸，弄得众人皆知不大好，不如我抱出去。后来就告诉陈布雷，已经扔嘉陵江里了，实际上当然是没扔，悄悄养着她。过了一段时间，陈气头过去，有点后悔了，姑妈才慢慢说出实情。陈琏生下来就没了母亲，还差一点被扔掉，当然可怜，小名就叫了"怜儿"。虽然我们同学时她早用了"陈琏"这个学名，我们平时还是"怜儿""怜儿"地叫。她姐姐也在中大，小名叫"细儿"，和我们也熟。

陈琏上过西南联大，学地质，不过我在联大时和她不认识，是到中大借读后才认识的，因为同宿舍，接触就多。那时候赵苡才一岁多，刚断奶。天冷，没有厚袜子，脚冻得生冻疮，买不起毛线，细儿、怜儿从哪弄来了粗的纱线，两人连夜给织了一双袜子让她穿。

同学之间对达官贵人的子女（现在都是叫"官二代"吧）多少都是保持距离远着的，但陶琴薰、陈琏（还有她姐姐）是例外。陈布雷家教很严，她们姐妹没一点架子，生活也很朴素，像陈琏，好像永远一件蓝布旗袍，从来也不涂脂抹扮地打扮。我不知道她什么时候成地下党的，反正后来都晓得她夫妇两个不一般。她丈夫袁永熙是北大的，因为搞地下工作，在同学眼中有点神秘。后来就听说两人都被国民党抓起来了。

四七年我在南京街头遇到她，就在文昌桥那儿，又惊又喜，问她怎么出来的？她说是"夫人"说了话。"夫人"指的是宋美龄，不用解释的。是宋美龄跟蒋介石说，怎么能把他们抓起来呢？这像什么话?! 我们一听说被捕入狱想到的都是酷刑啊，枪毙啊，连问她，在里面受苦了吗？她说没事，还笑嘻嘻地说，喝白稀饭，有油炸花生米吃。还有一次，是解放前夕，遇上了，她很兴奋，有几分神秘地说："天快亮了。"

她出来后就去了国立编译馆，就是我哥那里，我干了一段时间就再没给我聘书的地方。最后一次见到她是我去看她，事先没打招呼，他们夫妇和别人约好了吃饭，正从家里往外走。我老远看见就喊"怜儿——""陈琏——"。到一起她赶忙让我别这么喊，说她现在叫"陈璧如"了。快解放时她突然消失了，国立编译馆那边还打电话问过我，我哪知道呢？后来知道，是地下党安排，让她悄悄去北京了。

解放后她当然又叫回了"陈琏"。五十年代她在北京工作，共青团中央少儿部的部长，还有其他的什么头衔。领导干部嘛，我们同学和她就没什么来往了，慢慢地还是有了距离感：他（她）们是当官的。不要说我这样的，就是原来是地下党的那些同学，没当官的，和她也不怎么来往了。读书时同学中和她走得最近的应该要数孙致礼，也不大来往了。不是她自以为高人一等，是我们觉得地位悬殊了，往上凑没意思。

我们对蛮"左"的人也是远着，陈琏后来就蛮"左"的。但是同学熟人间还是会提起她，知道她的情况。从她工作的地方经过，会提一句"陈琏就在那大楼里上班"，却不会想起去找她聊天。五七年反右，袁永熙被打成了"右派"，陈琏和他离婚，孩子归她。（袁是"右派"，怎么抚养？也只能跟她。）从北京到了上海。是上面让她离的。组织上不都是让"划清界限"吗？她就去找周总理。都说周总理是阻止犯错的人离婚，保护家庭的，其实也不全是，要看对什么人。对陈琏，就让她离婚了。陈琏原本小辫子就不少，光是家庭出身，还有那次被抓怎么好好地出来，就让她说也说不清了，再有个"右派"丈夫，日子怎么过？

同学少年（三）：巫宁坤、何如

在联大时巫宁坤比我低一级，他念了一年多就报名当美军翻译去了。我们应该见过，互相知道，但不熟，没什么来往。要到"文革"以后我们才有来往，成为朋友。说起来，这还和何如有点关系。

何如是我在中央大学外文系借读时的同学，班上老大哥式的人物。他父亲是商务印书馆的工人，家境不是很好，学习特别用功，成绩特别好。范存忠先生很看重他，要他留校任教。当时班上很多男生报名到美军当翻译，他优哉游哉的，说范先生不叫他去，他要做学问。后来上面下令征调，外文系四年级男生统统去当翻译，范先生也没办法。不知道是不是他原本就不想去的缘故，那段日子他对美国人的印象不太好，他对我说过，领工资时，美国人坐在那儿大模大样的，桌上放一把手枪。他觉得一起抗日嘛，美国人干吗还高人一等的样子？

各人的感受是不一样的，巫宁坤跟他性格不同，他是从联大自己报名去的。他觉得当翻译的那段日子很愉快，和美国人处得不错，而且工作出色，还有机会到美国去留学，这也是他希望的。何如没想到留学，不光是因为对美国人的不好印象，更重要的是他要养家，家里靠他。

抗战胜利后何如想回中央大学，这时那个位子已经有人了，是曹悍，他们是好朋友，曹悍结了婚有孩子了，谁都要养家，不可能让给他。因为给美军当过翻译，他到南京后可以住在公教新村的房子，后来经朋友介绍，他去了励志社——其实就是黄埔军校同学会。他对政治完全没兴趣，只是找个饭碗而已，解放后当然这就成了"历史问题"，而且是"严重的历史问题"。

在励志社他干的还是翻译的事，总干事黄仁霖很欣赏他，业务好嘛，再说他干事总是兢兢业业的。但他一点没往上爬的念头。他在励志社时我还到他那儿去过，也没觉得励志社和政治有什么关系。我去是为了看集体婚礼，五十对新人在会堂举行仪式，男的都是穿西装，女的一概披婚纱。集体婚礼当时是新鲜事，至少我是没见过，听何如说有这事，就带着赵苡让他领着进去看热闹，好玩嘛。

后来国民党跑了，他又得找饭碗。有一家美国人开的酒店要他帮忙，是他在远征军时认识的人介绍的。时局变化太大，美国老板走了，让他和一个会计维持着。没多久酒店就被没收了，他要接受审查。幸运的是，五十年代初的北京大量要外语人才，他和方应旸、曹惇都被分配到北京去了，他感激得不得了。

在人民大学学习了一阵之后，他就被分到了中国作协主办的《译文》杂志当编辑。一九五六年我和赵瑞蕻要去东德教书，行前在北京和中大的老同学聚了一次，有陶琴薰夫妇、曹惇夫妇、方应旸夫妇，还有何如夫妇，那时大家过得都还比较舒心，老同学、老朋友在一起，轻松热闹得很。曹惇喊一声"暴风雨般的掌声"，我们就拼命拍手，再喊一声"经久不息的掌声"，又是使劲鼓掌，还喊"毛主席万岁"。这是当时报纸上常出现的对热烈场面的描写，是在给我们送行嘛，就把这些搬出来模仿。当然是起哄、开玩笑，我们的确是觉得这一套有点滑稽的，不过也并不是有多么厌恶，在认真地讽刺。反右还没开始，大家的心情还比较轻松的。

何如可能比我们其他人都更有一份感激的，因为组织上对他似乎很照顾。他那时的上司是杨朔，就是那位后来大名鼎鼎的散文家。他找何如谈话，说到何如的"历史问题"，表示在励志社工作一事，组织上出于工作需要，还有对他的保护，只是内部掌握，不对外讲。意思当然是要他好好工作，不要背包袱。何如周围的人果然也都不知他在励志社的一段。他是不声不响很谨慎的人，解放初的审查很让他害怕。杨朔这番话是让他放心了。是不是不再战战兢兢了，不好说，但他肯定是感激的。"大鸣大放"时让向党交心，他就把他的感激说出来了。

他说共产党是实事求是的，不像国民党，如果像国民党一样，那不是"天下乌鸦一般黑"了吗？当时发言都是要做记录的，也不知怎么到了记录上，他原是感激的话变成了攻击，说他说的，共产党和国民党一样，"天下乌鸦一般黑"。这还得了?! 他因此被打成"右派"。"文革"后他跟我说这事，讲起他原话里的"如果"没了，我跟他说，你搞什么虚拟语气嘛！

惩罚很严厉，他被送到北大荒的兴凯湖劳动改造。就是在那里，巫宁坤和他遇上了。在兴凯湖农场的情形，巫宁坤写过，我印象更深的是何如对我讲的，他们早上起来就往别人的床铺上看看，今天这个死了，明天那个没气了，他和巫宁坤就不止一次一前一后把死人抬出去。

他们聊天时说到过去，各自的学校，各自的同学，不知怎的提到了我，一对名字，"杨静如"，居然是共同的熟人。虽然那时我和巫宁坤不太熟，他留学美国和穆旦就认识，回国后一度在南开，两人是很要好的朋友，没准也提到过我；还有他出国前在上海时，和汪曾祺是巴金家里的常客，他们和萧珊都是很好的朋友，没准也提起过。那种情况下，说到一个都认识的人，也有一种惊喜，会拉近关系的。不过他们俩一个内向，一个外向，一个小心谨慎，一个大胆口无遮拦，后来好像也没走得太近。

他们应该都是在"文革"结束后和我联系上的，具体怎么联系上，怎么通的信已记不清了。清楚记得的是真正见了面时的震惊。他们变化太大了，特别是何如，在中大时同班，五六年还见过，他的样子我是更清晰的。大概是七八年，何如已经改正错划了，到南京来找工作，之前他从北大荒劳改结束到了江苏宝应乡下，一直当农民，生活的艰苦是可以想象的。他原来是个文弱书生的样子，现在憔悴黑瘦，看上去就像个农民。他摸到我家，我差点没认出来——不光是穿戴，还有他手里拿的扁担，他是用扁担挑着东西来的。我领着他去范存忠先生家，他是范先生的得意门生，我是希望范先生帮他想办法。一见面，范先生看他半天，说了一句："何如，你怎么变成这个样子了?!"

不管是说出来还是没说出来，后来许多老朋友、熟人重逢，经常是这样的震惊：那些年小心做人，生怕担上罪名，不敢联系，多少年不见，又是精神压抑，生活艰苦，彼此眼中，真的是"面目全非"。

何如在南京没地方落脚，在我那儿住了几天。那一阵赵瑞蕻在北京出差，陈瘦竹先生就提醒我，说，这样不合适吧？意思是他一个男的，影响不好。他是好心，也是搞怕了，担心动不动就被往男女关系上想。我说有什么不合适呢？老同学呀！再说何如现在这样，你让他住哪去？那时候没酒店，只有招待所，住招待所要单位介绍信，就算有介绍信，那时他也住不起。亲戚朋友来，那时都是住家里的。

再说巫宁坤。"文革"后和巫宁坤头一次见面，应该是我去看他。他改正错划了，在芜湖医院里疗养。离南京不算远，坐火车当天可以来回，我就去看他。他住一个很小的房间，床上堆的全是书。我们说了很多话，主要是说穆旦，穆旦是我们共同的朋友，我很想听他说他知道的情况。穆旦去世是江瑞熙写信告诉我的。那时我还在南师的翻译组译联合国文件，虽然已经"解放"了，我一直还有一种被管制的感觉，收到信他们问我哪里来的，我就非说不可似的。那封信是新华社的信封，倒没怎么问。打开信，一开始就说，"……良铮已经去世了"，我看来看去，眼睛里就是这一行。江瑞熙、巫宁坤他们得到消息都是哇哇大哭的，后来见面时提起，当着我的面，他们也都哭过，大男人，哭得哇啦哇啦。我是不会哭的，就是当时周围没人，我也不会淌眼抹泪。

但原来的系主任老桂看我脸色有点不对，说，杨老师，你到隔壁休息一下吧。翻译组在的地方原来是越南留学生的宿舍，有两间屋，一间我们在那儿工作，一间堆放资料，平时没人。我就到那间独自坐了一阵，脑子里一片空白，啥也没想。

赵瑞蕻从北京出差回来就跟我说，这次见着杜运燮、江瑞熙了，真没想到，查良铮去世了。他是当个新闻的，我拿张报纸看，一声不响，也没表示吃惊，因为之前已经知道了。他说查良铮这样，活着也没多大意思。我没接话，不过从有些方面说，我也觉得他解脱了倒好。

巴金对穆旦和我的关系是了解的，他早就知道了穆旦去世的事，来信中一直没提，直到我告诉他，他才说已经知道了，不提是担心引起我"感情上的波涛"。我对他也这么说，意思是，也算一种解脱吧。当时我不知道后来会有那么大的变化，他要活到八十年代，那就不同了，他一定会写出不同凡响的诗。

同学少年（四）：徐璋与王聿峰

我的同学中，徐璋是个奇人、怪人，他是温德（就是那位清华、联大人回忆时常会提起的外籍教授）的高足，书读得好，温德特别欣赏他，所以毕业后才会让他留校给自己当助教。没想到他后来会服氰化钾自杀。

徐璋个子很高，有点驼背，长得不好看，小眼睛，塌鼻梁，眉毛纠一块儿，脸倒白白的。说话声音很尖，软软的，有点像台湾那个唱歌的齐秦。我在联大外文系时肯定见过他，也知道，都说他是怪人，因他不大跟人说话，也没什么朋友，大家只是看到他穿件蓝布长衫夹着书来来去去。当然说他怪主要是因为据说他为了追求心上人重读大学，毕业了又重上。他原先好像是读南开的经济系，已经读出来了，又考到西南联大读外文系，就是为了追王聿峰。

所以说到徐璋就不能不说王聿峰。王聿峰家在山东，好像是济南，她家是大户人家，可能是大地主吧。徐璋的父亲是她家的长工。我在联大时并不认识王聿峰，后来到中央大学借读，借读考试时碰上了（这考试并不对外，借读的人多少都是有点关系的，考试很简单，就十来个人在一间屋子里考），她对我有印象，都是联大的嘛，后来就有点来往。她到津南村我家里来过，南开中学教师宿舍在那里。那时我姐姐在南开中学教书，我还没到中大借读，没有文凭，也在那里当代课教师。我母亲也住在那里，我们有三间平房。王聿峰应该喜欢文学吧，有时也写点，她到我们家来过之后，曾把印象写下来，还给我看过。记得她写到我们家鸡在院子里跑，还走到屋里来。那时我们家的经济状况早不行了，我也不大主动跟那些有钱有势人家的学生来往。跟王聿峰来往也不算多，她跟徐璋的事是她主动跟我说的。

王聿峰戴眼镜，长得蛮漂亮，说话有点山东口音。徐璋应该比她大几岁，我不知他们算不算是青梅竹马的关系，至少徐璋早就喜欢上王聿峰了。过去大户人家对老仆都是很优待的，有点半个家人的意思，虽然主人还是主人，下人还是下人。因徐璋聪明，又肯读书，王家就培养他，供他读书。关系一直也没断。放假他也都回去。地位太悬殊了，家里当然是绝对反对，根本没有可能性的。但徐璋一直没放弃，还是追。对他的追求，王聿峰是什么态度，她也没说得很明白。只是说到徐在她家里的做低伏小，她很看不上。每年放假徐璋回去——他爸爸那儿，也就是主人家了——他都勤快得不得了，干这干那，像是用人似的。他在重庆王聿峰她哥哥家里还是那样，扫院子、搬东西，就更让王觉得没面子——他们是同学，怎么跑这里当用人来了？

王聿峰的哥哥是在空军做一个蛮大的官吧，她到重庆来中央大学借读，就是投她哥哥来的。这时徐璋已经毕业，大概在给美军当翻译吧？因为我记得他穿着美军制服——那时联大外文系好多人毕业后都参军，因需要很多翻译。徐璋在重庆，也住王聿峰哥哥家，过去主仆的关系经常是这样的，他到王聿峰哥哥家帮着做用人做的事，也许是那种长期的主仆关系下养成的习惯吧？王聿峰见到追求自己的人这样，当然受不了。

我听王聿峰说他们俩的事，觉得简直就像《呼啸山庄》里的故事。《呼啸山庄》里的希刺克厉夫被山庄主人收养，疯狂地爱上了小姐凯瑟琳，虽然两人的身份天差地远。但是希刺克厉夫很有反抗性的，徐璋就太驯服了。

徐璋在重庆碰到我，联大一个系的嘛，他在重庆大概也没什么朋友，和我就有些来往。他到津南村来看过我几次，一起散步，有时还帮我抱着赵苡。家里的人还以为他在追我，其实不是。他对我的外文很佩服，我有篇作文，写友谊的，说在人生路上走，两边开满鲜花，那就是朋友。英文的嘛，就那么写，自己也没觉得什么，他就说特别好，居然能背给我听。他对我说起过他的苦恼：好多年了，一直在追求一个女子，门不当户不对，看不到什么希望。因有与王聿峰的谈话在前，我知道他说的就是王聿峰，但我当然不会说破，就当是完全不知情。

徐璋在我的纪念册上用英文题了一句：经验来自知识。我的纪念册经常就放在桌上，上面有些是我请人写的，有些是来的人看见了册子，就拿过来随便写点什么。徐璋的话是我让他写的，还是他主动题的，我却记不得了。

后来抗战胜利，他复员到了北京大学，是温德要他的。再后来就听说了他自杀的事。当时报纸上登了一条很短的消息。为什么会自杀却说不清，应该不仅仅是追王聿峰不成。王聿峰那时已去了美国。我和她后来也没联系了。

同学少年（五）：吴良凤

中大同学中还有一位，应该说和我没什么交情，只能勉强算认识，却总也忘不掉。要是没记错的话，她叫吴良凤，和我同宿舍不同系。同学中传说，她是由一个国民党军官养着的，就像现在说的"包二奶"那样吧，她上中文系就是军官供的。这样的情形，这样的身份，大家自然是"另眼相看"的。我没主动和她攀谈过。

在中大的最后半年，我几乎每天下午和晚上都在松林坡下面中渡口的茶馆里度过，在那里写诗，写信，看书，做功课。有时偶尔还会和茶馆老板或是男同学下棋。吴常跟蒋和一起坐茶馆。蒋和是蒋百里的小女儿，品学俱佳，我一向是敬重的。有天蒋和对我说，吴良凤佩服你，想和你交个朋友。我那时的状况不好，有了孩子，大学还没毕业，有时想想蛮灰心的，"佩服"从何说起呢？过了两天，我在茶馆里，独自占了一张方茶桌，又在写诗，吴忽然过来说，杨，你真不简单，听说你已有孩子了，还坚持写作。她希望找时间和我聊聊。我只淡淡应付了一下，也没和她约。

我不喜欢她，除了军官包养的事之外，还因为刚刚听说的，她单恋上了当时走红的作家徐讦。徐讦在中大教写作课，每周从城里过来一次。他的小说我是读过不少。说起来这与我和人打赌有关。有个地下党同学，听说我喜欢看书，就和我比赛，以一个月为限，看谁读的书多。我们那一带有个图书馆，不是学校的，是面对普通读者的公共图书馆，里面的书大多是流行的，比的是多嘛，也不管三七二十一，逮什么看什么。后来是我赢了，我看了四十多本。（那人是地下党，想来还有好多任务。）这里面就有徐讦、无名氏的。《风萧萧》啊，《塔里的女人》啊，读是读了，也很轻松，还觉得作者挺有才气的，但我觉得他编造的那些奇情故事太popular，不免就有点轻视。吴迷上这样的作家，而且她是结了婚的，我也就觉得不是一路人了。所以就疏远她，无意深谈。

过了段时间，应该是初春的一个早晨，听到一个消息，说她寻短见未成。原来头天夜里她要去投水，一个人悄悄走下中渡口，往嘉陵江中去，结果水太冷，冻得受不了，又湿淋淋地爬上岸来。幸亏回头得早，要是已走到很深的地方，怕就没命了。据说我们的女舍监再三叮嘱大家要保密，怕传出去对她不利。舍监派人守着她，过了一天，就有人来把她悄悄接回家了。

这事在同学中被议论了一阵，有人笑她的单恋很可笑，同情她的人似乎不多。很快也就没人再有兴趣提起她。她的模样我都不大记得了，只有一个不大漂亮的模糊印象。抗战已快进入第七年，国统区的大学生活都很艰苦，各人都有自己的压力，人与人之间情谊的付出也有点吝啬了。我们似乎已经忘了有过这么一个同学，就像她没有存在过。直到有一天，我们得到消息，她用长筒丝袜挂在床架上自杀了。

她的死带给我很大的震动，心中还有一丝内疚：我是应该给她一份同情的，至少我可以和她多聊聊，就算是出于好奇。没什么接触，光凭道听途说就有那么多的成见，其实她的真实处境是怎样，我们一点不了解。她投水未死的那次，不只是我，还有别的人联想到《家》里的鸣凤，她和鸣凤之间究竟有多少相似很难说，即使有那样的联想，我们也没有给她更多的同情。

同学少年（六）：许丽云和许丽霞

因为我结婚生过孩子，愿意跟我谈心说婚恋的人还真不少，有的开始甚至是间接的关系，比如许丽云。她是许丽霞的姐姐，许丽霞是中大外文系的，与我同班同宿舍。许丽云是浙大地理系的，假期来重庆，住到我们宿舍里。那时候都这样，哪个不在，就睡她的床。住一块儿很快就熟悉了。许丽云当时很苦恼，因为一段师生恋。男的是她在浙大的老师任美锷，留英的。任美锷在老家已经有太太了，而且有两个孩子。抗战时浙大迁到了贵州，任一个人过来任教，太太和孩子留在了沦陷区。许丽云很痛苦，不知如何是好。她问我该怎么办？我说他是结了婚的，又有孩子，不能把人家的家拆散啊。现在在打仗，虽然还看不到什么希望，但总有一天仗要打完的，到那时你怎么办？其实我也没帮她拿什么主意，劝她的话都是照她父亲的话说的。她们家也是体面人家，她父亲具体做什么我忘了，好像是在教育部做事，话我记得，大意是让她不要把自己的快乐建立在别人的痛苦之上。是在信上看到的。当时许丽云什么都跟我说，她爸爸的信，任美锷的信都拿出来叫我看。

后来她生病了，发烧，打摆子（就是疟疾，那时好多人都得过），任美锷从贵阳过来看她，防着外人，还以兄妹相称，哥哥妹妹的。我心里好笑，因为之前许丽云什么都跟我说了。当然我什么也不说，装作一点不知情的样子。看见许丽云躺在床上，任美锷坐跟前，两人脸对脸哭啊哭的，心里也同情他们。

最后他们还是结婚了，因为许丽云已经有了孩子。办了个盛大的婚礼，没请我。过后许丽霞替她姐姐解释，说我是劝她断掉这关系的，怕请了我不去。听她说，她父亲没有参加婚礼。抗战时因两地分居重组家庭的事很多的，有的人倒不是有意要甩掉家庭，就因为胜利遥遥无期，单身生活不知什么时候是头，遇到人产生感情，事情就更容易发生。有个词，叫"抗战夫人"，专指这一类的现象。

任美锷后来是南京大学地理系的名教授，和许丽云白头到老，日子过得挺好，前妻的孩子好像是他们供的。在南秀村时，我有时还见到，和许丽云关系不错，只是那一段我是知情者，又表示过意见，多少有一点尴尬。

许丽霞后来是到美国念书去了。在重庆时陶光跟她关系很好，他们要是恋爱不成问题的，陶光一直是单身。有一次我回津南村看赵苡遇到陶光，他提起许丽霞，我说你别追她，她个高你个矮，走在一起不好看。其实陶光并不很矮，而且长得帅，只是许丽霞很高。许家姐妹俩个子高，许丽云和任美锷在一起，越发衬得任个矮瘦小，许丽霞比她姐还高。

陶光说什么追呀，我连她头发都没碰过，我开他玩笑，说你是够都够不着。

同学少年（七）：马大任与文广莹

在中大，我最先认识的是文广莹，和我同一个宿舍的，第一天住到宿舍就是她接待的我。因为她的关系，很快和马大任熟了，当时他们两人正在谈恋爱。马大任是温州人,和赵瑞蕻算同乡,我们因此关系就更近了。当年的同学,陆续都已不在人世了,马大任是长寿的,百岁时我们还有联系。

他从一九四七年到美国留学后就一直在美国,但到老都惦着中国,退休之后搞了个"赠书中国计划",从美国和欧洲的图书馆把他们不用的书搜集起来运到中国,就一个人干这事,运回的书有几十个集装箱,真了不起。中大同学中,大概就我和他活到了百岁。过百岁时他写了首打油诗:

今天一百岁

什么都不会

早上很早起

晚上很迟睡

早上练写字

越写越倒退(愈练愈倒退)

晚上想看书

一看就想睡

想吃好东西

好的都太贵

清茶不很香

好酒会喝醉

喜欢乱说话

就怕乱得罪

要想学绘画

画的都不对

想进歌咏团

未进就脱队

要想念唐诗

未念就想背

老年有啥好

不如学后辈

谢谢各后辈

庆贺我百岁

如果你喜欢

我给你百岁

托人转给我，我看了有趣，诌了几句，也算唱和。

小马赠五言诗给老友，静如回敬打油一首。

做九望十庆百岁

小马你应属毛猴

友谊万岁赠老友

"小马！小马！"叫不休

旧日学友均仙逝

惟有你我乐忘忧

何如、曹惇在招手

你我笑容暂逗留

往昔饭后"绕地球"

Let Us Be Joyful 解乡愁

七斗八斗未倒下

百年沧桑如梦游

里面"小马"当然是当年的他，他只比我小一岁，但顽皮得很，我们都这么叫他。何如、曹惇都是外文系的同班同学，好朋友。"绕地球"指饭后几个同班好友经常绕着松林坡宿舍散步，戏称为"绕地球"。一边走我们会一边唱英文歌曲 *Let Us Be Joyful*，歌词到现在我都记得：

Come, let us be joyful!

While life is merry and gay!

Come, gather the roses!

Ere they fade away!

虽然"文革"后我们见过面，而且到百岁了还有联系，印象里还是"小马"的样了，就像个大男孩。他常到我们宿舍来找广莹，往往是在窗户那儿探头探脑的，宿舍简陋，没纱窗，平时开着，可以探头进来，看见广莹在，又没什么人，他也不走门，从窗户就进来了。我们散步，他从来不好好走，忽前忽后，一会儿走你这边，一会儿又到你那边，没一会儿安静的。关于"小马"我记得的，差不多都和调皮捣蛋有关。

有次陈嘉早上从青木关家里赶来上课，乘车转车的，有点迟了，他就在班上宣布，陈教授今天不会来了，大家准备散了，三三两两往教室外面走，这时陈嘉又赶到了，小马又冲着大家做鬼脸，一副滑稽相。中大的伙食比联大好点，但也还是吃不饱，特别是男生。在联大时还是刚刚过苦日子，大家还顾及形象，我上中大时是抗战最艰苦的时候，也不知战争什么时候结束，人已经疲了，食不果腹的，没劲讲斯文了，食堂开饭时男生都跟抢似的。小马挤眉弄眼跟我吹嘘他的招数：人家排着队哩，他在后面隔老远把饭碗朝装饭的桶扔过去，倒扣在饭上，而后他就嚷嚷，让一让，那是我的饭碗，分开众人到饭桶跟前，满满地挖上一碗，大模大样走了。

说到吃饭，在中大时，我印象最深的一次，是和文广莹、胡梅漪、马大任几个关系特别好的，一起乘摆渡到对面盘溪去野餐。还得提下胡梅漪，中大女生中，最出风头的是外文系的胡梅漪。她人长得漂亮，成绩也特别好。一九四四年美国副总统华莱士访华，在当时是不得了的一件大事，他到沙坪坝参观中央大学，就是胡梅漪代表学校献的花。学校当然重视，还让俞大纲专门给她辅导。我们在宿舍里给她打气，她穿了件淡蓝色竹布旗袍，学生嘛，就算隆重的场合，也还是朴素得很，我觉得什么也不戴，太空了，正好我有象牙胸针，颜伯母送我的，就让她别上，也算有点点缀。

我想她可以算是中大的校花吧。追她的人自然也多，她有过一个男朋友孙师中，好像是物理系的，长得很帅，后来不知怎么回事，是和张治中的儿子订的婚，订婚启事都在报上登出来。张的儿子是高年级的，毕业后就去美国留学，胡梅漪毕业后自然也要去的。谁知张公子在那边和别人好上了。在中大宿舍，她和我是上下铺，有一天听到她趴在上面大哭，就是为这事。没有人劝她，大家都不知怎么劝。有意思的是，张治中在报上登了一封道歉信，"小儿不肖……"什么的，表示向胡小姐道歉。这事就更是传得沸沸扬扬了。后来有剧团在重庆演郭沫若的《棠棣之花》，特邀她去演剧中的女二号。这可不是学校剧团演戏，其他演员都是专业剧团里的角儿，一个在读学生被请去演戏，太不寻常了。当时重庆的话剧演出热火朝天，《棠棣之花》就轰动的，那一阵胡梅漪红得很。再后来就不知道了，好像是到美国留学去了。

那次的野餐，主题是腊肉，文广莹假期回了趟家，她家在湖南，没被日本人占领，回来时带了些腊肉和大家分享。到了对岸，女同学找地方，男同学就去捡树枝——我们不是胡适"picnic到江边"的那种，是真正的野炊。生起火来，烤腊肉和从辅食部领来的小馒头。就这两样，但我们吃得真是香啊。从头到尾，马大任一直笑啊闹的，活跃得不得了。

皮归皮，他学业是好的。没到毕业，他就参军当翻译去了，在飞虎队给陈纳德将军当译电员。文广莹和他是很好的一对，应该是自由恋爱的，不过也算是门当户对，马大任是书香门第，文广莹家在湖南是名门望族，父亲参加过同盟会。小马调皮，广莹文静，但两人在一起很和谐。

有次我在宿舍对广莹说，你们俩真是让人羡慕的一对。——不是说奉承话，我真是这么觉得。广莹常跟我谈心的，看看宿舍里就我们俩，叹口气对我说，你不知道，我都愁死了。原来她母亲这一脉是有家族病史的，母亲在她出生后精神出了问题，大概就是我们说的产后抑郁症吧，后来很快就去世了。广莹很担心以后她什么时候会精神病发作。这是她的一块心病，也不知怎么对小马说。我当时听了觉得她全是胡思乱想，说你现在好好的，怎么可能呢？！没想到真还应验了。

毕业之后，我们不怎么见面了，不过一直保持联系。四六年我和赵瑞蕻复员到南京不久，他们忽然出现了，两人刚结了婚，准备一起到美国去留学，这是来辞行的。广莹烫了头发（在中大时女生大都是素面朝天，不化妆，也不烫发的），看上去心情很好。马大任还像过去一样，有说有笑，我早忘了广莹说过的担忧了。他们来道别，一点也不郑重，我们都以为过段时间就会再见面的，想不到和马大任再见面，已经是四十年以后的事，广莹那时候早不在人世了。

他们的不幸，我记不得是否辗转听说过一些，知道究竟，肯定是在八六年与马大任重逢之后。那次他好像是随什么团访问南大，就住在南大的专家楼。他们到美国在不同的大学读学位，在一起的时候，马大任没有发现广莹有什么异样的地方。糟糕的是马大任染上了肺结核，这是传染病，要休学，还要隔离的。有很长一段时间，他们不得不分开。等到他养好了病，忙赶去看广莹，没想到找不到，经过一番打听，才知道广莹的精神病发作，被送到疯人院去了，医院问不出她的联系人，也不知当时怎么弄的，反正结果是遣返中国。马大任说他像做了个噩梦，整个人都蒙了，好好的一个人就不见了。那时中美关系完全断绝，他没法回来，音信也几乎没有。

广莹被送回湖南家里，一直在家里养病，后来居然养好了。当然好到什么程度也难说。后来有一次，她一个人出门去游泳，再没回来，失踪了。那些年一个接一个的政治运动，气氛紧张，人人自危，除了极个别关系特别近的同学有来往，都断了联系，像文广莹、马大任，一点消息我都没听到过，还以为他们都在美国好好的，谁能想到会这样？广莹当年忧虑家族的病会有遗传，我当作无稽之谈，结果如此，真像是一场命运的捉弄。

马大任一直在打听消息，但直到八六年才第一次回国，起初是回不来，后来中美建交了，还是不敢回，因为听到熟人、亲戚倒霉的事太多了。那次在南大专家楼，马大任和我说了许多，说到广莹，我们都很伤心。后来知道广莹的姐姐在南京，我请他们在玄武湖吃过饭，广莹的姐姐说，马大任第一次回国，到湖南找到广莹家里，那时广莹的母亲还在，他就说，老太太的生活费，以后就由他来管。广莹姐姐有个孩子，南师毕业的，被学校发配到乡下学校去教书，也是他最后帮忙，弄到美国去念书了。马大任对人一向是很热心的。他搞"赠书中国计划"，同样是一份热心，要说爱国，他真是爱国的。

前些时候，得知马大任在美国去世，我并没有多少伤感，生老病死，自然规律嘛，只是想到，我的那些中大同学，现在也许只有我还在世了。

两地分居

我在中大借读的两年，赵瑞蕻在柏溪分校当助教，不大来沙坪坝，来了也没地方住，似乎只有一两次到本部来办事，范存忠先生照顾我们，临时把自己的宿舍让他住一下。我还是刚入校时和同学徒步到柏溪与新生联欢，所以真正是两地生活，各顾各的。

赵瑞蕻要比我用功多了，一直在不停地写作、翻译。他译《红与黑》的时候，国内还没有中译本。最初好像和一个叫《时与潮文艺》的期刊有点关系。《时与潮文艺》，中大外文系教师孙晋三参与编辑的，那是一个着重翻译介绍外国文学的杂志，可能是当时这方面最突出的。赵瑞蕻在上面写过《斯丹达尔与他的红与黑》，大概算较早介绍《红与黑》的。他是英文出身，学过法语，很用功，不过毕竟是第二外语，主要还是从英文本翻译，但法文本也对着看。

但后来只出了那一册，大概有三分之一吧，后面抗战胜利，复员，内战，就再没出了。说起来《红与黑》原先是为巴金的文化生活出版社翻译的，预告都出来了，结果却是在姚蓬子的作家书屋出的书。有次我和他去城里看《戏剧春秋》，大概之前就和姚蓬子有了联系，姚晚上去找他，还是巴金告诉他路怎么走，结果不知姚怎么说动了他，《红与黑》就答应交给姚出版了。他做什么，从来不问我的意见的，这事我也一点不知情。这不是毁约吗？他跟没事人似的，也没解释，似乎根本用不着。巴金肯定是很生气的，但他是特别厚道，顾及别人的面子的，在我面前没流露过不快，陈蕴珍则是一提起就要说，拆烂污！拆烂污！！

晚年时有记者采访，因为赵瑞蕻和我都是搞外国文学的，都译过书，就喜欢用上"志同道合"这一类的好话。我常会更正说，我们是"志同道不合"。

"志同"可以说是都对文学、翻译有兴趣吧，"道不合"说起来就复杂了，不单是翻译方法、习惯的问题，也不是诗歌上面喜好的问题——其实是性格、教养什么的，都差得蛮远。

有一阵，就是毕业前后那段时间，我确实想到过和赵瑞蕻离婚，但是和任何人都没关系，只是我觉得我的婚姻没意思。读书的这两年，我在沙坪坝做我的学生，住我的集体宿舍，他在柏溪当他的助教，彼此不大见面，等于是分居，已经习惯了。现在要毕业，以后就要到一起，到一起两人的差异就显了，矛盾也不可避免。我很难想象以后的日子。

我甚至想，要是大李先生让我去，到哪儿我都去。奇怪的是我并没往与大李先生结合上想，那是不可能的。事实上我和大李先生早就连信也不通了。只是幻想，幻想摆脱眼下的生活罢了。陈嘉的课上让我们用英文练习写作，我写过一篇《降旗》，其实写的是李尧林。幻想他到重庆来了，到松林坡来找我，正好碰上降旗的仪式，降旗时必须原地肃立，不能随意走动的，他只好站那儿，我看见他了，很激动，但也不能过去，这时想起过去的很多事情，等旗降下来，音乐结束，再定睛一看，李尧林又不见了。当时我们课上讲当代英国小说，内心独白、心理分析什么的，我们都觉得新鲜，也很入迷。课上的作业是写小说，我写的都是想象，算我的"意识流"吧，陈嘉觉得不错。我当然没写名字，只有我知道写的是谁。还有一篇《绿》，也是写李尧林。其实也不是编，许多记下的都是真实有过的幻想。比如我在中渡口的茶馆里写诗写长信，有时就会往竹躺椅上一躺做白日梦，恍惚李尧林一掀帘子就走来，温和地问我，我来了，你在写什么？中大有个礼堂，会有音乐会，一有机会我就去听，每到听得如痴如醉的时候，我会觉得大李先生一声不响就坐在旁边（他是特别讲礼貌的人，演出时是绝对不出声的），等到散场时，急着想和他讨论刚才那个男高音声音像他喜欢的吉利，还是我喜欢的卡鲁索，猛醒似的发现他已不见了。

另一方面，我们家从一开始，对我的婚姻就是不满意的，母亲，我哥，我姐，都曾经说过，等大学毕业就离了吧。也许他们就是说说而已，毕竟离婚是我的事。

但这对我多少有点心理暗示。眼看快毕业了，有一次一边一起做家务，一边我就问母亲，我想离婚，你说我是离好还是不离好？她一听就有气，说，你别问我——你结婚时问过我吗？又不是我让你结的婚，这时候来问我了，我不管。没表示反对。除了门不当户不对之外，她对赵瑞蕻的不满其实还和另一种观念有关，就是男方应该比女方强，这样婚姻才和谐。她觉得我姐和罗沛霖就很理想——罗沛霖多聪明！降得住我姐。赵瑞蕻就不行，不比我强，也不能让我服气。

过了几天，是在二表哥跟她说了他的瞎猜之后，她又跟我说，嫁鸡随鸡，嫁狗随狗，你就是这个命，不管怎么说，赵瑞蕻有一点好，他没有"外心"。后来我悟出来，一是说赵瑞蕻是顾着这个家，外面没人的；另一方面，恐怕是对着我外面有人的猜疑说的。

我的一个远房表哥，我喊他"二表哥"，叫沈庆生，他母亲我们喊沈家大姑妈（大概是杨士琦家的）。他是燕京毕业的，在北平国立中央图书馆做事，图书馆南迁，没地方，就借了南开中学一栋楼，他们的宿舍也在那里，一人一间。图书馆里没几个人，和沈庆生在一起的，还有姚念庆，姚念庆的几个妹妹，姚念华是我同学，姚念媛是南开的，就是后来写了《上海生死劫》的郑念，姚家在天津也很有名的。

因为是亲戚，又在一处，沈庆生经常到我母亲那里，和她聊天。我回去看赵苡，遇上了，会一块儿去散散步，常常是他替我抱着孩子，晚上我回松林坡中大宿舍，母亲会让他送我。虽然都在沙坪坝，松林坡到南开所在的津南村还是有一段距离，大概要走二十分钟，白天没事，晚上一个人走夜路，我母亲就不放心，罗沛霖也送过我。母亲对我和异性接触一向警惕性很高的，不知是不是因为是亲戚，对二表哥没在意。我当然也不会想到，很突然地，他给我来了封情书。里面说想起我，就觉得从山谷里飞来一只白色的小鹿。散文的笔调，肉麻兮兮的。我觉得莫名其妙，回了一封信，说他的信破坏了我们的表兄妹关系，除了这关系，其他关系是不可能的。还说，我的心早已经给一个人了。

他给我的那封信我让我姐看了，她说，怪不得她看到二表哥和母亲说话，一副颓丧的样子。糟糕的是，他还跟我母亲说，我大概是外面有人了，可能是误以为我说"我的心早已经给一个人了"是那意思（我说这话时，心里想象的是大李先生）。于是母亲也起了疑心。沈庆生是单身，他当然知道我是结了婚的，还写情书给我，现在想来，也许是和我母亲聊天，知道我和赵瑞蕻关系不怎么样，也许还说到离婚之类，拉家常嘛。

当然我在离婚的想法上没再往前走。有一点上我是深受母亲影响的：孩子是第一位的，真要是离婚孩子总要受影响，那可怎么办？后来在柏溪又有了赵蘅，离婚更是不可能的了。

柏溪

毕业后我住到了柏溪，中大分校在那儿建了宿舍，条件不怎么样，就是简易的筒子楼吧，青年教师一人一间，张健、刘士沐、沈长钺、吴景荣、左登金，都住那儿。教授多是自己在外面租房住，比如马耳（叶君健）就是自己租的房。但中文系教授罗根泽是住在宿舍的，有两间房，就在赵瑞蕻宿舍那栋楼的最东头。他太太张曼仪是天津人，跟我关系自然近起来。直到他去世，我们两家一直来往很多，就是在柏溪宿舍里认识，熟起来的。他们的孩子和我也熟，大的那个特别喜欢和我玩儿。有次他把宿舍外面一棵橘子树上还没完全长熟的橘子摘下来，惹得吴景荣大发脾气，那棵树就在他窗外，他刚从美国回来，对那边的好多规矩较真，说这在美国那边是犯法的。罗根泽的儿子上初中，回说又不是你家的，还说不是自己吃，是摘给赵师母的。张曼仪觉得吴小题大做，就为孩子辩几句，结果争执升级成吵架，大吵，一个在过道这头，一个在那头，隔着老远，好大的声。学校里的人，吵起来也挺凶的。过后两家就不来往了。我很尴尬，因为牵涉我了，劝和都不知怎么劝。

外面租房条件自然好些，不过住宿舍也有住宿舍的好处，至少挑水的事情校工给办了。和沙坪坝比起来，柏溪是真正的农村，沙坪坝都没自来水，柏溪更不用说了。每家都有一个储水的缸，校工每天送一次水，单身汉是每天一担，我们因为有孩子，还要洗尿片什么的，每天是两担水。

筒子楼等于集体宿舍，不像现在单元房，关起门来各管各。同事相互之间常串门，时不时还一处吃喝，交流信息。封闭在乡下，老想知道外面的事，哪怕谁去了趟沙坪坝中大本部那边，回来了，也照例会被问，有什么新闻吗？有次张健办事回来，跟我们说看到中文系学生写的对联，上联"想当初，初来兮，也曾经，油头粉面少年英俊"，下联"到如今，将去也，只落得，沙眼胃病老气横秋"。记不得横批是什么了。连声赞，真是有才。

不过那次他绘声绘色道出的"大新闻"不是这个，是关于范存忠先生的。他表情有几分夸张地说：有大新闻啊，范老板和俞先生吵起来了！他们年轻教师背后都叫范先生"范老板"，"俞先生"指俞大缜。

有篇文章说范先生那时是"独居"，是事实，讲得也比较含蓄：他的太太在南边，没有到重庆。系里师生间都在传，好几位女士在追他。一个是俞大缜，到英国留学，回国后在中大教英语，她是国民政府高官俞大维的妹妹。有人说，范先生在系里说一不二，学校完全不能干预外文系的事，就是因为他和俞家关系密切。不知从何说起,其实范先生资历摆在那里,有威信,人又有派头,何况是俞追他,而且他最后选择的并不是俞。另外两个追他的,一个是他后来的太太林凤藻,一个是体育系的教师。林是湖南人,心理系的研究生,也住松林坡宿舍。据说范先生见谁都有严格的时间,她们几个是不会碰到的。范先生心脏不大好,有一次犯病,俞大缜听说了就去看他,遇上了林凤藻,范先生就给她们介绍。林凤藻走了之后,俞大缜就问怎么没听他说起过,范先生不高兴,反问她,没说好,谁让你这时候来的?俞大缜认为范先生非她莫属的,就要他说清楚,最后两人大吵起来,吵得很厉害,范先生心脏受不了,又犯病,俞大缜急坏了。

兼善中学

中大毕业后,我的第一份工作是在北碚的兼善中学教书。回过头去看,抗战快到尾声了,当时谁也不知还要几年,情况是很糟糕的,气氛很压抑,就像巴金在《寒夜》里写的那样。找个饭碗很不容易,"毕业等于失业"的说法,一点也不夸张。我算比较幸运:有个原先在兼善教书的曹鸿昭,南开英文系毕业的,后来也在联大,我在联大外文系时他是助教,后来他又到中大任教,同时在兼善教英文,他要去美国留学了,就推荐我接替他。

之前在中大借读时,赵苡是母亲帮我带的,这时就跟我了。赵瑞蕻仍在中大柏溪分校当助教,北碚和柏溪交通不便,我好像只到那边去过两三回。

兼善是一家私立中学,好像是卢作孚办的。抗战时大后方的条件很艰苦,兼善也不例外。学校安排我住的地方是一间仓库,破旧的老房子,原来放粮食的,里面有很大的老鼠跑来跑去。我从未见过这么大的老鼠,尾巴足有一尺长。它们一点不怕人,有时就在床那头,隔着被子跟你对视。陈蕴珍领着靳以来看我（我和靳以认识就是从那时开始，第一次见面），两人坐在那儿，就看到老鼠跑过来跑过去，热闹得很，还会跑一半停下来，歪着头看人。他们就问，老鼠猖狂到这样了，你不怕？——怕也没用啊！只能说，我已经习惯了。靳以提醒我，别的倒罢了，孩子小，别让老鼠咬着。

不知道是不是气候的关系，四川的老鼠特别吓人，而且逮什么咬什么。抗战后黄佐临、丹尼先是在重庆的，他们回国就是奔抗战的嘛，后来丹尼意外怀孕了，不得已才回的上海。他们都是出国留学回来的，懂得采取避孕措施，原本是很安全的，没想到老鼠猖獗，把避孕套什么的咬坏了，这样就有了黄蜀芹。因为是在四川怀上的，名字里就有个"蜀"字，虽然是在上海出生。那时候丹尼的表妹金丽珠和我都开始念联大外文系，整天在一起，丹尼写信告诉她，她就说给我听。我们像听故事似的，觉得太滑稽了。没想到现在轮到我来领教四川的老鼠了。

有各种老鼠咬人的传说，最奇的是说老鼠特别喜欢咬小孩的鼻头。赵苡鼻子像她爸爸，比较尖挺，我就特别担心，好像鼻子尖老鼠就特别容易下口似的，有时半夜醒来，一睁眼看一只老鼠正目不转睛看着你，我会下意识地看看小苡的鼻子在不在。其实真要是咬起来，哪管你圆鼻头还是尖鼻头。

我上课时，只能把小苡托给邻居，有时就让她一个人待在家里。那时上上下下都在过苦日子，学校不发工资，只给粮食。学校有食堂，教师的饭学校是管的，我没法去打饭，校工会给送过来，一人的饭食，我和小苡两人吃。伙食当然很糟糕，经常就是稀饭咸菜，难得见到荤腥。逢年过节会很丰盛，但那是难得又难得的，得自己想办法补充营养。有次卤了点猪肝，还煮了鸡蛋。那天让赵苡在家里别出去的，谁知她跑对面人家玩去了。等我回来，装蛋和猪肝的碗空空如也，让老鼠吃得干干净净。有吃的而又没藏好，老鼠肯定不会放过的，只是要是有人在，老鼠总有些忌惮的。

我很生气，就罚赵苾：不好好看着，让老鼠吃了去，那你就没吃的！赵苾委屈得直哭。现在看，当然是有点小题大做，让一个三岁多的孩子单独待在家里，家里随时有大个的老鼠出没，现在的人恐怕也难以想象，但我真是气极了，要知道那点猪肝、鸡蛋太金贵了，平时根本吃不着。那时候杨宪益所在的国立编译馆也在北碚，我们只是逢星期天到他家里，才会吃上点好的，打打牙祭。

赵苾是母亲带大的，惯得不得了，我姐到那时还没孩子，也宠她，没过过这样的苦日子，遇到什么事就要喊婆婆。那次被罚，赵瑞蕻回来看到了，他也宝贝赵苾，和我吵，一气之下就抱她回了柏溪。但他是要上课的，怎么办？就又抱到沙坪坝我母亲那儿，后来便一直随着母亲、我姐她们过了。

虽然生活艰苦，那段日子我心情倒还是挺愉快的，与同事关系也很融洽。特别让我兴奋的，是我们一拨年轻教师排演话剧《日出》。我在中西对演剧就很有兴趣，遇这事特别起劲。当时复旦大学也在北碚，我们请复旦的人来导这出戏，导演的女朋友演女主角陈白露，年轻教师一共也没多少人，都来出演，我分到的角色，是演李石清的太太。那段时间很热闹，白天要上课，都是晚上排练，往往弄到夜里一两点。学校食堂就熬上一大锅粥，权当夜宵。

别的还好办，服装是个问题，从复旦借，复旦有个剧社，服装有一些的，但陈白露的服饰要显她上流社会交际花身份的，上哪弄去？我回沙坪坝时就去和母亲商量，想把那件银狐皮子的大衣拿来用。母亲说，这是给你当嫁妆的，拿去演戏？新鲜！说银狐大衣金贵得很，弄脏了怎么办？皮子还是在天津时我要的。当时家里就我一个，算一号了。有天仆人把家里的皮子都翻出来，堆了一堆，娘问我要哪个，让我自己挑。我也不懂好坏，就拣漂亮的，唐若青演《梅萝香》时穿一件白色毛皮大衣，我就记得这个，也挑白的。老潘子见我挑了银狐的，冲我竖大拇指，直说六姑娘会挑！过后母亲也说我，说你傻，你倒知道挑好的!——银狐皮得要二百大洋哩。大衣是我离开天津以后才找洋行做的,母亲她们到大后方时带了过来。

说是给我的,其实我就没穿过,嫁妆不嫁妆的,我结婚几年,赵苡都三岁了,从没上过身,事实上也没机会穿,倒是我姐穿得多,她经常待客,会把皮大衣换着穿。《日出》演到后面是冬天,有一场陈白露和潘经理一起往家走,穿的就是裘皮大衣。正用得着的。母亲不答应,我也没办法。不过她后来还是给了我一件长毛的大衣去当戏服,演出时陈白露穿的就是这件。银狐的那件后来给了我,太富贵相了,穿起来隆重得不得了,平时哪穿得出去?结果就一直压在箱底,我只是到南京在照相馆照过几张相。说来有意思,想借给人当戏服没成,在照相馆里穿一下,等于还是当道具。

排《日出》是向校方争取来的。《日出》并不是骂国民党的,但话剧运动一直是有左翼色彩的,《日出》的进步倾向也很明显,校方就怕生出事来。后来还是让演了,只是不许演第三幕,因为第三幕的戏是在妓院里,在学校里演,少儿不宜嘛。

演出还是挺成功的。但校方其实是不乐意的,演这戏的骨干分子都有C.P.嫌疑。事实上兼善中学地下党不少,而姓彭的导演肯定是C.P.,他也是这次活动的发起者,好多事都是他张罗的,包括在操场上搭起舞台,还有灯光啥的,多少总要些经费吧,都是他想办法。戏虽然是演了,校方还是要秋后算账。新学期开始时,好几个人被解聘了。首先就是姓彭的,当然找的是其他的理由。其他人,比如说演乔治的一位数学老师和学生谈恋爱。对我没有说是解聘,只是要求由赵瑞蕻来代课,让我不要再上讲台了,因为这时我已怀孕好几个月,肚子大了,说是"有碍观瞻"。其实身孕并没怎么显山露水,不然我怎么演戏里的李石清的太太?

来兼善时曹鸿昭提醒过我,说学校里这派那派的,很复杂,让我别搅和到里面去。他离开的头一天晚上，又和我聊了很久，大概他听说了些什么，或者交谈时给他的印象，他说你也老大不小的了，怎么还那么天真幼稚？那时我二十五六岁，关键是已经结婚，第二个孩子都在肚里了。我想他的意思是，为人妻为人母了，应该成熟得多，怎么说话行事还那么"学生腔"？他说的也没错，如果他知道我跟初三的学生说，现在学这些ABCD的没什么用，你们应该参军，去打日本鬼子，恐怕更要说我天真幼稚，瞎掺和了。

吕医生说的故事

丢了兼善中学的教职，我又回到柏溪住中大的宿舍，本来是要在柏溪生赵蘅的，因津南村我姐那儿实在住不下。医生都找好了。柏溪的条件不能和沙坪坝比，更像是乡下，没有像样的医院，我说的医生也不是什么妇产科的专科医生，只是能够接生而已，而且还是个男的。我在这些事情上面是比较木的，也没觉条件差到没法接受。我母亲知道了，很不放心。有天夜里她做了个梦，梦里我因为难产死掉了。第二天她就打定主意，不管怎样，住得再挤她也要我回沙坪坝去生产。毕竟那里有沙磁医院，比较正规化的。

这样我就又住到了津南村我姐、我母亲那儿。过去的习俗，生产、坐月子必须在夫家，嫁出去不能回娘家生孩子的，那是不体面的事。母亲怕人家说闲话，逢人就解释，拿她的梦说事，说多么可怕；不管怎么说，她是我生出来的，我不能不管她的死活呀。好像归在梦上面，回娘家生产的理由就成立了。

赵蘅是清明节出生的，在我肚子里只待了八个多月，羊水破了，罗沛霖正好在家，赶紧跑出去叫滑竿，抬着我就去了沙磁医院。沙磁医院的吕医生和我已是熟人了，前一天我还来做过检查，都挺好的。她奇怪，好好的怎么羊水破了？以为肯定是没好好休息，累着了。再一查，发现还出了别的问题，位置不对

一百年，许多人，许多事：杨苡口述自传

了，原来是头朝下，结果是手先出来了，医生把手塞回去，再挪位置，费了好多周折，离预产期早着哩，应该是顺产的，结果变成了难产。那个时候因难产死人的事很多的，当时我有个中大同学也在沙磁医院待产，就在隔壁的房间里，听到我前面疼得喊叫，后来没声了，心里想，坏了，杨静如死了。

幸亏吕医生医术高明，救了我们母女的命。她是妇产科的头牌，湘雅毕业的，山东人。要谢她，我们请她吃饭，也没在馆子里，就是在家请的——那时穷了，真也请不起。到那天，左等不来右等不来，到了好迟才终于出现。那时候没电话，说好了的，我们也不知出了什么事。

吕医生到了就道歉，说是碰到十万火急的事，不得不出诊。究竟什么事，她先一直忍着没说，后来憋不住，还是说了。叮嘱我们，千万别说出去，上面给她交代的，不许说。原来是一个美国大兵和中国女子野合，不知是因为女的紧张还是别的原因，反正两人分不开了。那个美国大兵不管不顾的，就大叫"Help!"，七转八转，最后找到吕医生，连催着奔过去。真是叫人哭笑不得。官方怕传出去，大概是这事说不定会牵扯出中美关系吧。美国大兵和中国妇女发生关系，不止一桩，的确挺敏感的。

当时有"吉普女郎"一说，是指美国兵会开着吉普车招摇过市，车上坐着时髦的中国女子。有些为美军工作的中国女性也算在里面了，她们穿美军军服，戴着船形帽。不像上海、天津，那时大后方还很闭塞，其实为美军工作的人不少，联大外文系就去了很多人当翻译，但是见了女性这样，老百姓的感觉就不一样了，美国大兵随便惯了，又是在帮中国打仗，中国又落后，他们趾高气扬的，哪管中国的习俗？有件出在我熟人身上的事，也与此有关。

罗沛霖的表弟媳，就是前面说的在丁家花园闹出捉特务笑话的那个汪小姐，汪之敬，嫁过来就应该叫太太了，她在美军基地工作，平时也是穿美军军服的。因有次被看到和一个美国兵双双从一家旅馆里出来，她被认定出轨了。夫妻俩大闹。他们都跟我通过信。说到这事他们各执一词。汪在信里跟我说，那次是她的美国同事听说中国人喜欢算命，不知怎么个算法，很好奇，她就带那美国人去看，有个算命的在旅馆里包了个小房间，就在里面给人算命，这样才去的那家旅馆。不管实情是怎样，二人最后是离掉了。真是个悲剧。

赵蘅出生后，杨宪益先给起了个名，叫"芷"。赵苡的名字就是他起的，出处是《诗经·苤苢》，女孩子嘛，花草为名，"芷"还是草头，《诗经》《楚辞》里都有这字。但是"芷"太不常见了，没几个人知道应该念"chǎi"，后来就没用作学名，但在家里叫小名，都是喊她"小chǎi"，外人不知，都以为是"小采"或"小彩"。她出生后母亲很失望，母亲还是老观念，指望这次是个男孩。她觉得赵蘅是多余的，就叫她"小多""多多"。后来用的"赵蘅"这个名字，是胡小石先生起的。

前面说过的，胡小石、唐圭璋、华粹深、吴伯匋、陶光、陶强等人，星期天常来我姐家唱昆曲，到时候就带着胡琴、箫来了。我母亲帮着我姐张罗，和这些人都熟，还有她的好恶，比如她喜欢胡小石、唐圭璋，觉得他们是真正的读书人，对吴伯匋就有点不以为然，说他一天到晚打麻将，有时在家门口看着那边山上有个人影提着红灯笼在移动，另一人在后面跟着，她就会说，你看，那个吴伯匋又去打麻将了。胡小石给小孩起名字，她当然赞同。胡先生喜欢赵蘅，每次来都要抱她，让她坐自己膝盖上。有次问叫什么名字，母亲就抱怨我哥起的名怎么难念，胡小石说，我给她起个名，就叫"蘅"吧。在古书上，蘅是一种香草。上小学时，"赵蘅"就成正式的名字了。

日本人投降了

赵蘅满月之后，我又住回了中大分校的宿舍。日本人投降的那天，我就在柏溪。那时消息不是从广播来，因为没有收音机，也没高音喇叭，新闻传播还是靠报纸。一有大事，报纸就出"号外"，卖报的嘴里喊着"号外！号外!! ——"满街跑。八月十五日那天，是白天，听到外面叫："号外！号外!! ——日本鬼子投降了！日本鬼子投降了!!"到了那时候，我们都知道日本肯定会完蛋，抗战会胜利的，但是谁也没想到那一天突然就来了！

太兴奋、太激动了，好像所有的人都跑到外面来，到处是欢呼声、鞭炮声，宿舍里的人赶紧凑钱去买鞭炮，所有的人都加入欢庆中来。美国航空队也出动了，在空中飞出V形，不光是队形，还飞出V形的线路。众人仰头看天上，外文系的刘崇德教授担心有人不解，得意地说："V就是victory！就是'胜利'呀！"说得很大声，发音有点夸张，他是强调国际音标正音的，念法和我习惯的不一样，印象特别深。

日本人投降了，欢庆过后大家想到的第一件事，就是回家。其实没有到事后，几乎同时想到的，就是这个。迁到西南的政府机构、文化单位，第一时间也就准备着迁回去。我印象里，中大的人都没心思上课了，只想着还乡。但是一下子哪回得去？人们都在抢交通工具。有办法的想办法找门路，没办法的只有等着。轮到中大，已经是四六年七月了。

就在那段时间，赵瑞蕻和我还在九龙坡一个地方上的师范学院待过很短一段时间。这时候中央大学已经不上课了，教师、学生大多不是本地人，准备还乡，等于八年流落他乡啊。不是打听、寻找回去的法子，就是忙于处理这些年那些破烂家当，哪有心思上课？师范学院的学生大多是本地人，倒还在上课，只是外地来的老师纷纷离职，特别是外语教师，一时课都没法开，范存忠先生就让中大好些青年教师到那边去上课。范先生知道我们负担重，给我也安了个助教的名头，有一点收入，有顿饭吃呗。我不大记得钱的事，大概是因为停课了，教师的薪水不发了，至少是减少了，何况到抗战后期，钱早不值钱了。

大家对回家的难度没概念，满以为说走就能走了，都准备回家。八年生活下来，总有些家当，要全带回去是不可能的，也不值。于是都急着要处理掉。最简单的办法，就是摆地摊。重庆街上，到处是摆地摊卖东西的。当然，摆摊的都是外地人。津南村街边，就有不少，卖什么的都有，大多是卖衣物。杨敏如觉得摆地摊有点丢人，我不在乎，把一些穿不着的拿去卖，毛衣、旗袍，还有小孩的衣服穿不下的，拿个小板凳坐在边上守着。以前没摆过摊，我觉得挺好玩的。

我卖的东西不多，还是比较有节制的，有些人似乎是马上就要一走了之，卖得彻底，当时是秋天嘛，连冬衣也给卖了，谁知根本走不成，结果天冷下来，没衣服穿了。

噩耗

巴金要算回去得比较早的。抗战胜利后，巴金急着回上海，因他问过李尧林身体怎么样了。打电报的，就两个字"安否？"——打电报是按字算钱，都是尽量简短的。回说是大病初愈，要他速来上海相见。巴金知道不妙。但那时大后方的人都急着回去，飞机票比船票、车票更是一票难求。后来是戴季陶的一个侄女弄的票，她也是巴金的崇拜者，给巴金写过信。通过她的关系，票有了。陈蕴珍都没能同行。

到上海见到李尧林，他已瘦得脱了形。原先是肋膜炎，没钱治，一直拖着，转成了肺结核。起先他还不肯去医院，过几天虚弱得不行，起夜都觉没力气了，才对巴金说，还是去医院吧。这样就住进了医院。巴金因他住进医院，松了一口气，满以为这样就好了，谁知住进去第二天人就没了，医院通知到他时，李尧林已经去世。巴金和两个哥哥感情很深，因为家里一直是他们在支撑，大哥自杀了，李尧林接过担子，从不要求他什么，没想到抗战胜利，刚看到希望，人又不在了。

巴金一直都有负罪感，到晚年还是如此。他的妹妹瑞珏对我说过，"文革"后巴金的书一本一本地出，或是再版，得到好多版税，有一次又有一大笔版税来，她就开玩笑说："老兄，你发财了！"（在家里她习惯喊他"老兄"。）巴金突然大哭道："两个哥哥都不在了，要钱有什么用？！"家里人都在，起先好好的，忽然这样，全都吓坏了，不知如何是好。

李尧林去世时，我住在柏溪，赵蘅刚出生几个月，还在喂奶。是陈蕴珍写信告诉我的。她没见到李尧林，巴金是一人赶回上海的，她还在重庆，显然是巴金跟她通信时说的。我还记得她信里的话："李先生已于十一月二十二日离开了我们。我很难过，希望你别。"（缩略语似的"你别"是她写信常用的说法。）

但是怎么可能不难过呢？只是刚看到信时还来不及难过，觉得简直像晴天霹雳。我很少流泪的，那时整整哭了三天，不吃不喝，而且是毫不掩饰的，宿舍里的人会不会听见，赵瑞蕻会不会不高兴，这些全都顾不得了。赵瑞蕻的确不高兴，曾对我说气话：我死了你也不会这么哭。我说，那当然，我现在只想哭，你别和我说话！

自从我在昆明轰炸中写了那封发泄情绪的信之后，大李先生就再不给我写了，我曾经写过信想托巴金有什么机会给他，但那时上海沦陷，信也带不到。我很想念他，有时还会陷入幻想，幻想他忽然出现。我还有很多话要对他说，还有好多事要问他。他究竟为什么退了船票不来昆明，一直也没有答案。虽然再见面一直是遥遥无期的，过了一年又一年，但我相信总有见面的一天，那时就可以痛痛快快把想说的都说出来，所有的疑惑也会有了答案。现在，万万想不到的，再也没有这样的机会了。

百岁以后，我还好多次梦见过大李先生。有个梦特别奇怪，梦里的背景并不是我家，像北京的房子，四合院那样的。他喝了酒，发脾气，在前面砸门，老潘子抵着门不让他进来，他就嚷嚷：我找她说两句话有什么不可以?! 而后就把门踢开了。进来站在院里对后面喊：我只说一句，说完就走。他跟我说的一句是：我不是赖斯基！我回了一句：这里也没有马克！

赖斯基和马克都是他翻译的冈察洛夫小说《悬崖》里的人物，他的译本是文化生活出版社出的，巴金送给过我。我看书特别容易对号入座，看完《悬崖》后认定李尧林就像想热爱艺术但性格软弱的赖斯基（巴金也这么说）。赖斯基喜欢表妹韦拉，但韦拉只把他当兄长看待，她爱上的是革命的马克，马克是不要婚姻，只愿和她同居的，后来两人也分手了。

这梦太奇怪了，大李先生不喝酒，从来都是很绅士的，我哪见过他发脾气? 梦里成了那样。

复员

全国各地有那么多人要回去，而"蜀道难，难于上青天"，来不容易，要走也难。飞机绝大多数人是坐不了的，我们要往南京去，都是坐船，沿着长江下去，哪有那么多船呢? 只有等，大家都是等的状态，等到最后，把一股兴奋劲都快等没了。各显神通吧，当然是军政先走，要赶回去接收呢。中央大学属公教系统，还算是好的，也等了差不多一年，杨宪益在的国立编译馆走得更迟。

我母亲、我姐她们是地下党帮助离开的，先坐飞机到上海，从上海到南京停留几天，看看我哥和我再北上，到天津。

中央大学是大单位，包了一艘大轮船回去的。人多，舱里根本安顿不下，只能按等级来。教授住二等舱（胡小石就住二等舱）、三等舱，赵瑞蕻他们这样的年轻助教，都睡在甲板上。事先就在甲板上用粉笔画好了，一家一块地方，也就一米宽吧，铺一张席子，白天晚上，好多天就那么待着。我们四口人，睡觉也睡不下来，只能轮着睡。刮风下雨是没处躲的，下雨时就拿准备好的雨布顶在头上或是盖在身上。幸好是夏天，不会觉得冷。

我们还算是准备比较充分的，走之前腌了一批鸭蛋，还备了点咸菜，船上供应饭，到时候就去打，菜却是没有的，好多人只能吃白饭，看我们有鸭蛋咸菜吃，还真羡慕。赵苡一直跟着婆婆，从没过过苦日子，上了船问，我们就睡地上呀，地上怎么能睡呢？多脏。船过三峡，看见纤夫赤身裸体的，弓着腰吃力地拉纤，头都要碰到地上了，她看不明白，问，他们怎么在地上爬？我也很少见这样的情景，被生活的艰苦大大地震惊。

从重庆到南京，在船上好多天，就在甲板上生活，待在粉笔画定的一小块地方。赵蘅不到一岁，当着人喂奶，这在我是不可想象的，但那时有什么办法？喂奶时赵瑞蕻或赵苡挡着点，也只能这样了。赵蘅上船前正发着烧，我母亲知道船上条件艰苦，直摇头，说那么长的路，这孩子要活不成了。她的担心一点也不夸张，死人太寻常了。胡小石先生的一个儿子得了盲肠炎，船上没法治，又不像在陆地上，轮船慢，等到到了汉口送医院，已经来不及了。

还有个校工，五十来岁，得了痢疾，这病照说是要隔离的，但船上没条件，只能让周边的人挪开一点，勉强保持一点距离。老头一个人躺那儿哭，真要死了，是要扔到江里去的，当时都是那么处理。还好，他挺过来了。赵蘅命也大，因为早产，身体很弱的，下船的时候，病居然好了。

船是下午到的南京，一看见下关码头，船上的人就激动起来。船上有许多是南京本地人，南京是他们的家，九年了，有家不能回，这时见了家乡，大哭起来，好多人一起哭，泪流满面。我想起三八年从越南那边入关的情形，当时大家见着国旗，兴奋得又哭又跳。那时我十九岁，现在人到中年，有了两个孩子，没有那样的兴奋了。不是南京人，我对这里是陌生的，只是想，船上的日子结束了，流亡的日子总算结束了，生活该安定下来了吧？

●●杨敏如与罗沛霖

●● 罗沛霖、杨敏如晚年重访津南村。津南村在重庆沙坪坝南开中学校内，住户多为南开教职工。津南村2号（二人身后的房子）即分给杨敏如的宿舍，有两间房。罗沛霖在资源委员会上班，平时住城里，母亲和杨敏如，还带着赵苡，一直住这里。隔壁，津南村3号，是张伯苓家。有文章说抗战期间张一直住在这里，我虽说在中央大学借读时住宿舍，每到周末是要到津南村看赵苡的，印象里却不大见到他（不知是不是还有其他住所），只知道他太太总是在，她也在南开任教。

● ● 戴乃迭与杨宪益

● ● 戴乃迭与杨宪益

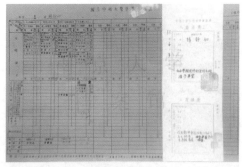

● ● 一九四四年我在中央大学的学籍卡。南京大学和中大不是一回事, 现在的东南大学才是当年中大的校园, 而且好多院系都分出去"另立门户"了, 不过还要数南大与中大才是"一脉相承", 中大的档案就是南大接了去, 这张表就是热心人从南大档案馆找来复制了给我的。我发现上面好些栏都空着没填, "入校前肄业及毕业学校"一栏里填的是"西南联大肄业"。另一张"国立中央大学学业成绩表"附着"审查表"和"覆核表", "审查结果": 如本学期选修各课均及格, 准予毕业; "覆核结果": 俟"英国文学专题研究"之论文交系及格后, 送该生原校审查。

●● 我最早发表的文字可能是《大公报》副刊"小公园"上的一首诗《我的小狗》，就是我抱着照过相的"小花"死了，我很伤心。写东西总要有个笔名吧，杨宪益说，就叫"晓黛"。他说什么我都觉得好，就用了。以后用得最多的是"杨苡"。林黛玉几乎是才女的代称了，他是希望我成个才女吧。其实他不喜欢《红楼梦》，我随他，觉得林黛玉老哭哭啼啼的，不喜欢，我姐才那样。但这个名字我不反对，这个黑本子是我用来写诗的，署名就是"晓黛"。里面的诗大都是上大学那段时间写的，比较私人化的十四行诗，从来没投过稿。与发表的《破碎的铁鸟》那样的抗战诗不一样，这些都是写给自己看的。题词"记忆或可使生命缩短，且低首看忧郁的进展"也是当时的心境吧。

●● 中央大学宿舍区松林坡

391

●● 抗战时哪个大学条件都差，不过比较起来，中央大学比西南联大还是好一些，校舍更像样，还有个大礼堂。大礼堂周末常放电影，还举办音乐会、话剧演出。毕业典礼一类的活动，蒋介石训话，当然也是在这里。

●●陈嘉先生

●● 大学毕业后在沙坪坝一家天津人开的照相馆照的。到重庆后已很少照相，这次进照相馆是为了毕业证上需要的一英寸照片。通常毕业证上是用戴方帽子（学士帽）的那种，帽子照相馆都备着的，像道具。但那张毕业照"肃反"时让赵瑞蕻给烧了（那时他特别要求进步，恨国民党，过去的东西恨不得都烧了才好），这张捎带着照的倒留下来。穿的那件毛衣是陶强送我的，她妹夫是国民党军官，去了台湾（或是日本），带了好多东西回来，那毛衣当时还蛮稀罕，照相馆的人撺掇我另拍一张，就拍了。这时和查良铮又有了通信联系，有次通信我就寄了一张给他。他回信说，看了照片，"So strange and so familiar."。

●●马大任

●●巫宁坤

● ● 九几年马大任（左一）和我在南师大外事办公室门前。颜枏生的妹妹读的是金陵女子大学（南师大前身）家政系，那时在美国不能回来参加校庆，马正好回国，就代表她前来参加。

● ● 大李先生这张照片像是在码头拍的，当年我并没见过。不知道是不是坐船到上海，我从天津坐船到昆明，第一次停靠的就是上海。不过照片上不大像天津的码头。那时候出远门常常是这样的，自带着铺盖卷，他还带着大木箱，应该是全部家当了。

写在后面

书成漫记

这本书的成书过程，有必要交代一下。

缘起当然是认识杨苡先生。

一

杨先生和赵瑞蕻先生是一家子，赵先生是南大中文系的教授，读本科时我修过他的选修课"欧洲浪漫主义文学"，还是那门课的课代表。但赵先生的课，我大都逃了，以至于毕业留校分在外国文学教研室，我都不好意思登门拜访本专业的这位退休的前辈。

忽一日，赵先生的弟子，我的同事唐建清告我，杨苡先生知道我写了本《张爱玲传》，想借一本看看。这让人大起惶恐，连忙登门去送书。

说起来我知道杨先生其人，还在赵先生之前，因刚上大学不久就买过她翻译的《呼啸山庄》，一气读完。又翻过三联出的一个小册子，叫《雪泥集》，收入的是巴金与她通信的遗存。杨先生对巴金的崇仰之情，是人所共知的，张爱玲的路数、风格，与巴金完全两样，杨先生怎么会对她感兴趣呢？这是我很好奇的。

后来我忖度，多半还是我硕士阶段的导师邹恬先生的缘故。杨先生虽在南京师范学院（后来的南师大）外文系任教，因在中央大学借读过两年，又长期是南大的"家属"，一直住在南大宿舍，和南大中文系许多人都熟，颇有一些，熟悉的程度甚至超过赵先生。邹老师似乎是晚一辈的人中她最欣赏的一位，用她的话说，"很谈得来"。邹老师对她说起过几个学生论文的选题，所以她老早就知道，邹恬有个学生在研究张爱玲。我怀疑爱屋及乌，杨先生对邹老师的学生，多少也会另眼相看，至于我的选题，杨先生大概觉得有新鲜感，发表过"感想"的，说，这个好。

第一次登门，就在杨先生的小客厅里坐了怕有两个钟头。他们家只有这一处待客的地方，我归在杨先生名下，实因即使赵先生在场，与来客的谈话往往也在不觉中就被杨先生"接管"，赵先生的"存在感"则大大地淡化。我虽是因送书而去，看望赵先生却是题中应有，而且他是教过我的，开始也确实多与赵先生对话，但不知不觉就变成主要与杨先生接谈了。

后来我发现，若做出主、客场划分的话，这小客厅是杨先生的"主场"，赵先生的主场在外面。以地位论，赵先生是教授，杨先生退休时，只是一个未进入职称体系的"教员"，参加活动，主次分明。杨先生肯定不接受三从四德那一套，但家中男主外女主内，夫唱妇随的大格局还是维持着的。即使在家中，赵先生的重要也一望而知，客厅里最显眼的一张大书桌就是他专用，杨先生并没有伍尔夫所谓"一间自己的房间"，似乎也"安于现状"。只是宾客闲聊起来，自然而然，就容易进入杨先生而非赵先生的节奏。

赵先生往往在公众场合显得兴奋，而且很容易就会进入赋诗的激昂状态，私下里却话不多。杨先生相反，公开场合不喜欢说，要说也不自在，在私下场合，则非常之放松，且很是健谈，直到百岁高龄的现在，兴致高的时候，聊上一两个小时，亦不在话下。这里面固然有历次政治运动挨整被批的阴影，另一方面却更是因为性情如此。

闲聊之为闲聊，即在它的没有方向性，杨先生聊天更是兴之所至，不过怀旧肯定是其中的大关目。旧人旧事，恰恰是我感兴趣的。往高大上里说，我原是研究中国现代文学的，特别希望与研究对象之间能有不隔的状态，杨先生谈她与巴金、沈从文、穆旦、萧乾、吴宓等人的亲身接触，即使是无关宏旨的细枝末节，又或旁逸斜出，完全不相干的，我也觉得是一个时代整体氛围的一部分。往小里说，则掌故逸事，或是已经消逝了的时代日常生活的情形，也让我觉得有趣。后者未尝不可从别的渠道获得（比如像陈存仁的《银元时代生活史》、齐如山的《北平怀旧》《齐如山回忆录》等书），但面对面的闲聊更"原生态"，乃至杨先生聊旧时人事的态度、随意的品评，也是我觉得有趣的。

二

于是我去杨先生那儿的次数就多起来。杨先生似乎也欢迎我去聊天。若是隔段时间未登门，她会打电话来，问是不是最近很忙？有时有客来访，想我可能感兴趣，则会来电话让我过去，一起聊天。聊得多了，就觉好些内容，实在应该记下来与人分享。也当真实行了。

起初是促杨先生写文章。杨先生早年就钟情写作，之前最感兴趣的是诗歌，晚年则多写散文，至少是发表的，以散文为多。事实上她写过不少忆旧谈往的文章，母亲、二姐、杨宪益、戴乃迭、沈从文，更不用说巴金、萧珊，都曾出现在她笔下。兴致好的时候，她甚至拟出一批篇目，打算逐一写来，甚至书名都想好了，比如《超载的记忆》《翡翠年华》《旧邮拾遗》《七老八十的人》……只是大多因身体原因，或是访客不断，又或她惦着看某部电影，追某部电视剧，忽然想起要理书，归置她的玩偶，翻寻某个朋友的信札，等等，等等，一时兴起之后就放下了，最后没写。

"促"她写文章的远非我一人。我的"促"是泛泛的，报纸、杂志、出版社的"促"就不一样了，往往很具体，又有时限，到时就变成了"催"——催稿的"催"。杨先生愿意写，有时且答应下来，但一旦变成了"催"，就老大不乐意。过去师友邀稿又是一说，现在催稿的都是晚辈了，拒绝起来，可以不假辞色。而且写文章毕竟耗精力，杨先生年事日高，写个一篇两篇尚可，要把经历的人与事都写出来，不大现实。

于是想到，何不给杨先生做个口述实录？

但是很长时间里，也就是一说。有一次，又在杨先生家闲聊，她说起在中央大学借读时蒋介石两次到学校视察的事，很是有趣，随说随忘，觉得可惜，回家后连忙就记忆所及，记下来，有模糊处，打电话过去再问。完篇后起了个名：《两见"蒋校长"》。杨先生看了之后做了不少修改，成了一篇文章，题为《半个世纪之前的奇遇》，发在了一个叫《悦读》的杂志上。那篇文章特有意思：有些句子，是针对我不准的记述说的，对象似乎从读者变成了某个具体的对话人，写进文章里了，外人自然看不出来，我回想一下就明白，这是在纠我的错。

这大概是第一次将杨先生所说，笔之于书。即使是原始版本，严格地说，也是一份伪口述实录。口述实录作为一种样式，实际上是和录音设备的广泛应用连在一起的，有录音，才比较靠谱。大概是二〇一〇年，我下决心当作一桩事来做杨先生的口述史，于是就开始上手段了：有段时间，每周去杨先生家一次，带一学生同去，专管录音，之后将录音变成文字。

整理出来的文字渐积渐多，叙事比较连贯的部分，我就想整理出单篇来，找合适的媒体先发一下。有一篇《来凤的故事》，讲杨家早年一个丫头的遭遇，弄出来了，请杨先生过目。这次杨先生对内容本身倒没什么疑义，出乎我意料的，是她说来凤被强暴的事，说出去不大好吧？她的后人还在，看到了会怎么想？我真没想到这会成为一个坎。倘若这都不能写，以此例彼，想想聊天时说到的很多人与事，因是有名人物，更有顾忌了，岂不是都得绕着走？一部口述实录回避掉很多，那就失了本意。

用网上的话说，杨先生的"禁令"让我"很受伤"，用过去的话说，"严重挫伤了积极性"。意兴阑珊，进度一下就缓下来了。这事也是再而衰，三而竭的，一晃就是八九年。也不是完全停工，除了有一年在韩国教书，凡去杨先生处听到可记的人与事，还是会记下，只是有一搭没一搭，而且没了录音笔在侧的"正式"。杨先生和我，都还存着做口述实录的念，但没了deadline，便没有实质性的进展。

三

转机在二〇一九年，这一年杨先生实打实地跨入了百岁高龄。这么说盖因民间有"过九不过十"的说法，前一年杨先生九十九大寿，周围的人已然以百岁"相许"，她兀自拒绝，说是"假的"。那年年底还真有一小坎：胆结石发作，她进了医院。做手术还是不做，家人、医院都很纠结。杨先生无所谓，两可。但也不是全然没有倾向，她问医生，还能不能再活一年？

至少九十五岁以后，杨先生已经开始频频提及身后事了，同时也时不时说她的"预感"，比如，今年过不去了；还能活半年；我自己有数的，冬天肯定不行了……有点"时刻准备着"的意思。

我不说"不祥"的预感，因为杨先生说时语气里没有"不祥"的成分，不悲，不伤，有时还笑嘻嘻的，神情一点不沉重。她得到的回应，多半是说她的寿数长着呢。里面固然有善颂善祷的成分；另一方面也是因为的确谁也看不出所谓"下世的光景"：她的精神还是那么好，也还是那么健谈。

而后就轮到她对别人有意无意地避谈生死表示不解了：怎么比我年轻的倒忌讳说这个呢？这有什么不能说的？真奇怪！

——"真奇怪"是杨先生的口头禅，加重语气表示她的不解。属于"真奇怪"范畴的，颇有一些应是人之常情。生死之事大矣，中国人对死亡的态度一般是不去面对，杨先生并非哲学式的"直面"，只是顺其自然，不时地提起，乃是就事论事的性质，没什么"负面情绪"，更不会为"负面情绪"所笼罩：生活节奏依然如故，该看电视看电视，该读报读报，该理书理书，并且兴致不减。

手术前清楚地表露出"求生欲"，因此显得有点不寻常。后来手术在最后一刻取消，杨先生出院回家后打来电话，有躲过一劫的欣喜。她的描述突出了此事戏剧性的一面：那边手术室准备就绪，这边她已换上了手术服，正待推过去，忽然说不做了。原来关于手术与否，医院方面的"两条路线斗争"一直在进行，没准是她的一年之问促成了院方最后的放弃。她因此说她"很得意"。

为什么是一年呢？杨先生就她的"活命哲学"给出的理由很有意思，是外人再想不到的：都当她是百岁老人，病房里也成传说，医护、病人，有事没事过来探探，看个稀奇，用杨先生的话说，她成大熊猫了——还没真的到百岁呢，这不是骗人吗？所以她对医生有一年之问，一年过去，已届百龄，庶几不枉担了虚名。

杨先生一向是阻止人给她过生日的，百岁华诞也不例外。但是那几天她很开心。或是见面时，或是在电话里，她不止一次说起她的"得意"。一是避免了在岁数上"弄虚作假"，虽然这"假"不是她造的；二是想起过去整她的人看不得她挨整时亦时而忍俊不禁，每有笑意，即厉色正告她：你笑吧！看谁笑到最后?!"那些人都已不在了，谁笑到了最后呢？"杨先生笑吟吟地说。纪录片《九零后》里她引巴金的话，长寿是一种惩罚，她则说，活着就是胜利。

　　同时她提到了她的计划，说有生之年的一件大事，就是完成口述实录。杨先生这么说，有一部分也是为我考虑：不能一直白忙活呀。当然，更要紧的是对人与事的忆念，至于总结人生，或是给后人留下一份史料之类，她倒是没多想的。

　　我重整旗鼓做口述实录，一大原因也是杨先生恰在此时松了口，表示对口述的内容，不设限了。——事实上在对熟人朋友讲述时，她从来没什么顾忌的，对我这个时间最长的倾听者，就更是如此，只是事关发表，她才会顾虑重重。最让我沮丧的，莫过于杨先生经常兴致勃勃讲了一段之后，忽然追上来叮嘱一句：这个不能说出去啊。（或者忽然看一下我的录音笔，问道：这个你没录吧？）

四

　　关于何者可说，何者不足为外人道，影响杨先生判断的，除她自己的尺度之外，还有其他，一个重要的源头是姐姐杨敏如。

　　敏如先生没有留下一部口述，真是憾事，我在雷音《杨宪益传》里读到过对她的采访片段，说人说事，快人快语，生动传神。有一点，她与杨苡先生是一样的：记忆力极好，且叙述中充满鲜活细节，极有情境感。但她的条条框框比妹妹多得多，而且伴随着由性格而来的不由分说的性质。杨先生每每发表了忆旧的文章，敏如先生多半会有否定性的评说，一是该不该写的问题，一是所写确不确的问题。敏如先生对维护家族声誉相当执着，杨先生认为无须讳言的（最典型的是母亲的姨太太身份）也被圈在里面；而且，记忆之事，原本无法定于一尊，敏如先生的辨正却不容置辩。

杨先生从小对姐姐即有畏惧之心，九十岁、一百岁犹然，心下不服也只有嗫嚅式的反抗。结果是，忆旧谈往的文章，特别是涉及家族旧事的，干脆赌气不写了。她们的关系极密切，敏如先生百岁之后她们还常打电话聊天，聊个把小时是常事。二〇一七年敏如先生以一百零一岁高龄去世之后，杨先生虽然时时想念，其子女也时在念中，但是她想写什么说什么时放松了许多，也是真的。这也是我觉得她与姐姐或杨家成员之间关系有趣的地方。

但即使到现在，在我看来，杨先生对说与不说的尺度拿捏，还是偏紧。这当然与所处的位置有关，她是当事者，作为记述者，我虽不是作壁上观的态度，但比起来怎么着也属局外人。何况一代人与一代人是不一样的，杨先生的经历、个性、受的教育、她的教养，这几项加在一起，又让她格外注意面向外界时的分寸。这里面当然有对自我形象的关注，只是杨先生对名声的态度，大体是防守型的——我的意思是说，她对过度的关注总是心存忌惮。她母亲文化程度不高，然在为人处世方面，对她的影响实在不小，她经常提起的母亲语录中，有一条出现频率极高："人不怕出名，就怕出恶名。"

杨先生对"恶名"的定义，远比大多数人的概念涵盖范围要大得多。比如回忆家族旧事，因杨家出过很多显赫的人物，她就觉得说多了迹近炫耀；比如和一些名人的接触与交往，说说无妨，写出来就仿佛是借名人以自高，跟傍大款似的；甚至说到中西女校，谈多了它的教会背景，还有那些家境优越的同学，她也觉得会予人不好的感觉。总之读者若有这样的反应，就有出"恶名"的嫌疑，我说杨先生属"防守型"，即在她的洁身自好，宁可不说少说，也要杜绝这方面可能的联想，包括对于讲述动机的揣测。

更多的犹疑关乎她提到的那些人，特别是那些她敬重的师友，几乎是本能的，她希望至少在自己的讲述中，他们可以被置于某种"保护"之下。"保护"意味着避开一些经媒体有意无意的引申发挥，可能对师友形象不利的讲述，尤其是在现今各种标题党、炒作大行其道的情况下，只言片语，都能演绎出天花乱坠的故事，这是杨先生特别忌惮的。

但是他人怎么说，怎么想，做何反应，实在是"防不胜防"的。对此，杨先生特别敬爱的哥哥杨宪益先生的态度是，爱怎么说怎么说。这要归于他的名士派的性格，这样的性格又要部分地归因于他早年在家中近乎独尊的地位，虽然是一母所生，杨先生的地位却不可相提并论，宪益先生的满不在乎从一开始就不可能求之于她。我当然希望杨先生打消这方面的顾虑，在我看来，对讲述的真实性负责，一切就尽在其中了。

除了上面的顾忌之外，还有不少聊天时提到的细枝末节，依杨先生的意思，口述实录中没必要出现。我还能记得的一例，是说小时候去看海派京戏，奸情搬上舞台了，还有捉奸时砍人的血腥场面（当然是舞台化的处理，但比起老派的京戏来，"写实"得多也

"露骨"得多）。杨先生看了整理稿便划去了，道，这些乌七八糟的，要它做什么？然而这些活色生香的闻见却是我觉得特别有意思的，于是力劝杨先生手下留情，允许我保留。依我之见，对杨先生而言，口述实录的一大好处，恰在于它方便容纳看似旁逸斜出的零零碎碎。

杨先生写过不少忆旧的散文，凭她场景再现式的记忆，自然不会放过诸多细节，但是这些场景、细节须得伴以鲜明的立场、态度才会被组织到文章中去。"文章合为时而著"是她那辈人的信念——立场和态度才赋予文章"意义"。杨先生深受新文学传统的影响，注重有感而发，对讲述的人与事，或赞或弹，褒贬分明。所谓"有感而发"，抒情、议论更是在意之处，记述倒在其次。聊天时好些事她觉得好玩极了，因为印象深刻，她对熟人朋友说过多遍的，发为文章，她就期期以为不可，应该就是这缘故。

甚至她的通信也是主情的。她对现在的人不喜写信很是不解，我跟她说，现在有微信，太方便了，她不以为然，认定微信都是说事儿，而过去的人写信重点不是事情，是感情。关于书信与微信差异的判别或者可商，说她那辈人写信都在谈感情，似也有以偏概全之嫌，但无疑道出了她的态度，即陷在具体的说事儿里，便落了下乘。

口述以其"文体"的特性，必是叙事为主轴的，不仅注定盖过其他，甚至几可与叙事画等号，那么，口述作为"野史"，正可补文章的"正史"之阙。即使所写所述是相同的人与事，出现在文章与口述中，也会有微妙的差别，其不同也许不在于内容的出入，而在角度与口吻上的异趣。两相参看，庶几"全貌"。

文章中的杨先生与口述中的杨先生当然都是"这一个"，只不过在口述中是一个更放松、更家常版的杨先生。

五

于此得强调一下本书不同于大多数口述实录的一个特别之处，即它是"聊天"与"采访"的某种混合，且"聊天"的意味大过"采访"的成分，至少杨先生常常忘掉，除了面对我，她同时也是在面对公众讲述。面对"采访"，不免有意无意地设防，"聊天"则大体上是不设防的，或者说，有时讲着讲着就可能"破防"。在绝对的意义上，不要说面对他人，即使面对自己，我们也不敢声称直言无隐。有时候，面对自我甚至还可能是比面对他人更具挑战性的事，但这是另一问题了。

所谓"当讲则讲，不当讲则不讲"（何者当讲，何者不当讲）的问题，即使在私聊中也并不全然消失，但与接受采访之际，还是有很大的差别。"记者"这个身份对于杨先生有时有很强的暗示性，我非记者，忝为"小友"，天然"免疫"，也算是"得天独厚"。她面对的是一个倾听者，而我较少窥探的冲动反而让杨先生无所顾忌，无所不谈。作为一个"他者"，你不大可能有机会知道关于另一个人生活那么多的细节：不夸张地说，无数次有意无意的闲聊之后，我对杨苡先生一生种种，也许比她的家人、好友知道的都要多得多。

当然，这里也就有更多的地方，出现了可不可、应不应向"外人"道的问题。我总是希望杨先生多取消一些"禁令"，杨先生则在"说出去不好"与别人"爱怎么说怎么说"之间犹疑。趋向前一种反应的情形多半发生在刚刚读完某个公开发表的部分（书中大部分内容在《读库》《名人传记》《南方人物周刊》刊登或连载过）之时。与读打印稿时相比，杨先生似乎觉得这个更有了"白纸黑字"的意味，不由得便有一种下棋时"落子无悔"的慎重。趋向后一种反应则是在情绪渐渐平复之后，这时她会觉得，也没什么大不了的嘛，有什么不能说?! 我的做说客就在她的小循环之间间歇性地进行。于是对人戏称，杨先生与我之间陷入了艰苦的"拉锯战"。

　　我得感谢杨先生的信任：她不止一遍细细看了稿子，甚至不止一遍在上面做了改动，从一些内容的删除到人名、时间的订正，甚至包括语句的修改。但她又交代，你不改也无所谓——只是有时还要追加一句，"我保留我的意见"。唯其如此，我不敢造次，取舍之间小心翼翼，以期不负杨先生授予我的"生杀予夺"之权。

六

　　这本口述所恃者，首在杨苡先生令人称奇的记忆力。杨先生自己对此也颇得意，常在回想出某个场景某个细节之后，不无自矜地笑问来客："怎么样，我的记忆力还可以吧?"

　　岂止是"可以"? 绝大多数人活不到这个岁数，到了这岁数的人，多半已是意识模糊，即或不是嗫嚅不能言，记忆与表达也是障碍重重了。杨先生犹能接受采访，一两个小时娓娓不倦，且还有掌控局面之念——要是有分龄组的达人大赛，我觉得她简直可以以她的记忆力做才艺展示了。除了家族基因之外，不知道这与她的自我操练有没有关系。

二〇〇三年杨先生跌了一跤，腿骨骨折，从那时起，她被迫成为一个更纯粹的"脑力劳动者"——因为真的足不出户了。近年卧床更是常态，看书看报看电视，或是脑子里一遍又一遍忆念旧人旧事，当然都属于脑力劳动。她对大脑的状态，也就特别看重。好多年过去，杨先生仍不能接受被人全程看护的状态，能自理的事不肯假手他人，独自下地行走也是经常性的，动作还快，不慎跌倒的事于是时有发生，至少我知道的就不下十次。幸而如她自况，现在已是"身轻如燕"，倒下又大多是原地慢动作，结果均无大碍。杨先生的第一反应往往是，糟了，脑子千万别摔坏了！检测脑子出没出问题的一大标准，就是看记性坏了没有。于是记忆力测试立马开始。某个人名想不起了，心下一沉：得，记性全坏了！

当然，没有的事。测试失败只是一时绊住了，杨先生用力地回想着，比着手势对我说，某人某人，名字是"三个字的"，"两个字的"，终于未能脱口而出，像挺举重物未能一举成功，大为懊恼。但是或许过个几天，忽然又想起了，一见面就兴奋地说起她的"灵机一动"——我已经很习惯她"灵机一动"的个人化表述了，这个词特指她关于某个记忆的失而复得，或者是某个名字，或者是某一句歌词，或者是某个场景。

我这么描述，并不是说杨先生的记忆力一如往昔。随年岁的增长，记忆力的下降是不可避免的。从我起意给她做口述至今，十多年过去，像身体功能的逐渐弱化一样，她的记忆也在慢慢衰退，有些人与事，时间、地点模糊了，有些碎片拼不拢了……对此杨先生也不是不能面对，只是很惧怕因跌跤记忆力骤然下降乃至于失忆。接受自然规律不等于听天由命，对记忆她尤不肯轻言放弃，要退也得是且战且退。

至少十多年前，杨先生已经开始了针对记忆衰退的抵抗活动。她在有意识地与遗忘较劲。比如有段时间，每天早上醒来，她便开始回想刚刚做过的梦，打捞梦中的种种细节；默写她背过的一首诗；唱过的一首歌的歌词……她的手边有一块写字板，夹着一沓信纸，想到什么，随手记下，这里面颇有一些属于地道的脑力体操。我不知道她的操练效果如何，只知道以她一百零三岁的高龄，仍然可以清楚地记起中学时唱过的一些歌曲，一字不落地把歌词写给我，有时是中文，有时是英文。

不管如何地跳跃，自由联想式，或者听上去如何不相干，杨先生的记忆操练万变不离其宗，都是围绕着她经历的人与事进行的。这里面有她想记住的，有的是她想忘却而终于忘不了的，她都讲给我听，加在一起，成为一个整体。一遍遍地讲述，反复地念叨，有时她会突然停下来问，这个跟你讲过吧？事实上我大都听她说过，但仍然请她接着说，因为同一内容，会有不同的侧重，不知何时，又会即兴回想起一些什么来。我一度很执着地想在书名中嵌入"碎碎念"三个字，在我看来，"碎碎念"恰恰是杨先生记忆与讲述的特点，关乎记忆点点滴滴的细碎，也关乎她记忆的展开方式。同时，不停地忆念，正说明故人故事，以及其中承载的亲情、友情、爱情和世情，已是杨先生生命的一部分。

抵抗遗忘，抵抗记忆力的衰退，因此也是证明一己存在的一部分。事实上，所谓"历史"，是要在群体的层面上让曾经发生过的一切留下痕迹，何尝不是一种集体的记忆体操，一种抵抗遗忘的努力？

七

前面交代过，杨先生将百岁时，口述实录算是正式启动，到如今不觉间又是三年多过去，眼见得书仍未出版，我则还在盯着她不时地问这问那。杨先生一定在嘀咕：怎么没完没了呢？

说来话长，一言难尽。不过如此磨蹭，很大程度上是因为我对本书的设想已然"面目全非"。原先我之所想，或许倒更接近口述史的"本义"也未可知。

口述史自自立门户到今日，从某种意义上说，也是不断被定义的，然"万变不离其宗"的，即其资料性。合着现代学术的方向，强调其"科学"是必然的。这里的"科学"不是假定讲述者的"客观""中立""无我"，恰恰相反，它已然预设了讲述者记忆的偏差，个体出于各种原因的选择与有意无意的过滤，若说它专业化的一面，那么首先在它的牢守有闻必录，忠实记录的本分，不越雷池一步——不添油加醋，更不越俎代庖。

"忠实"的极致，就是不加取舍，原封不动地呈现。甚至都不必转化为文字，只以录音、录影的方式存在。法国口述史的主流，据说就是如此。众多的口述存于图书馆、档案馆一类的机构中，等待有兴趣者以听或看的方式查阅。换言之，口述被视为史料学的一部分，第一手的、最原始的材料，虽然它不是文献。查阅口述有似翻阅档案，尽管它不可能具有档案的靠谱（事实上面对档案材料有时也须"三思"的）。这样的口述其实不是面向普通读者的，除了极少数的例外，它的预期读者乃是训练有素的治史者。

　　我虽从未打算严格按照专业性专门化的要求来做杨先生的口述史，也未尝在意口述史理论，更没有具体地想过要"对标"什么样的口述史，原先一念盖在于史料却是肯定的。但是一旦面对无数段录音，开始整理之时，发现有点难于下手。其一，因为交谈的过程更近于聊天而不像访谈，随意而散漫，取"原音重现"式，读者很难得其要领；其二，还是上述原因，杨先生有意无意间默认我是知情者，许多人与事即不再给出背景性的解释，读者读了，会觉突兀，陷入找不到上下文的茫然。

　　如此想象读者可能的阅读状态，说明我潜意识里已将普通读者设想为口述史的对象。越到后来我越觉得，杨先生口述的内容，单纯当作史料来处理，束之高阁以待查阅，未免可惜。因杨先生所讲述者，固然可以作为史料看，但以一般的标准，未必有多"硬核"。

　　"硬核"之"硬"，指向的是史料之"实"，人与事的确凿与它的重要性。杨先生出身世家，又见过、接触过不少有名人物，但是她的讲述全然是私人化的，看似与"史"无涉。比如曾任北洋政府总理的颜惠庆，曾是民国外交的风云人物，杨先生的记忆里，却是在他家里玩捉迷藏，这位"颜伯父"如何做手势让自己藏到身前的写字台下；蒋介石兼中央大学"校长"，怎么说也是件大事，杨先生所述，却是他视察女生宿舍时的尴尬；吴宓是联大的名教授，杨先生清楚记得的，却是他登门索书时一脸的怒气；沈从文是大师级的人物，她感念的恩师，她的回忆也不乏他作为师长给自己的教诲，但更清晰的却是他在众人面前讲话时破了的棉袄袖子里掉出的棉絮的画面。关于家族旧事，她讲述的重点，也都落在"无关宏旨"处，祖辈煊赫的声势，杨士骧、杨士琦在清末政坛上扮演的角色，父亲在北洋时代政商两界的长袖善舞，她不感兴趣也不大闹得清，念念不忘者，是已然没落的大家庭里，一个个普通人的遭际。

事实上，她细细道来，大部分讲述都着落在她周围的普通人身上，她的家人，她的同学，过从密切的朋友，或是有几面之缘的人，当然，由她的亲身经历耳闻目睹串联到一起。即使是有名人物，大多也在趋于私人生活场景的记忆中出现。你可以说，杨先生的记忆是抓小放大式的，甚至可以说，有"八卦"的倾向。她常挂在嘴边的一个词是"好玩"，"好玩"影响到她的记忆和对记忆的筛选，后面未尝没有一种观人观世的态度。

她讲述的，都是她记忆中的事实，但此"实"非彼"实"——至少大多数人口中的"史实"并不是细枝末节的事实的堆积。与宏大叙事相比，个体的琐碎叙事因其所见者"小"似乎难沾"历史"的边而被"虚"化了。从这个意义上，不妨说，杨先生的口述乃是避"实"就"虚"的，或者说，虽不"避实"，然的确时常是"就虚"。

这里的"虚"不仅指事之细微，还指此中渗入的个人体验。经历的实际发生过的人与事属"实"，与之相关的个人体验则为"虚"——所谓"历史的无情"，我的理解，有一义，就是它对个体琐细叙事的忽略不计，附着于其上的喜怒哀乐更是如同从未存在过。变"无情"为"有情"，即不仅道出经历，而且关注其中的体验。这在斯特拉奇以降的现代传记中已属常态了，但口述史与传记有别，体例决定了它比起来是更加务"实"的，也就是在所历与所感之间更偏向所历，个人的生命体验更多地只是隐现于所历人与事的选择性记忆之中。

正因杨先生口述的看点往往是由"实"及"虚"，更个人更感性，应该更能引起普遍的共鸣，越到后来，我越觉得应该以更趋近普通读者的方式来呈现。

读到过不少百岁老人的口述，多取谈话录的形式，有话则长，无话则短，"丰俭由人"——"百岁"即一种资格，限于身体状况与记忆力，完整、连贯的叙述已不可得，片段化的呈现是可以接受的，而且某种意义上也许还更符合口述史的规定性。我个人很喜欢这样的原生态，这在杨先生读物中也构成了一类。

有次她收到三联出的一本周有光先生的《百岁忆往》，小精装，大概只有五六万字，拿在手上，玲珑可喜。看了羡慕，她说她的口述也可以弄成这样，不费什么事就可以弄出来。的确，以当时积累下的录音，早够攒出一本了。将重复的部分删去，有则实之，无则虚之，跳跃由它跳跃，不说"立等可取"，十天半月完稿，问题不大。但是我觉得这不符合杨先生讲述的特点：这样的呈现，是以简驭繁的，杨先生讲述的与众不同处，恰恰是"繁"，即由她场景式记忆而来的大量细节，这些细节，还是组织到一定的上下文当中，更有效果，也更见其人；相应地，也就需要有一完整的脉络。片段化的口述，也就有向着完整的自传的方向发展的必要。

打个未必恰当的比方，"简"体好比古人的笔记，不妨零散化，"繁"体则是完整的文章，须有完整连贯的叙事。前者提供的是素材，后者包含了大量的素材，然本身也可以作为故事来读。有一事至此也就明确了：它应该是一部可以面向一般读者的口述。

这就需要讲述跳跃间留下缝隙的填补，时间线上的连缀，以及更多的背景交代，总之是更多解释的成分。"简"体转为"繁"体，事情一下变得复杂了，简单的文字转化、串联须代之以更复杂、细致的处理，做口述史原是当成"副业"的，结果很长时间里，成了我的"主业"。即便全力以赴了，也不可能一蹴而就。

既然已去"简"就"繁"了，莫如一"繁"到底。这里的"繁"一是指面向读者的完整、连贯的叙事；一是指将杨先生讲述的种种琐细之处，不厌其详，尽可能纳入叙述之中。

我有意无意间充当了杨先生和读者之间的中间人，当然，作为倾听者，我实际上也具有类似读者的身份，不必刻意悬想读者可能产生的阅读障碍，只要将自己有疑问处稍稍延伸，多向杨先生追问便是，而追问可以随时进行，杨先生几乎有求必应。除此之外，口述也参考了杨先生的回忆文章和相关文献，以为补充。背景性的交代，严谨的做法应是用注释，既然希望面对普通读者，为不破坏阅读的流畅感计，还是选择模拟杨先生的语气，简单表过。

我更在意的是指向细节的那种"繁"。这部口述不是一次性完成的，因为经常是聊天、拉家常的状态，里面许多的人与事，杨先生反复讲过多次，虽然没有大的出入，却非全然是重复，每每会冒出一些前所未道的细节。很多细节，属"于史无征"，却是非亲历再也想象不出来的，我怀有特别的兴趣（相信读者也类似），也特别珍视，因为它们通向了某种在场感。所谓触摸历史，所谓历史的温度，很大程度上即来自这样的细节。

故在口述的多个版本中，溢出的细节，但凡有"一言可采"，我就倾向于想方设法添加进去，希望丰盈的细节能够引领读者进入对杨先生经历的人与事，对过去时代的某种"沉浸式体验"。我相信很少有老人的讲述，能够就遥远的过去提供那么多的细节，事实上直到现在，杨先生说到书中提及的人与事，还不时地又冒出新的细节，而我在这上面的确有点贪得无厌，"锱铢必较"，以期集腋成裘，这也是口述"没完没了"的一个原因。

同样是出于"沉浸"的考虑，本书中收入了大量的照片——倒不是为了形式意义上的"图文并茂"。都说现在已是一个影像取代文字的时代，我坚信文字的力量和它的不可替代，同时也以为图像传递的信息有其弥散性。好的情况下，图与文可以有真正意义上的互补关系，具体到这部口述中，即图片成为叙事的组成部分。

杨先生因为出身世家，这方面"得天独厚"。事实上直到二十世纪五六十年代，照相对寻常人家仍不是可以率尔为之的事，杨先生劫余还留存下了自二十世纪初以来的大量照片，不加利用，殊为可惜。因意在传递更多信息，不少图片都加了较长的注释，所"释"者，有时是照片本身，有时指向照片之外——图片成为叙事的由头，可以视为口述的某种延伸和补充，也可以说是杨先生的"对照记"，附带着，多少也"还原"了讲述的"现场"。其实不仅是这些图片注释，全部的口述，我都希望读者在面对杨先生讲述的"过去"之外，也能感觉到"现在"，似乎与我一样，身在讲述的现场，虽然这不大可能。因为讲述时的状况，也构成我们获取真实性的一部分。

　　如此这般，口述经过由"简"趋"繁"的处理，或许背离了严格意义上的口述史的要求。无法保证"无一字无来历"，因声音与文字已不存在一一对应的关系，有了必要的串联等技术性处理，绝对"还原"回去也是不可能的。然而对口述真实性的坚持（包括记录的忠实，以及技术处理的"极简"）在本书中是贯彻始终的，笔者绝少有擅自"加戏"的冲动，且深自警惕。事实上，出于给我更大自由的考虑，杨先生曾经慷慨地说："我什么都说给你，你爱怎么写怎么写。"意思是，我尽可将真事隐去，用假语村言，未必要采用口述实录的形式。

　　但这非我所愿，亦非我所能。对我而言，口述的形式恰恰是关键。我想达到的，第一是真实，第二是真实，第三还是真实；而通向这真实的，第一是细节，第二是细节，第三还是细节。口述史应该是最严格的非虚构，并非虚构就不通向真实，建立真实感，照亚里士多德的说法，文学所达到的，甚至是更具普遍性的真实。但是实际发生过的人与事，其特殊的真实感是无可替代的。这是一种不加修饰的更直接更芜杂的真实，有时候，文学艺术希图通过虚构、想象模拟、重建这种"原生态"，甚至可以达到以假乱真的程度，但虚构与非虚构的界依然在那里，后者因为本身即由事实构成，兀自不绝如缕传达出有别于虚构的所谓"事实的金石声"。

八

我对口述实录这种形式的兴趣由来已久，于今想来，最早是在二十世纪七十年代末，读到一本翻译过来的口述实录，时间太久，书名及内容、译者、出版社都已想不起来，只记得书里是不同身份不同行当的美国人的自述，以及读时的一种新鲜感。这以后遇上这类书，都会翻翻，印象深的，有唐德刚做的胡适、李宗仁等人的口述史。我觉得有意思的是，它既非他传（既然是自述），也非自传（既然不同程度上假他人之手完成，而且很多情况下是采访、撰写者发起）；很大程度是合作的结果——即使是关系再近的对象，口述进行中也隐然有记者与受访者角色扮演的成分，合作者却都是在一定的限制中完成各自的角色。讲述者无形中会受到采写者所设置话题的导引，采写者即使再"无我"也不可能化约为一台录音机；另一方面，则即使像唐德刚那样存在感鲜明的执笔者，也须绝对隐身于讲述者的身后。

口述实录，有取材于个人史的，有取材于众人的。前者对象多为名人，不拘为政治家、军事家、文学艺术家，或者著名学者，皆与我们意识中的"历史"绑定，重大事件的参与者，或是在不同的领域有特殊地位者，更有资格。后者更多地向普通人倾斜，寻常百姓也进入视野，只是以我所见，以转化为书籍者为限，大多是群像式的"列传"，为某个时代做证，为某个群体留影，张辛欣的《北京人——一百个普通人的自述》、冯骥才的《一百个人的十年》、刘小萌的《知青口述史》都可归入其中，虽然记录的是个体的经历，意在笔先的，却是作为众多的样本存在，合而观之才更显其意义。当然不是没有例外。

　　杨苡先生向不以名人自视。我还记得，去年口述在《名人传记》杂志上连载，最初杂志与我接洽，我商之于杨先生，她的第一反应是："叫什么？——《名人传记》？我又不是什么名人！"我开玩笑说："只是个刊名而已——反正我也没把您当名人来写。"

　　虽是玩笑，却属实情。杨先生是翻译家，翻译的《呼啸山庄》声名远播，她从事过儿童文学创作，还写过不少散文，但她本人都不甚看重，她更看重的是她的家，她的亲情、友谊，她经历的人与事，简言之，比之于获得成就，她更关心她的生活，她的"日子"。说起一些文人学者，杨先生常赞他们"有学问的""有才的"，言下自己是排除在外的。文人学者的自述往往包含大量创作历程，治学经验谈，杨先生的口述很少有这方面的内容，足证她的不以为意。

　　我更感兴趣的，恰恰也是杨先生作为普通人的那一面。所谓"普通"，就是平常，并不有异于众。普通人的自述并非没有,比如郑念(杨先生口述中正好还提到过这位原本家在天津的名媛)的《上海生死劫》,但是郑念大起大落的经历使得她拥有了一个迥异于普通人的传奇人生。杨先生活过了整整一个世纪,经历了家族的命运起落,有个人生活的波折,有政治运动中受到的冲击,然而在动荡纷扰的二十世纪中国,她经历的波折并不具有大喜大悲的戏剧性,从口述中我们也可看出,与同辈人相比,同她的许多亲朋好友相比,杨先生毋宁是幸运的,至少她的生活还算平稳。也就是说,杨先生的一生,说平常也平常。然而也正因其平常的一面,也许就更能让读者产生共鸣,传递出"普遍的人生的回声"。

而且我一直以为,一花一世界,一树一菩提,每一个生命个体来到这个世界,都应留下痕迹,胡适当年动辄鼓励别人做自传,固然出于他对历史的兴趣,对史料的热衷,同时我相信,他也认为,每个人的经历都是有兴味的。可惜人人都来写自传,大家都来做口述,有必要而并无可能。

幸运的是,机缘巧合,杨苡先生愿意将她的一生原原本本讲给我听,我得到如此零距离了解一位世纪老人的机会,而听得越多,加上记录和不断地添补,越加体味出其作为普通人一生的弦外之音。其一,是杨先生的人生,穿越了几个时代,见证了无数的人与事。从历史的角度说,真正的参与者总是少数,大多数只能被动地充当见证者。杨先生不是弄潮儿,虽也曾向往投身洪流,绝大多数时候,却是居于时代的边缘,不关心政治,个人生活是其中心所在,然而百年中国战乱频仍,动荡不定,变化堪称天翻地覆,个体的生活也裹挟其中，家与国，个人与社会，纠缠到一起，无从分拆，假如说每个人都以自己的方式见证历史的话，杨先生无疑更有资格提供一份特殊的见证。

其二，杨先生的口述当然首先是她的自传，然同时她的讲述中还留下了许许多多在她生命中出现的形形色色的人的身影，家人、朋友、师长，更是念兹在兹。这里面大多数是普通人，也许只存在于她的记忆中了，可以说，她也在以自己的方式为他们作传。她的同辈人在世的已所剩无几，因为长寿，她几乎看到了所有人的结局，已然不待"下回分解"。如果每个人的人生可以比作一本书，那么这些书她皆已翻看到最后一页。荣辱浮沉，悲欢离合，生老病死，在她那里，都已成为有头有尾的故事，有似"星沉海底当窗见，雨过河源隔座看"，然而在杨先生波澜不惊的叙述的后面，我们或许仍能不期然而然地感受到"命运"二字的分量。所谓"见证历史"，如果"历史"不是抽象的，当真有温度，那么至少在某种程度上，它就应该是无数的个体的"命运"的汇集与交响。可不可以说，见证个体的命运，也就是在"见证历史"？

九

好事多磨，这部口述终于要付梓了。我不避冗长，详述成书的过程，实出于帮助读者了然这部书的性质的考虑。毫无疑问，口述史的第一要求就是真实，巴金所说的"讲真话"。然而讲真话也是要有技术保障的，包括对成书过程的技术性交代，讲述者在什么情况下讲述，他怎么理解口述史，他想说的以及想略过的，口述材料经过怎样的处理……如果可能，都应有所说明，以便读者选择面对这本书最适合的方式。顶真点说，我觉得也是口述史伦理的一部分。

关于杨先生如何看待自己的口述，还有一点可以补充：对她的口述是否有价值，她一直将信将疑，不止一次地问我："你说出这么一本书值不值？"甚至还问过："下这么多功夫，你不觉得后悔？"这当然有自谦的因素，另一方面，她有时真的觉得，她不是什么名人，念叨的都是些琐细的旧事，谁爱听一个老人的絮叨？

我一再向她保证：值，肯定值！这里面没有说好话敷衍老人的成分——我是真的相信自己的判断。

有同样判断的显然不止我一人。译林社诸位友人都以不同的方式促成了此书的出版。现已离开译林的张远帆则是催促最力的一位，让我决定将书交予译林出版。此外，《读库》张立宪兄满足了我将本书第一部分在杨先生一百零二岁生日前一次性完整刊出的愿望，《名人传记》逐期连载了本书的大部分章节，李建新、陈思、张静祎都对口述的刊载颇费心思。这里还可以列出更长的名单，但礼数周全实我所短，循例的鸣谢还是免了吧，只想强调一点：他们的付出固然有其作为出版人"例行公事"的因素，但我更愿意相信，作为此书的第一批读者，他们和我一样，深信此书值得一读。

图书在版编目（CIP）数据

一百年，许多人，许多事：杨苡口述自传 / 杨苡口述；
余斌撰写 . —— 南京：译林出版社，2023.1（2024.2重印）
ISBN 978-7-5447-9274-5

Ⅰ.①一⋯ Ⅱ.①杨⋯②余⋯ Ⅲ.①杨苡－自传
Ⅳ.①K825.6

中国版本图书馆 CIP 数据核字（2022）第 117369 号

一百年，许多人，许多事：杨苡口述自传　杨苡 / 口述　余斌 / 撰写

责任编辑　魏　玮
装帧设计　周伟伟　张云浩
封面摄影　沈建中
校　　对　戴小娥　孙玉兰
责任印制　颜　亮

出版发行　译林出版社
地　　址　南京市湖南路 1 号 A 楼
邮　　箱　yilin@yilin.com
网　　址　www.yilin.com
市场热线　025-86633278
排　　版　南京千万次平面设计有限公司
印　　刷　苏州越洋印刷有限公司
开　　本　650 毫米 ×960 毫米　1/16
印　　张　20.75
插　　页　58
版　　次　2023 年 1 月第 1 版
印　　次　2024 年 2 月第 8 次印刷
书　　号　ISBN 978-7-5447-9274-5
定　　价　108.00 元